"一带一路"民间文化探源工程
邱运华 总主编

劲吹岭南风
——广东"海丝文化"调研文集

李丽娜 主编

学苑出版社

图书在版编目（CIP）数据

劲吹岭南风：广东"海丝文化"调研文集 / 李丽娜主编 . -- 北京：学苑出版社，2018.10（2019.7 重印）

ISBN 978-7-5077-5573-2

Ⅰ. ①劲… Ⅱ. ①李… Ⅲ. ①地方文化—文化研究—广东—文集 Ⅳ. ① G127.65-53

中国版本图书馆 CIP 数据核字（2018）第 242100 号

出 版 人：孟 白
责任编辑：杨 雷 陈柯宇
印制总监：张 翔
出版发行：学苑出版社
社　　址：北京市丰台区南方庄 2 号院 1 号楼
邮政编码：100079
网　　址：www.book001.com
电子信箱：xueyuanpress@163.com
联系电话：010-67601101（销售部）、010-67603091（总编室）
印 刷 厂：北京建宏印刷有限公司
开本尺寸：880×1230　1/32
印　　张：14.125
字　　数：300 千字
版　　次：2018 年 10 月第 1 版
印　　次：2019 年 7 月第 2 次印刷
　　　　　2018 年 10 月第 1 次印刷
定　　价：60.00 元

"一带一路"民间文化探源工程编委会

总 主 编　邱运华
副 总 编　吕　军
执行总主编　王锦强
编　　委　王皓如　孔宏图
　　　　　张礼敏　周利利
本 书 主 编　李丽娜

序
开通大道,走向世界

"一带一路"这个新鲜词汇在新世纪最初几年开始发出耀眼的光芒,成了中国式发展道路"世界不同民族和不同国家文明互通互鉴"理念的代名词。"丝绸之路"——德国地理学家李希霍芬在地理学著作里不经意提出的术语,获得了从未有过的崇高荣誉。尽管中国学术界对李希霍芬本人并不太在意这个术语感到失望,不过,在我看来,李希霍芬的关注重点无疑更有历史意义和学术价值。李希霍芬是自然地理学家,他总体来说不太注重人文和社会地理因素而偏重于自然地理,但这一学术倾向并不妨碍他在《中国》(1877年第一卷)一书中叙述大量的人文和社会元素与自然地理之间的关系。他把《汉书》、马里努斯、托勒密简要点及的中亚大道,把贯穿中国新疆、中亚、西亚阿拉伯世界腹地的道路,用"丝绸之路"这一术语表达出来,尽管他更多地使用"交通""道路"这样的术语,而不是诗意性的"丝绸",甚至"丝绸贸易"这样的术语。现在想来，李希霍芬之看重"交通""道路"，未必离开得了人与社会。我以为，"交通"和"道路"更为精确地表达出地理学家李希霍芬的真实意图。

"丝绸之路"在本质上是古代中国走向西部世界的一条通衢大道。然而，这样性质的大道不仅仅有西部一条。

古代中国走向世界的道路有多个方向，其中最艰难、神秘莫测的，应该是横贯塔克拉玛干沙漠，穿越葱岭，走向古安息国，到达土耳其，直至罗马的大道。据专家描述，这条道路分为东、中、西三段。东段早期由长安抵达武威，分为北线、南线和中线，南北中三线会合后，由张掖经酒泉、瓜州至敦煌，而后，中段由敦煌至葱岭（今帕米尔）或怛罗斯（今江布尔）。自玉门关、阳关出西域有两道：从鄯善，傍南山北，循河西行，至莎车为南道，南道西逾葱岭则出大月氏、安息。自车师前王庭（今吐鲁番），随北山，循河西行至疏勒（今喀什）为北道。北道西逾葱岭则出大宛、康居、奄蔡（黑海、咸海间）。北道上有两条重要岔道：一是由焉耆西南行，穿塔克拉玛干沙漠至南道的于阗；一是从龟兹（今库车）西行过姑墨（阿克苏）、温宿（乌什），翻拔达岭（别垒里山口），经赤谷城（乌孙首府），西行至怛罗斯。由于南北两道穿行在白龙堆、哈拉顺和塔克拉玛干大沙漠，条件恶劣，道路艰难。东汉时在北道之北另开一道，隋唐时成为一条重要通道，称新北道。原来的汉北道改称中道。新北道由敦煌西北行，经伊吾（哈密）、蒲类海（今巴里坤湖）、北庭（吉木萨尔）、轮台（半泉）、弓月城（霍城）、碎叶（托克玛克）至怛罗斯。西段则自葱岭（或怛罗斯）至罗马。

丝路西段涉及范围较广，包括中亚、南亚、西亚和欧洲，历史上的国家众多，民族关系复杂，因而路线常有变化，大体可分为南、中、北三道：一条是南道，由葱岭西行，越兴都库什山至阿富汗喀布尔后分两路，一西行至赫拉特，与经兰氏城而来的中道相会，再西行穿巴格达、大马士革，抵地中海东岸西顿或贝鲁特，由海路转至罗马；另一线从白沙瓦南下抵南亚。另一条是中道（汉北道），越葱岭至兰氏城西北行，一条与南道会合，一条过德黑兰与南道会合。还有一条是北新道，也分两支，一经钹汗（今费尔干纳）、康（今撒马尔罕）、安（今布哈拉）至木鹿与中道会合西行；一经怛罗斯，沿锡尔河西北行，绕过咸海、里海北岸，至亚速海东岸的塔那，由水路转刻赤，抵君士坦丁堡（今伊斯坦布尔）。汉代张骞凿空之举开辟的大道是自长安到敦煌的道路。

必须指出，这一条道路绝对不是"凿空之举"之后方才踏出的道路，它在被命名之前具有漫长的"史前史"。1978年11月，阿富汗和苏联学者组建的考古组在西巴尔干（Siberkand）"黄金之丘"发掘古墓七座，其中三号墓出土了一柄汉代中国铜镜，并附有铭文。著名历史学家李学勤先生名之为"汉镜铭文"。李学勤先生训其铭文为："君忘忘而失志兮，忧使心臾（瘦）者，臾（瘦）不可尽行。心汙（阏）结而独愁，明知非，不可久处，志所驩（欢），不能已之。"多优美的诗句！由此，关于汉代文化远赴阿富汗等中亚地区的状况，可以有丰富想象的余地。正如玉文化研究者叶舒宪教授所畅想的："近年来，中国学界根据境内大量考古发现，提出纠正丝路说西方话语的中国命题'玉石之路'。认为从新疆出产和田玉的南疆一带到中原王朝之间，存在一条贯穿文明史全程的西玉东输路线，其存在的历史要比李希霍芬构想的西汉以来的丝绸之路早一倍。"他通过考察得出结论：在新疆甚至更为遥远的地区，与关中地带、沿黄河流域并行，通往中国内地，存在着九条路线，西域玉石传入内地的漫长历史，通过这些道路而可行。因而，我理解，在相当程度上，当李希霍芬不经意把这条道路称作"丝绸之路"时，与叶舒宪教授名之曰"玉石之路"具有同样性质：即他们一举突破了单纯的交通性质，而拥有了人文性质。

中华民族祖先血液里留存着探险冒险的基因，他们走向国外未知领域的勇气巨大无边。不仅在西部的戈壁、沙漠阻挡不了他们向外的雄心，北部的无边草原、沙漠和森林也不能阻挡他们，张库大道从张家口经由包头可以直达乌兰巴托（旧称"库伦"），有人认为：张库大道作为贸易之途，大约在汉代已经开始；出现茶的贸易，大约不晚于宋元时代。东北部从辽宁省和吉林省之交的腹地，从开原往东，明代设有辽东镇25卫，皆设置有交通驿站，沿着驿路，每15～30千米建有一座驿站、递运所、铺、亭、路台等，形成交通传递系统。东北亚所谓"丝绸之路"，并不像通往西域的丝绸之路那样，沿途扬起阵阵烟尘，来来往往的中西商贾带着满载着货物的驼队、马帮，构成一幅十分壮观的瀚海行旅图而是通过设关互市、贡赏等形式，把明朝内地的彩缎等物运往东北边陲，在各民族间进行交易。古代东北亚各族人民正是靠这条交通要道，把内地的丝绸、茶叶等运往东北亚地区，把古老的长江、黄河流域文化与东北亚文化联系起来，使这一地区在明代显得生机盎然。2017年，中国民间文艺家协会组织了一批专家沿着这条道路一直走到黑龙江与乌苏里江交汇口，进行了一次系统的民间文艺考察调研活动。

西北和东北的道路仅仅是古代中国走向世界各地的一部分，在西南部和南部还有多条通向域外的交通道路。例如商业化程度很高的"茶马古道"。有若干条"茶马古道"从中国西南各地通向东南亚和南亚，而在西藏边陲的阿里地区，在古格王朝所在地，古代唐卡就是用丝绸绘就的，中国民间文艺家协会唐卡调查组在阿里地区山里的科迦寺发现一幅传统唐卡，背面边沿有"浙江杭州织局益昌"的字样，另有一幅唐卡有中国内地吉祥童子图案。可以想见，自古以来，中国内地商贸、文化与西部边陲之地的长久交往。

在通往世界的道路中，特别应该提出的是海上"丝绸之路"。当然，海上"丝绸之路"更是一个比喻。著名历史文化专家常任侠先生把先秦时期徐福的故事视为海上丝绸之路的最早起点之一，他在《海上丝路与文化交流》里，叙述了中国王朝通过海上丝路与古日本、古印度、东南亚诸国的物产、宗教、香料、珍禽奇兽、武术、舞蹈、饮食、装饰、文学、艺术等方面的相互交流；郑和七下西洋更是海上丝绸之路谈论的重点内容。2017年11月，中国学者与来自亚洲、非洲、欧洲等地的学者一起汇集科伦坡城，召开了"国际儒学论坛：科伦坡国际学术讨论会",主题是"海上丝绸之路的历史交往与亚非欧文明互学互鉴"。会议上,埃塞俄比亚学者把中国与非洲的交往追溯到公元前2世纪的西汉时期,斯里兰卡卡凯拉尼亚大学学者阿玛勒赛格尔(Amarasakara)通过总结斯里兰卡境内有关中国的考古发现情况,如古都博隆纳鲁瓦山寺中国晋代高僧法显故居遗址、古代中国钱币、古代中国陶瓷瓷片等考古发现,证实了中国古代与斯里兰卡经贸、文化、宗教的交流情况。葡萄牙学者就关于葡萄牙最早地理大发现的《坎提诺世界地图》(Cantino Map)一书中斯里兰卡地名及相关注解,结合其他文献,对葡萄牙人进入斯里兰卡殖民历史做了回顾。澳门大学学者汤开建则就耶稣会士传入澳门的欧洲图书,结合16世纪末中国境内的第一座西式图书馆——圣保禄学院图书馆藏书的相关史料,详细考证了明清之际欧洲图书传入澳门的情况,认为中国大陆的西学东渐在很大程度上与此相关。

2017年是中国民间文学的"丝路文化年"。中国民间文艺家协会主持的"一带一路"民间文化探源工程,针对"一带一路"沿线民间文化资源进行系统梳理和选点研究,先后开展了福建海上丝绸之路重要节点代表性民间文化考察活动;以冼夫人传说为核心议题对南海(广东茂名博贺)开渔节以及海上丝绸之路与岭南文化进行了调查研讨;围绕"阿凡提类型故事"主题展开了新疆民间民族文化调研;"重拾黑水魂——黑龙江丝绸之路"沿着明朝亦失哈将军走过的水路梳理了"鹰路"文化历史脉络;召开了探索"丝绸之源"的嫘祖文化调研座谈会;展开了贵州"南方丝绸之路与夜郎古国"民间文化生态考察调研等活动。这个系列民间文化探源，力求立足当代、关照历史、面向未来，致力于通过新经验、新启示、新方法、新途径来提振民族文化、地域文化的精气神，得到专家学者以及所在地民间文艺工作者的高度认同与积极配合。上述调研成果及今后开展的系列考察活动成果，都将以调研文集形式陆续出版。

鲁迅先生有句名言："世上本无路，走的人多了，便成了路。"这句话反过来说更具当下价值：世上原有的路，若是没有人走，便无所谓路了。中国古人踏出了迈向世界各地的通衢大道，在上下几千年的历史长河中，为中外商贾、政治家和平民百姓常来常往，成为政治、经济、文化、宗教等交换、交流、交往的大道。古人常把"道路""大道"哲学式理解为通向真理的路径。而我们当代人自谓"世界公民"，切莫冷落了这一"大道"，使之荒漠了；自中国通往世界各地的大道，中国人要继续走下去，也欢迎世界各地的人们继续走进来。在这个意义上，重拾"一带一路"上的民间文艺，重温"一带一路"上世界各地民间文化交流交往历史，具有重大的现实意义。

是为序。

邱运华

2018 年 4 月 13 日于北京万芳园

前　言

　　海上丝绸之路，是古代中国与世界其他地区进行经济文化交流交往的海上通道，最早开辟于秦汉时期。据《新唐书·地理志》记载，唐时，我国东南沿海有一条通往东南亚、印度洋北部诸国、红海沿岸、东北非和波斯湾诸国的海上航路，叫作"广州通海夷道"，这是我国海上丝绸之路的最早叫法。海上丝绸之路绵亘万里，延续千年，不同的文化在丝绸之路上交相辉映、相互激荡，积淀了以和平合作、开放包容、互学互鉴、互利共赢为核心的丝路精神，而且不断注入时代内涵。党的十八届三中全会明确提出，要推进 21 世纪海上丝绸之路建设，形成全方位开放新格局。这一宏大构想，继承了一直以来与海丝沿线国家友好交往的优良传统；又赋予了海丝之路崭新内涵，为中国和海丝沿线国家开启了开放发展新机遇，具有划时代的意义。共建丝绸之路经济带和 21 世纪海上丝绸之路已成为社会各界的共识，各级民协应该发挥优势，抢抓机遇，主动融入 21 世纪海上丝绸之路建设大潮，通过各类活动、论坛，深入挖掘海丝沿线民间文化丰富资源，助力华夏儿女感受和认知"一带一路"伟大文化创造和广阔国际胸怀，进而增强文化自觉和文化自信。

广东作为海上丝绸之路最早的发源地，有着地缘、经济和文化优势，是重建海上丝绸之路的重要一环，发挥着不可替代的作用。

为响应党中央号召，以实际行动贯彻落实习近平总书记讲话精神，加强对中华优秀传统文化的挖掘和阐发，助力广东海上丝绸之路文化建设工作，近年来，在中共广东省委宣传部、广东省文联的支持指导下，广东省民间文艺家协会紧密团结全省民间文艺工作者，积极开展与海丝文化密切相关的民间文艺活动，如策划开展了"广东省十大海上丝绸之路文化地理坐标"评选活动，广东青年画家"海上丝绸之路"创作活动、第五届岭南民俗文化节暨南海（茂名博贺）开渔节、海上丝绸之路与岭南文化高峰论坛、首届粤港澳大湾区民间艺术展、粤港澳清明文化研讨会等。这些活动有力挖掘了广东的海丝文化和岭南文化资源，为广东建设21世纪海上丝绸之路枢纽、经贸合作中心和重要引擎注入了新的文化动力，得到各界广泛赞誉。

本文集的文章，选录了广东省民协近几年举办的各类研讨会的文章，这些文章既有阐释广东海丝文化内涵的论述，也有对海丝文化背景下的广东古村落保护、民间工艺美术、地方民俗的研究。透过论文，我们可以看到，海丝背景下的广东民间文化历史悠久，内容丰厚，荟萃了特色鲜明的传统文化，彰显了兼收并蓄的海洋文化特质，体现了与时俱进的时代精神，是中华优秀传统文化中的璀璨明珠。

民间文化从群众中来，民间才是传统文化传承发展的最佳土壤。我们希望通过本文集的出版，能让海丝文化、岭南文化被更多的人所了解、熟知，我们相信，在我们的共同努力下，必将推动我国优秀传统文化的研究、传承、创新和发展，为21世纪海上丝绸之路建设做出积极贡献！

李丽娜

中国民协副主席、广东省民协主席

目 录

海丝文化与岭南民俗研究

这座城市属于海	周飞亚 /	002
专家学者热议"海上丝绸之路"与岭南文化	陈周起 /	005
海洋文化与潮人文化	陈学希 /	008
海洋文化与珠江文化的内在关系	司徒尚纪 /	029
在海洋文化的视野中考察广州十三行	冷 东 /	041
再现传统海洋文化资源：以妇女采蚝为例	刘正刚 /	061
明清岭南竹枝词中的海洋世界与社会	谭丽婷 倪根金 /	073
挖掘海洋历史文化的内涵，打造东莞沙田水乡文化品牌	王元林 /	090
以史鉴今：谈东莞沙田镇的海洋经济与海洋文化 ——从珠江平原的社会经济史研究谈起	吴建新 /	098

弘扬港口文化　促进沙田经济发展　　　　　　　赵善德 / 112
海丝背景下广东娱乐新闻与女性文化的关系透视　刘小妮 / 122

海丝文化背景下的古村落保护

古建筑与村落发展的关系探析
　　——以广州琶洲为例　　　　　　　袁海燕　黄仕琦 / 134
历史文化村镇地标系统浅析　　　　　　　　　　刘渌璐 / 142
广东增城客家围龙屋发展衍变初探　　　　　　　杨星星 / 154
古村落保护中"文化空间"的维系与保护　　　　陈　露 / 170
广东丰顺县古村落现状调查报告　　　　陈其旭　程晓丹 / 177
浅谈对广东连州古村落的认识　　　　　　　　　曹春生 / 186
浅议花都古村落保护的特殊意义　　　　　　　　李　远 / 197
保护汕头古村落的应对　　　　　　　　　　　　鄞镇凯 / 209
浅谈广东省古村落的保护工作　　　　　　　　　陈周起 / 224
广州古村落保护和开发利用的几点建议　　　　　黄淼章 / 235
新型城镇化背景下广东古村落保护与新村建设研究
　　　　　　　　　　　　　　　　　　　　　　朱雪梅 / 243
借鉴吸收与探索创新
　　——广东古村落旅游开发模式研究　　　　　庄伟光 / 250

保护中求发展
　　——广东古村落保护与开发的双赢策略　　　　　黄晓慧 / 262
浅谈媒体古村落报道的负面效应　　　　　　　　　卜松竹 / 278

岭南民间工艺的传承与创新

塑绘装饰与祠堂文化
　　——基于开平灰塑匠人的经验和观察
　　　　　　　　　　　　　　　　　　李铭建　李达维 / 290
开拓海上丝绸之路文化创新语境
　　——以广彩人物画艺术为例　　　　　　　　　刘　明 / 302
"织金积玉六十年"
　　——从广州织金彩瓷看新中国工艺美术延承与发展
　　　　　　　　　　　　　　　　　　　　　　　王　宁 / 312
广东客家节俗元素在儿童玩具设计中的意义及应用
　　　　　　　　　　　　　　　　　　　　　　彭琬琰 / 322
广州传统建筑壁画中的人物画
　　——晚清到民国时期　　　　　　　　　　　　李慕君 / 332
舞动的纸艺
　　——粤东客家民俗节庆纸扎艺术　　　　　　　梁　嘉 / 340
对广东传统工艺之大埔新彩瓷的再思考　　　　　罗志强 / 348

现代适老产品设计导向下的传统工艺活化路径研究
　　——以醴陵釉下五彩老年文创产品为例　　宋　琦 / 354
"一带一路"背景下废弃陶瓷再利用在日用品设计中的

机遇　　　　　　　　　　　　　　　　　　李全恒 / 364

麒麟舞的前世今生

麒麟舞：对杰出人才的呼唤与祈求　　　　　谭运长 / 374
符号价值视野下的南粤麒麟
　　——麒麟舞进入高校课堂的思考

　　　　　　王　虹　曾　瑶　裴若然 / 384
独具一格的"南江麒麟舞"　　　　　　　　罗荣南 / 396
试论英德大湾舞"火麒麟"的地域文化特色　范桂典 / 401
增城荔城陈桥头舞麒麟　　　　　　　　　　陈　克 / 410
南江麒麟舞简述　　　　　　　　　　　　　傅志坤 / 413
远古抢婚遗风的德庆麒麟舞
　　——《麒麟救美》创作谈　　　　　　　仲秋白 / 416
民俗文化　民族情结
　　——道滘民俗舞蹈《麒麟引凤》初读　　吕智锦 / 420
创新是最有效的保护
　　——推进樟木头麒麟文化的发展　陈海清　赖业伟 / 427

海丝文化与岭南民俗研究

这座城市属于海

周飞亚[1]

静谧的南海边，百舸入海，千帆待发。

"昔者以海为田，以船为家，已晓休养生息；今者以海为途，踏浪若云，志在四方……今日千帆竞发于古港，沧海有情，惟祈保佑，风调雨顺，吉祥丰收。祭礼告成，伏维尚飨——"

虔诚的祭文诵读完毕，一声悠长的号角响起。人群哗啦一下朝着码头的栏杆边走去，翘首等待着。

海面上，密密挨挨的船忽然动了起来，像沉睡的巨兽醒了过来，伸了伸懒腰，活动了一下筋骨。接着，见船只三三两两，陆续向防波堤的出口处驶去，初时很慢，船也略稀疏，渐渐越来越密，船身带起的水花的尾迹，编织成一条白色的丝带。

忽然，鞭炮声在最先冲出港口的渔船上响起，其他渔船随即响应。港湾里响成一片，好不热闹。

---

[1] 周飞亚，人民日报社记者。

不久前，茂名的开渔节，在这热闹的鞭炮声中拉开了序幕。

就让人们抓住一点热闹的念想吧！因为，在未来的一个多月，这两千叶渔舟将要孤独地在远洋上度过。

开渔节源于沿海渔民自发举办的"祭海""开船仪式"，它意味着休渔期的结束、新的捕鱼季开始，承载着渔家儿女对丰收与平安的寄托。今年，这个盛大的节日与第五届岭南民俗文化节合在一起。博贺港的岸边空地上搭起舞台，麒麟舞、鳌鱼舞、布龙、鬼仔戏新唱、跳花棚……来自广东各地的民俗表演轮番上阵，不少外地游客慕名而来，沉浸于岭南文化的独特风情里。

茂名地处粤西南，临着北部湾，与海南岛隔海相望。这里的渔民世代"躬耕"于南海，海上丝绸之路，也许最初就是渔民们的渔获之路。

茂名的博贺港，是广东三大渔港之一。百年前，孙中山《建国方略》规划中国大陆沿海九大商港，其中便有博贺港。更早的1000多年前，"岭南圣母"冼夫人平定海南，也是从博贺港出海——于是，"海南、儋耳归附者千余洞"，冼夫人"请命于朝，置崖州"，结束海南"久乱不统一"的局面，维护了南海航线的安宁。

这位奇女子，是茂名持续亮丽的名片。作为越族首领，冼夫人一生经历南梁、南陈和隋朝，多次领兵平叛、巡视宣化各州，对维护国家统一和民族融合贡献卓著，周恩来总理赞誉她为"中国巾帼英雄第一人"。岭南百姓感念其恩德，立庙供奉，世代敬仰。1000多年来，她从"人"到"神"，成为人们祈求安定、趋吉避凶的一种精神寄托。据统计，如今在广东、广西、海南以及东南亚地区，冼太庙共有2000多座。

茂名与海上丝绸之路的联系，在冼夫人故事中留下痕迹。冼夫人当年赠送陈后主的"扶南犀杖"，应产自今柬埔寨、越南、老挝一带；鉴真第六次东渡日本，还得到了冼夫人的资助。在当下的"一带一路"建设中，"冼太故里"的文化身份，又为茂名拉近了与沿线国家的心灵距离。

这是一个属于海的城市。这里有渔民的故事，商船的故事，海洋的故事，也是关于诗与远方、爱与乡愁的故事。

专家学者热议"海上丝绸之路"与岭南文化

陈周起[1]

2017年8月16日,海上丝绸之路与岭南文化高峰论坛在广东省茂名市滨海新区举办,国内著名专家学者齐聚一堂,以"'一带一路'民间文化交流的国际视野与文化生态理念"为主题,对"广东与海丝沿线国家之间文化产业的合作研究""'文化茂名'与'海上丝绸之路'民间文化源流考"等重要议题进行思想碰撞、建言献策。本次会议由中国民间文艺家协会、中共广东省委宣传部、国家海洋局宣传教育中心、广东省文联、中共茂名市委、茂名市政府、南方日报社等单位联合举办,是南海(茂名博贺)开渔节暨第五届岭南民俗文化节的一项重要内容,也是一次交流的大会、文化的盛会。

中国民协分党组书记、驻会副主席邱运华,中国民协副主席、广西文联巡视员、广西民协主席韦苏文,中国民协副主

---

[1] 陈周起,广东省民协民间文化遗产抢救与保护中心主任。

席、广东省民协主席李丽娜，中国民协分党组成员、副秘书长吕军，中国民协研究部主任王锦强，中共茂名市委常委、滨海新区党工委书记、高新区党工委书记赵广辉，中共茂名市委常委、宣传部部长倪谦，南方日报社视觉新闻中心主任严亮，国内知名学者陶思炎、田兆元、刘宗迪、陶一桃、范玉刚、郑国珍、麦贤杰、王元林、储冬爱、阎根齐、鲍志诚等，以及当地民间文艺家共200多人出席本次会议。李丽娜担任本次会议主持，广东省民协副主席、华南理工大学新闻与传播学院教授储冬爱担任学术主持，最后由华东师范大学社会学院副院长、教授田兆元做了学术总结。

邱运华在讲话中指出，当前共建丝绸之路经济带和21世纪海上丝绸之路，已成为国内外各界的共识，近几年，学界以及各级政府围绕"一带一路"的话题做出了许多有益的探索，本次会议在拥有众多海丝资源和民俗历史的广东茂名举办，来自不同专业的学者集思广益，回顾历史，共谋发展，对于"一带一路"的理论建设工作必将有着深远的影响。

论坛上，与会专家学者畅所欲言，不断碰撞出智慧火花，对议题展开了热烈讨论。深圳大学党委副书记、"一带一路"国际合作发展（深圳）研究院院长、教授陶一桃在以"文化的力量——岭南文化、城市精神与城市发展"为主题的发言中指出，如何让茂名充分利用自身的文化传承、地缘优势在"一带一路"中发展起来，是当前茂名人必须面对的考题。

"海上丝绸之路也是渔获之路。"广东海洋协会常务副会长麦贤杰建议，利用当前的大好形势，加快发展海上丝绸之路的远洋渔业，继续扶持和帮助企业走出去。广东省民协副主席、广东省珠江文化研究会会长、暨南大学历史系教授王元林表示，作为冼夫人信俗源头的茂名市，应该在建设21世纪"海上丝绸之路"中，更好地发挥文化桥梁的作用，擦亮千年古港与冼夫人文化，打造海丝与岭南文化高地。

山东大学儒学高等研究院教授刘宗迪则将传奇文学作品《山海经》记载的内容和海丝文化进行了对比，指出历史上中国和外国在南海一带的文化、贸易交流对于《山海经》的形成有着重要影响。

中央党校文史部教授范玉刚提出"全球本土化"的观点时指出，应积极开发和集聚有本土优势的文化与创意资源，大力培育有高度人文情怀与自由创意精神的高素质人才，以实力与发达经济体在"一带一路"空间同台竞技。

海洋文化与潮人文化

陈学希[1]

潮人文化是一种源远流长的地域性群体文化。

要准确地描述潮人文化,离不开两条基本线索:一是大陆文化与海洋文化的交融,二是海内与海外的联系。

大陆文化与海洋文化交融的结果,产生了源于邹鲁又异于邹鲁,独具岭海又兼有旧邦的岭海文化。

海内与海外的联系使潮人文化绵延于海外,产生了成为世界文明一大景观的华侨文化。

岭海文化与华侨文化交汇形成了最能体现潮人文化亦即潮人文化特质的海洋文化。

潮人文化的特质,有人认为最具特征的内容是潮汕方言,但我认为这种说法只是停留在物质的层面上;其精神的层面有人认为是"精细",但我认为这种说法也只停留在技术性的层

---

[1] 陈学希,国家一级演员,著名潮剧表演艺术家。

面上。潮人文化的特质,应该是海洋文化所包容的全部内涵。当然,我们还不能说潮人文化就是海洋文化,潮人文化是以海洋文化为基础,受到大陆文化的改造而形成的一种更为丰富完善的文化。

海洋文化是与以海洋为依托的市场经济相适应的意识形态、思维方式与行为方式,其核心是"市场经济"。

海洋文化是海洋生产方式与市场经济长期孕育而形成的文化类型,是在世界观、人生观、价值观方面与农耕、畜牧、狩猎、采集等生产方式孕育的大陆文化完全不同的文化类型。形成海洋文化有两个必要的经济条件:商品与自身体制外的市场。

海洋文化熏陶的直接结果,是使生活在山与海之间的潮人,义无反顾地背山而面海。那蓝蓝的、辽阔的大海,寄托着潮人梦一般的想象,海天远处,有的是说不尽的灵动和舒广。正是这种想象,促使潮人挣脱土地的狭迫,体现出强大的向外发展能力和强烈的竞争力。"闯南洋""闯世界"显示出潮人文化中的冒险、开拓、进取、容纳、创新、开放的精神。潮人的人格秉性是"刚柔兼具,动静相济",但是,在潮人的骨血里,更多的是搏击、进取、开拓的气质,更多的是阳刚之气,不然,我们就无法解释为什么潮郡会一直传留壮怀激烈的大锣鼓,为什么会风行源于北方山东而今只存留在这方土地上的具有亚洲雄风的男性舞蹈英歌舞;不然,我们就无法解释为什么潮人的足迹会遍及世界每个角落,为什么潮人社团会以鼎盛的财力扬帆于世界商海之巅。潮人文化心态中的敢于革新、经世务实、重商求富的秉性是名闻寰球的。

潮人文化从其肇始之初，就呈现出一种独特的游离传统的边缘形态，具有开放融合、兼容互补、博采众长、为我所用的文化特征。这一文化特征，与外向型的特区经济似乎有着一种先天的默契。大陆文化与海洋文化这种优势的组合，使潮人文化发展到当代，呈现出一种先进的、积极进取的、与世界大文化兼容的强势文化态势。

"海纳百川，自强不息"的汕头精神的文字概括和表述，体现了对潮汕传统文化、华侨文化、特区文化内涵的准确把握和提炼，是对汕头历史人文的高度概括，但归根到底，传统文化、华侨文化、特区文化的共同点，即其核心还是海洋文化。

汕头是近代中国沿海最早对外开放的港口之一，也是近代中国最大的移民口岸，在历史发展的进程中，逐步形成经济外向、华侨众多、海外交流密切的特点，是一个著名的侨乡。中原文化的早期传入衍化、长期稳定的地域文化积淀、独特的人文地理优势，使涵容于传统潮人文化之中的汕头文化的发展自始至终体现出传统、开放、兼容的鲜明特点。中华人民共和国成立后，特别是改革开放以来，汕头文化事业更是全面蓬勃地发展，空前繁荣。这里的文化艺术品种丰富多彩、繁花似锦，无论戏剧、音乐、民间文艺、工艺美术，以至饮食、建筑、风尚习俗，均有其浓厚的传统和优势，产生了地方特色鲜明的语言、戏剧、音乐、潮菜、工夫茶、工艺品、民情风俗和文化心态等潮人文化八大特征。

潮剧是潮人文化的代表。潮剧与其他戏曲剧种的最主要区别表现在以下三个方面：

潮剧是中国地方戏曲中，唯一一种由海洋文化滋润成长的戏剧，即更多的具有开放性和创新精神。潮剧承续南戏声腔系统，但经潮人文化的长期浸润，具有浓郁的地方特色，如方言文学和南方柔美型的声腔音乐、潮丑和彩罗衣旦等；潮剧是市场经济下的产物，潮剧广场戏和海外潮剧圈是潮剧两大演出市场，其兴旺程度是其他剧种所难以企及的。

本人从事潮剧工作30年，伴随着改革开放的东风，从1980年开始，作为潮剧院的主要演员和剧团、剧院的领导者，随团、带团出访演出几十次。足迹遍及美国、法国、德国、澳大利亚等国及东南亚各国和中国港、澳、台地区。所到之处，深受海外潮人的热烈欢迎与深深的拥戴。是华夏祖先的根、潮汕乡音的情把广大的潮人紧紧地联结在一起，也是潮剧、潮乐的艺术魅力唤起潮人对故土的眷恋和对祖国的热爱。所以，在出国演出中才会有幕幕感人的和震撼人心的场面；才会唤醒多少游子，回归故里，寻亲相聚；才会有多少潮商巨贾，回乡投资，办学创业，报效祖国，了却心愿；才会有多少族亲俊彦，组团回国，联络乡谊，发展事业。正因如此，让我深深体会到潮剧走出国门、对外演出不单是一个潮剧艺术家的职责，更重要的是加强了海内外潮人在经济、文化等方面的交流和沟通，在促进经济发展的同时，也将潮剧进一步发扬光大。

作为一个潮剧的从业人员，我想从潮剧的角度，进一步阐发对于海洋文化与潮人文化的理解，以就教于各位专家与学者。

潮汕地区是"海上丝绸之路"的初发地。1994年8月18日至

22日，"海上丝绸之路与潮汕文化"国际学术研讨会在汕头大学和南澳岛举行，出席会议的有来自日本、法国、美国各国及中国香港特别行政区的专家学者80多名。海上丝绸之路是中国历史上与世界各国建立经济、外交关系，开展海上交通和商贸活动，进行思想文化交流和建立友谊、促进繁荣的道路。汕头南澳岛在中国海上丝绸之路占有重要位置，是海上交通要塞和兵家必争之地，是潮人开辟对外贸易和海外移民的通道。关于"海上丝绸之路"的研究，是全国以至国际的一个重要课题。

我认为，潮剧在海外的流播与影响，是"海上丝绸之路"的延续和扩展，也是海洋文化与潮人文化这一论题的一个最生动、最形象的例证。

一、历史上潮剧在海外的流播与影响

"潮剧"是用潮州方言演唱的地方戏曲剧种，其历史比京剧、越剧、黄梅戏等著名剧种都要长。若从《荔镜记》这一迄今有剧本传世的最古老剧目算起，即明嘉靖四十五年（1566年）至今，潮剧的历史保守地说已有445年之久。潮剧在长期的发展演变过程中，逐渐形成独特的艺术风格。唱腔轻婉低回，抒情优美；生、旦表演轻歌曼舞，优柔俏丽；丑行分工细密，程式丰富；潮剧音乐和表演形式善于兼收并蓄、博采众长而融为一体，创造力较强，程式严而不僵。

2006年6月，在国务院公布的第一批518项国家级非物质文化遗产名录中，潮剧名列其中；潮剧在戏剧类中位居第四，仅次于昆曲、莆仙戏和梨园戏。

　　历代潮人秉承中华文化的精神血脉，在潮汕这方富丽文明的土地上共同培育创造的潮剧，不但一直根植潮汕，还流播于广东东部、福建南部、香港、台湾、海南岛和雷州半岛，在潮汕本土及粤闽部分语言与潮汕相通的地区有着深厚的社会基础，备受无数观众的喜爱和痴迷，而且在泰国、新加坡、马来西亚、柬埔寨等国家开花结果，并伴随着华侨华裔的足迹，远播到欧洲、美洲、澳洲一些国家，成为海外华侨华人传承中华传统文化、增强民族凝聚力的一种民间最普及的形式和载体，成为世界文明的一大景观。

　　潮剧能够长期流播海外，获得生存和发展，与潮汕历史上源源不绝向海外移民有直接的关系。潮州是著名侨乡，潮人很早就开始迁移海外谋生拓殖。"潮州人之移居泰国，约始于南宋末年。"（见泰国潮州公馆《泰国潮州会馆特刊》，2014年）潮郡自南宋末年逐步向海外移民，至清代前期，在汕头被列为对外通商口岸（1861年）之后进入高峰期，初步形成海外潮人社会。目前，潮人在本土有1000多万人，在海外也有1000多万人，有"海内一个潮汕，海外一个潮汕"的说法。

　　近百年来，随着潮人拓展海外，远及东南亚、欧洲、南美洲等地，潮剧也漂洋过海，风行在异国他乡，成为潮汕人的文化象征，成为联结海内外乡亲的纽带和桥梁。所以说，凡是有潮水的地方，就有潮汕人；有潮汕人的地方，就有潮剧。

　　潮人移居海外，走的是一条血泪之路。千千万万破产的农民和手工业者，迫于生活的极端贫困，在走投无路的情况下，赤手空拳漂洋过海到南洋去。民谣云"一溪目汁（眼泪）一船人，一条浴布去过番"，生动地描绘了潮人离乡背井、冒险闯荡天下的悲壮情景。

当初潮人移民海外，筚路蓝缕、披荆斩棘，开发南洋的蛮荒之地，也许只是想到如何生存，如何繁衍后代，他们没有料到，在经历几个世纪的风雨沧桑之后，他们那与家梓桑田永难割舍的赤子情愫，会最终使潮人文化远播海外，成为世界文明的一大景观。

当今寰宇之内，几乎随处可见到潮人文化的踪迹，潮剧、潮乐、潮菜、工夫茶、抽纱、陶瓷、金木雕等工艺品，已为世人所接受、所喜爱；而潮语、潮汕英歌和春节、清明、冬节等传统节日、祭祖扫墓、婚丧喜庆等诸多潮人民情风俗，更为世人所耳熟能详，视为中国传统文化之一脉。

潮人对故土文化的深情眷恋，集中维系于潮剧。

以海外潮人为主要服务对象的专业和非专业的潮剧表演团体及其活动，是潮剧一种特殊的生存形态。据考，潮剧以戏班形式到南洋演出起码始于两个多世纪以前，20世纪30—40年代是海外潮剧的黄金时代。

历史上，泰国（以前称暹罗）是潮剧海外演出最早，也最兴盛的国家。潮剧跟随潮人乘红头船进入泰国已有200多年的历史。至1930年前后，以曼谷为中心形成了海外潮剧基地，潮剧戏班多达20余班。在曼谷街头、朱门绣户里，不时可听到潮剧委婉的唱腔和潮州弦乐的袅袅之音。泰国，可说是潮剧的第二故乡。

新加坡历史较短，人口只有200多万，主要是由华人（包括潮州人、海南人、广府人、客家人等）、马来人等组成的。潮剧伴随潮人的足迹，很早便在这里传播。这里的潮人，除了对潮剧情有独钟之外，还出自一种寻根意识，对于潮剧艺术，更追求传统的韵味。小小的新加坡，演唱潮剧的儒剧社和剧团有馀娱儒乐社、南华儒剧社、陶融儒剧社、六一儒乐社、新加坡潮剧联谊社、揭阳会馆潮剧团、新加坡德义潮剧团等十多班，其中最早的馀娱儒乐社肇创于1912年，卓有声名。

远在大洋彼岸的美国和欧洲的法国，同样有着千千万万将潮剧视同祖国、视同家乡的老一辈和新一代潮人，他们有着更为浓烈的寻根意识。正如一位记者笔下所描述的："祖父对孙子说，母亲对女儿说，学潮剧吧，那里面有我们的根！在世界的任何角落，只要你哼起潮剧，你就能找到同胞和乡亲。"可以说，潮剧，是2000万海内外潮人共同的乡音。如今，潮剧已随着潮人的足迹，跨出国门，遍及五洲，成为一种不受时间、阶层、国界限制的特殊语言，成为联结海外游子乡情乡谊的重要纽带，成为全球潮人传达心声的载体。海外潮人对故土文化的眷恋情结，产生了值得重视的海外潮人文化。海外潮人文化是潮人文化的重要组成部分，海外潮人的拳拳赤子之心，是海外潮人文化得以绵延的原动力。

二、新时期以来潮剧海内外交流的拓展与勃兴

内地潮剧团自20世纪80年代以来，经常应海内外潮人社

团的邀请,到中国香港、澳门、东南亚以及西欧一些国家和地区演出。潮剧团到海外演出,无不受到当地潮人的热情欢迎,不管是老一代潮人还是新一代潮人,都对潮剧艺术表现出一种执着的喜爱和探求,表现出一种时间和空间永远不能隔断的生生不息的乡梓之情,表现出一种通过潮剧所包容的中国人最注重的"伦理亲情"观念而熏陶出来的对于祖国传统文化珍惜和热爱的眷眷之心。改革开放新时期以来,海内外持续不断的潮剧热表现出两千万潮人强烈的当代意识和文化趋向,显示着两千万潮人激越奋进的脉息和生机。潮剧,已与两千万潮人的生活和各种经济商贸活动紧紧地结合在一起。

1993年2月、1999年10月、2008年11月和2017年9月,先后在汕头市举行的四届国际潮剧节,是这一股当代"潮剧热"的高潮,也是潮剧在走过400多年的历史长河之后,升腾起的四朵最绚丽的浪花。

研究潮剧流播海外的轨迹及成因,探讨其作用及影响,可以使我们了解潮剧除了本土广场戏之外的另一个演出市场,了解在远离乡邦的异国土地上,在与家乡截然不同的文化氛围中,令人惊奇地存在着一个与潮人文化同一母体的潮剧圈,而这一潮剧圈得以形成和长期存在,表明潮剧圈已完全包容在潮人经济圈之中。没有潮人经济圈的强大实力,也就不可能存在这样一个需要耗资耗时的潮剧圈,就这一意义而言,潮剧圈离不开潮人经济圈在经济上的强有力的支持,潮人经济圈在很大程度上也有赖于以潮剧为代表的潮人文化而凝聚,而融合。

三、潮剧在海外的流播与影响，是"海上丝绸之路"的延续和扩展

历史上，潮商与晋商、徽商并立，为中国势力最大、影响最深远的三大商帮之一。如今，潮商已成为华人最具财富的族群。潮商的足迹遍及全球，潮商的英名世界传播。在世人眼里最为传颂的最出名的潮人商界奇才有李嘉诚、陈弼臣、谢国民、林百欣等。

潮商除了以鼎盛的财力扬帆于世界商海之巅，还以高度的凝聚力，以遍布世界各地的区域性联谊会组织而举世闻名。国际潮团联谊年会的会徽是两手紧握形成的圆体，中心是地球经纬图，上下一周是国际潮团联谊年会的中英文字，象征着全球潮人的大团结。

潮人区域性联谊会组织基本上可以分为两大类，一种是联谊会，侧重潮人之间的联谊融通，一种是商会（行业公会），侧重潮商之间的交流协作。今天的全球潮人，不仅有遍布世界各地的区域性联谊会组织，还有三个全球性的组织：国际潮团联谊年会（自1981年开始每两年在世界各地轮流举行）、潮商大会（2005年6月在汕头举行第一届大会）和国际潮青联谊年会（自1999年开始，先后在中国香港、法国巴黎、加拿大蒙特利尔和中国深圳举行）。

这些组织不仅有常设机构（如秘书处、办公室等），还有自己的物业，如泰国潮州会馆，中央主楼高5层，占地30亩，礼堂可容纳2500个座位。有些组织还有自己的期刊和网站，如澳

大利亚潮汕青年联谊会的《万里潮》及《世界潮人联谊网》、美国华盛顿州西雅图潮州同乡会的《会员通讯》、广东潮人海外联谊会的《广州潮讯》、湛江潮人海外联谊会的《湛江潮联通讯》、北京潮人海外联谊会的《北京潮讯》等。香港潮州商会为国际潮团联谊年会的联络中心，出版年会刊物《国际潮讯》，成为国际潮人、潮团的联系枢纽。由汕头经济特区报社主办的经国家新闻出版总署批准出版的《潮商》杂志于2006年12月创刊。"潮人在线"（WWW.CHAOREN.COM）为国际潮团联谊年会指定常设网站。

翻阅这些潮人会刊、杂志或上网浏览这些潮人网站，我们就会惊奇地发现，在这些潮人精心耕耘的精神家园里，潮剧是其中常开不败的一朵最艳丽夺目的鲜花。

正是有了潮人区域性联谊会组织这一强有力的载体，世界潮人、潮商对潮剧、潮乐的眷恋和挚爱，才能有机地形成一股股源源不断的热血洪流，从而催动、涌动了足以维持潮剧社团各种活动的经济大动脉，使潮剧得以气血充沛而盛行不衰。

目前，适应社会的发展和海外潮人的需要，潮剧主要是依靠越来越多的依附于潮人区域性联谊会组织的业余表演、演奏团体来维系其生存和传播。

近三四十年来，在海外涌现的潮剧业余表演团体，不仅数量很多，而且分布范围很广，主要包括同乡社团、组织建立的潮剧团、戏剧组，民间非专业人员自发成立的儒乐社、联谊社等，前者比较集中于法国、美国、加拿大、澳大利亚和泰国、马来西亚、中国香港等地，后者则主要分布于新加坡、中国台湾。近期，东南亚其他一些地方和欧、美、澳洲一些潮人居住较为集中的城市，也陆续出现一些规模大小不同的民间团体，以自娱自乐为主开展多种形式的潮曲演唱活动。这些，都在不同程度上为潮剧在海外的生存传播增添了新的生机和活力。

海外潮剧业余表演团体的不断涌现，是由多方面的原因所促成的。

首先，因为潮剧从来就是一种群体共享的俗文化，它植根于民间，为广大群众所接受、掌握和传播，这在海外也没有例外。潮剧一直就是以其内容的通俗化、形式的大众化、流传的俗行化，深得潮人的喜爱而获得生存的契机和土壤。潮剧这种俗文化品位，使它在海外始终为包括男女老幼、商贾庶民、学者文盲等在内的广大潮人所嗜好、所喜爱，所以自其流传到海外以后，除了有职业戏班、剧团经常演出外，民间业余的演唱活动也很早就有，而且长期保持生生不息，从无间断。在此情况下，有些意趣相投、乐于此道的人，便很自然地聚集在一起，建立了业余的演唱、演奏团体，"操丝竹以遣兴，托清歌而娱情"，这在南洋一些地方，更是由来已久，例如新加坡的"馀娱儒乐社"，正式成立于1912年，已有100多年历史，"陶融儒乐社"成立于1931年，也有80多年的历史。在其他一些地方，也同样存在一些具有三五十年历史的业余表演团体。这些较早出现的海外业余表演团体，均以自身的活力和魅力，发展文娱，联络感情，协助公益，在当地深受广大潮人的欢迎，因此便带动更多的业余表演团体应时而生。

其次，随着社会和经济的发展，人们生活方式的改变，加上新兴媒体和商业文化的冲击，海外潮剧赖以生存的许多国家和地区，均先后出现了观众大量流失、演出市场变窄等情况。多数剧团先后被迫离开城市戏院，转入村镇巡回演出"跐脚戏"，导致潮剧在城市演出陷于冷落，而城市中又仍存在不少喜欢潮剧的观众，他们想看却往往没有机会，偶尔有剧团进城演出，便争相抢票，还有不少合家观看，有的甚至盛装出席，带着暖水壶和零食，早早进场等候。因此当职业剧团纷纷退出城市戏院转入乡村演出以后，一些非专业的潮剧爱好者便自发自愿聚集起来，自筹资金，成立各种小型的业余团体，一方面以潮曲消解各自因紧张工作、劳动所带来的疲劳，获得精神上的享受和满足，另一方面又通过自身的喜爱，把潮剧继续推广传播出去，满足城市中那些想看潮剧又愁没有机会看到的居民的欣赏要求，同时也促进了潮剧业余演出活动的繁荣和发展。

再次，是目前遍布于海外的潮人同乡社团组织，鉴于绝大多数的旅外乡亲均已先后加入居住国的国籍，并融入当地社会，原先的华侨身份已转变成为华人或华裔，在思想意识、宗教信仰、文化教育、社会习俗、审美情趣和观念形态等方面，都发生了深刻的变化，因此，为了延续和弘扬属于自己的本土文化，使其在当今的潮人群体中生发出强大的凝聚力和向心力，吸引同祖同根的旅外乡亲共同朝着理想的目标和美好的未来前进，许多国家和地区也先后建立了业余的潮剧表演团体，以家乡的戏剧联络感情，增进乡谊。

以上这些，都是海外潮剧业余表演团体兴起的原因。海外潮剧业余表演团体在多种形式的活动中显示出各自的风采和优势，是新形势下维系潮剧在海外生存传播的生力军。

目前存在于海外的潮剧业余表演团体，虽然所处地区不同，归属关系不同，规模大小不同，活动规模、方式也同中存异，但都成为维系潮剧在海外生存发展的生力军。

新加坡的业余表演团体为数较多，目前主要是"馀娱儒乐社""陶融儒乐社""六一儒乐社""潮剧联谊社""南华儒剧社""揭阳会馆潮剧团"和杨席港律村民互助社、芽笼村民互助社的潮剧团等，有的历史很长，有的虽是近年才成立，但都充满生机和活力，在丰富当地民众的文娱生活和推动潮剧、潮乐的传播发展等方面，均做得有声有色。"馀娱儒乐社"是一个老牌的业余表演团体，成立后就一直致力于音乐和剧艺活动，同时还致力于用文娱协助公益，60年代初期受到"中国潮剧电影热"的影响，更是由原先主要从事汉乐演奏转向从事潮剧的排练演出，几十年来该社所演剧目多达二百多部，不仅"水平逐年增进"，而且在倡导移风易俗、宣扬教化和传播中国传统戏曲艺术等方面发挥了重要的作用，1991年该社还被邀请前往马来西亚参加沙拉越州政府社会发展部主办的"国际艺术节"，与来自苏联、英国、荷兰、泰国、印度尼西亚、马来西亚的表演团体一同演出，表演了潮剧传统折子戏《回书》《三岔口》《香罗帕》《探窑》《活捉孙福》《辩本》及《告亲夫》选场等，因观众的喜爱荣获了马来西亚政府和新加坡国家文化部颁发的奖状、证书和奖品等。"陶融儒乐社"自20世纪六七十年代进入演出潮剧的盛期以来，先后演出多部潮剧长短剧目，均获好评，近年演出由蔡曙鹏博士根据古典史诗《罗摩衍那》改编、陈有才先生谱曲的潮剧《放山劫》，更被誉为"一大壮举"。《罗摩衍那》这部印度史诗，9世纪以后就在东南亚各地广为流传，但将其改编成潮剧演出却是前所未有，而该社改编时又刻意突出潮剧的固有特色，充分调动独唱、合唱、帮腔、武打等多种表现手段去塑造老国王、罗摩王子、贵妃、魔王、猴王等艺术形象，使全剧声情并茂，精彩缤纷，因此1991年受邀参加了在法国斯图加特市主办的"国际青年戏剧节"，1995年受邀参加了庆祝泰王普密蓬陛下登基50周年大典时特别举行的"国际罗摩衍那节"，与泰国、印度尼西亚、印尼、老挝、柬埔寨等国家的艺术团体一起表演，获得了很高的评价，有些评论说是"别开生面的演出""为促进彼此文化的理解提供了新的渠道"。"潮剧联谊社"是1984年在原"潮剧职工联合会"的基础上建立起来的业余表演团体，建立后除每年社庆举行公演外，还不断深入民间，参与联络所在社区的庆典表演，1998年更是以大型潮剧《黄飞虎反朝歌》，代表新加坡前往土耳其参加由该国西瓦斯市国家剧院主办的第一届"安纳托利亚戏剧节"的演出，为继承和发扬中华民族的地方传统戏曲，使之进一步走出区域、走向国际尽心尽力，并取得了显著成绩。"南华儒剧社""揭阳会馆潮剧团"等团体，虽然是20世纪60~90年代才先后成立的，但都朝气蓬勃，"弘扬潮汕戏剧痴心不改"，他们除了平时以剧乐自娱，参加一年一度社团庆典演出外，也都各自参加政府主办的"华族文化节""地方传统戏曲节"和中华总商会、宗乡会馆联合总会、旅游促进局、报业集团等主办的"春到河畔迎新年"演出，同时响应政府号召，积极参与定期在联络所、公园、地铁站等场所举行的宣传游艺活动，到国家电视台拍摄电视戏剧节目，有的还应商业团体、会馆、学校邀请，分别送戏上门，向各阶层群众普及推广传统戏曲，凡有社会公益、赈灾恤难，亦皆义演筹款，通过频繁多样的演出活动，既为广大群众提供了越来越多欣赏潮剧的机会，有助于传统戏曲的传播，同时也不断获得充实和提高，有的在编、导、演等方面均已"逐步具备上乘的水准"。

法国、澳大利亚、美国等地方的潮剧业余表演团体，在维系潮剧的生存和促进潮剧的传播方面，也都有出色的表现。1986年在"巴黎潮乐研究社"的基础上建立的"法国潮州会馆潮剧团"，十多年来由开始只有三四人发展成一个目前已增至50多人，拥有全套乐器和相当数量的服饰、道具及灯光、音响设备的业余表演团体，而且不断通过"走出去，请进来"的办法，加强与故乡潮汕的剧团、戏校的联系和交流，使艺术水平迅速提高，剧团成立后除在会馆作多次表演外，经常应邀带节目到当地电视台参加录制和直播，1991年9月第六届"国际潮团联谊年会"在巴黎举行期间，还以潮剧《陈三五娘》的"观灯""留伞"和《苏六娘》的"花园订盟""桃花过渡"及折子戏《游龙戏凤》《左良玉会姐》《串戏定亲》等招待来自世界五大洲三十多个潮人代表团的代表，1992年至1993年又先后两次应瑞士潮州同乡会邀请到瑞士日内瓦为当地侨胞义务演出，均"以声声乡音博得乡亲们啧啧称妙，连呼过瘾"，而被誉为"欧洲第一个中国剧团"。1996年，该团还与巴黎的广东粤剧社、法国胜友京剧社、法国上海总会越剧组联合举行会演，以《春草闯堂》博得观众好评，同时通过四个剧种同台会演，还缔造了巴黎华人社团活动大联合的新风尚，在各界引起热烈的回响。澳洲潮州会馆的"声艺潮剧社"，1996年应广大乡亲的要求成立以后，也已先后排演《陈三五娘》《苏六娘》两出长戏和《桃花过渡》《美人蟹》《换偶记》《辞郎》等多出折子戏，1997年在为庆祝香港回归祖国和筹建会馆新址举行义演期间，吸引观众上千人，许多人看后连声称赞，有的甚至称"远在南半球的澳洲，正绽放着一朵潮剧之花"。美国洛杉矶的"玄武山福德善堂潮剧团""泰国潮州会馆潮剧组"、马来西亚"古晋潮青团戏剧组"和台湾多个民间的潮剧团体，近年来也各自在多元化的社会文化交流环境中，积极开展业余潮剧活动，借丝竹管弦联络乡情，增进乡亲团结，推广中华传统文化，振兴家乡戏剧艺术，这些同样受到各界人士的热烈称赞。

香港"潮商互助社"1930年建立的音乐部，60多年来也一直坚持"工余暇暑，集同好于一堂，或研谱，或弹奏"，二战后还从汕头聘请名师前往指导，经常在香港广播电台演播，并于每年为港九贫民募捐寒衣筹款演出，50年代以后更是大步发展，阵容日盛，曾先后于铜锣湾的"皇仁书院"、香港的"高升书院""中央戏院"和北角"月园"为"香港音乐节"及善款筹募活动献演潮州音乐和《三家店》《四郎探母》等剧目。70年代初期又接管了汕头商会创建的"韩江潮剧团"，排练演出新的创作剧目《梦楼春》（又名《娄氏女投江》，张兰夫编剧），深得观众好评，近些年除保持每年为互助社筹募西医诊疗所费用及急赈基金举行的游艺大会演出外，还经常与内地潮乐社团进行互访交流，并于1993年与澄海市（现汕头市澄海区）宣传文化部门联合举办"中国古筝潮乐艺术节"，邀请中国北京、上海、厦门、广州、汕头、香港、台湾等十多个地区和城市以及美国、加拿大、澳大利亚、泰国、新加坡、马来西亚等国一百多位古筝、潮乐名家高手欢聚一堂，演出古筝、潮乐和潮剧，成为目前海外众多业余团体中第一个承办国际性演出交流活动的团体。

以上这些，虽只是大量事例中的一部分，但都说明目前海外潮剧、业余表演团体不仅在各地应运而生，脱颖而出，而且在多种形式的活动中已经越来越充分显示出各自的风采和优势。

海内外潮剧界的联系交流不断趋于密切，而且还在继续加强。海内外潮剧界的交流合作，总的是以增强艺术实力、提高艺术水平、营造艺术优势作为共同的目标，重点是剧目建设和人才培养两个方面，而交流合作的方式、渠道则日见多样，除了经常借助中国国内的表演团体到海外演出或海外的表演团体到中国国内演出的机会，各自以观摩、座谈和学习等方式，加强彼此间的切磋和交流外，海外有些业余团体还经常邀请中国国内的编剧、导演、演员、音乐人员到海外开班指导剧目排练、培训台前幕后人才和参与其他方面的艺术创作，或经常派人到中国国内拜师学艺，接受基本功训练，请老师传授剧目，指导舞台美术设计和化妆、灯光操作技巧等。而相互交换演出剧目的剧本和录像，移植中国国内潮剧的上演剧目，更是一直是学习交流的重要途径。至90年代后期，海外潮剧职业剧团和潮剧业余表演团体移植中国国内潮剧的上演剧目,据初步统计已达300个以上,其中有不少是经过整理的新传统戏,有些则是近期改编创作的新剧目。这些被移植到海外的剧目,既不断丰富和刷新了海外潮剧的剧目面貌,同时不少团体在剧目的移植和排练过程中,还借鉴吸收中国国内剧目的编演方法、经验,用于提高自己的剧目创作水平、表演艺术水平和舞台美术水平,为海外潮剧舞台营造了"新剧迭出,风采葱茏"的新局面。这也是近期出现的新情况、新特点,对延长潮剧在海外的生命,进一步焕发其生机活力,都发挥了很好的作用。

在新加坡,随着国家的进步和发展,国民的居住环境发生了根本的变化,潮籍华人不可能以亲族或宗姓聚居,游神赛会的仪式逐步淡化甚至消失。在新加坡生长的第二代第三代潮籍华裔对于父辈祖辈的故乡只是一个概念,生活的环境和接受的教育使他们中的大多数人对古老的潮剧感到陌生。没有观众就没有戏剧,本地职业潮剧团演出的机会少了,不得不退出新加坡的舞台,到别的地方寻找生路。

潮剧,是潮汕人引以为自豪的一个文化符号,也是潮汕人的"生命故园",作为潮汕人,不论走到哪里,都会想尽一切办法保存这个符号,固守这处"生命故园"。新加坡的潮籍人士不会让新加坡的潮剧在舞台上留下空白,替之而起的是民间结社组织的业余潮剧表演团体。他们聘请导演和乐师,及时地把内地流行的潮剧剧目搬到新加坡的舞台上,在盛大节日或社庆的日子演出。自20世纪80年代至今,各社团轮番登台,加上每年从内地和香港请来的专业潮剧团,新加坡潮剧的锣鼓依然热闹。

1995年，经新加坡政府批准成立了民办的非营利性质的新加坡戏曲学院，院长为蔡曙鹏博士。蔡曙鹏博士认为，为了使潮剧在新加坡有长久生存的空间，就必须开展业余的戏曲艺术教育，造就新的潮剧人才。他聘请教师，招收学员，组织教学，把戏曲学院办得有声有色。更难得的是他自己撰写潮剧剧本并组织排演，他的自编剧目代表新加坡的潮剧走上了国际舞台，代表华族走向了世界，至此，新加坡的潮剧有了质的变化。

蔡曙鹏博士撰写的5个潮剧剧本分别是神话剧《哪吒闹海》《灰姑娘》，根据《聊斋》改编的《聂小倩》，根据印度史诗《罗摩衍那》改编的神话剧《放山劫》和寓言剧《老鼠嫁女》（现已结集出版）。蔡曙鹏博士根据普世的价值观念，选择神话剧和寓言剧的形式，写出了世界不同国度的人们都能看懂都能接受的剧本主题，不啻是一种成功的尝试，使得这些剧本成为了世界上更多的人关注和喜欢的"国际剧本"，也使潮剧成为了一门国际表演艺术。蔡曙鹏博士以不断的变革发展从而维系潮人"生命故园"的这种种尝试，无疑是值得充分肯定和赞扬的，这也是新时期潮剧在海外的一种值得重视的文化现象。

随着岁月的推移、时代的变迁，尽管也存在着风风雨雨，逶迤曲折，但因潮剧历来受到海外潮人的喜爱，在他们中间获得生存的深根和厚土，所以始终生生不息，显示出顽强的生命力。潮剧在海外的生存、传衍及其在所处国家或地区的社会文化格局中的地位、作用和影响，各地的表现也还不尽相同，情况显得比较复杂。这些，还需我们不断去作深入的调查和了解。但不管如何，潮剧长期流播海外，既具文化意义，也具经济价值，这对于今天我们研究中国戏曲的生存状态及存在价值，研究中国戏曲作为中华传统艺术如何走向世界、融入当地社会，并取得社会效益和经济效益，加深中国人民和世界人民的友谊，加强与世界各国的交流与合作，都具有重要的理论意义、实践意义和指导作用。

海洋是流动的，流动的海洋使潮人文化充满生机；潮人是活跃的，活跃的潮人在潮汕和世界各地都充满活力。海洋文化与潮人文化就这样如水乳般交融，以潮剧为代表的潮人文化就这样以积极进取的心态和发展、开放的目光来面对现代化、世界化的人类历史潮流，将其海洋文化的文化特质发挥得淋漓尽致。当然，就潮剧在长期流播中形成的活性结构和旺盛生命力而言，我们在世界范围还应该创造出更为辉煌的景观，我们还应该有更开阔的眼界和更宽广的胸襟，催生出更高素质的戏剧家和更成熟的作品，这样我们才可以真正在世界现代戏剧文化中独树一帜，在全国以至世界各地产生强大的吸引力和影响力，从更深的文化层面上走向世界。

潮剧在海外的流播与影响，是"海上丝绸之路"的延续和扩展。潮人文化源远流长，潮人文化充满希望。潮汕人民和世界各地的潮人正扬起世纪的风帆，迎向大海，去挥洒当代潮人的阳刚之气，去展示和创造以潮剧为代表的潮人文化的雄浑和壮丽！

海洋文化与珠江文化的内在关系

司徒尚纪[1]

一、海洋文化概念

不管对文化概念有多少种理解,海洋文化最流行的概念,是指人类利用海洋创造的物质财富和精神财富的总和,以及人类为适应海洋环境所采取的方式。前者如围垦海涂,引海水晒盐,提取各种化学元素,以及利用潮汐、风能、温差、盐度差发电等,都是来源于海洋的物质财富。为了适应海风含盐、风力大等特点,人们采用耐腐蚀材料,建造低矮房屋,在村落周围种上防护林,也属海洋文化概念之内。而同样重要的另一部分,是非物质层面的海洋文化,这其中可分为海洋制度文化和海洋精神文化。前者为监督、管理好海洋资源和环境而采取的带有强制性、普遍性的政治制度、法律制度和各种法规、条约

---

[1] 司徒尚纪,中山大学地理科学与规划学院教授。

等，如我国的领海制度、海商法、毗连区法，《联合国海洋法公约》所规定领海、公海、大陆架、专属经济区、领海基线等一系列制度和行为准则等，都是海洋制度文化。人类在认识、开发、利用、守卫海洋中形成的各种观念，包括宗教信仰、海神崇拜、故事传说、风俗活动、岁时节庆、审美情趣、性格特点、价值体系、艺术作品、科学哲理、伦理道德等，都属海洋精神文化之列。

二、海洋文化特质

文化史专家冯天瑜先生指出："文化的实质性含义是'人类化'，是人类价值观念在社会实践过程中的对象化，是人类创造的文化价值，经由符号这一介质在传播中的实现过程，而这种实现过程包括外在文化产品的创造和人自身心智的塑造。"[1]简而言之，文化特质是指文化的价值，它一方面体现了自然界在人类创造文化过程中的作用和变化，另一方面也蕴含了人类自身性质、内在特点及其变化，是两者紧密关联和互动的产物。

文化特质的这一界定，用于大陆文化，是大陆自然资源和环境对文化产生的参与，另外更为重要的是人类在其中的能动作用，最后制造出来的文化产品，体现了自然和人类活动的统一。而海洋是没有自然界限，因而是世界性的。有人据此认为

---

[1] 冯天瑜《中华文化史》，上海人民出版社，1990年。

海洋文化是世界性的文化现象。[1]然而，海洋文化到底要依托大陆而产生，无论大陆或海洋某一部分，都有自己环境和资源特点，这不能不影响到海洋文化同样有地域个性。但海洋文化的共同性和特殊性相比较，前者毕竟是第一位的。广西民族大学徐杰舜先生把海洋文化基本特征归结为外向性、开放性、冒险性、崇商性、多元性，[2]看来是十分精到的。但恰如郦道元《水经注》曰："水德融和，变通在我"，还应加上一个包容性或兼容性。研究这些特质与海洋环境关系，也是海洋文化一个不可或缺内容。海洋文化特质和风格，可归结如次：

（一）外向性

作为海洋文化载体或介质，海水永远处于无休止的运动中，处于从不间断的流动中。人类必须适应海洋这种属性和环境来进行海洋文化活动。因海水不停顿地在一个海区与另一个海区之间交换，具有稳定的外向运动特点，所以海洋文化也从它产生的海区或大海边缘向外传播。特别是在交通不发达的古代，海洋是人类往来的重要通道，文化交流借此而发生，这比大陆要容易得多，这也决定了海洋文化的外向性特质。

古代孤悬海外的海南岛，不但沿岛居民生活资仰于海洋，而且深处五指山区的黎人，也以输出槟榔、椰子为经济来源。宋人王象之在《舆地纪胜·琼州》指出："琼人以槟榔为

---

[1] 徐晓望《妈祖的子民——闽台海洋文化研究》，第16~17页，学林出版社，1999年。
[2] 徐杰舜《海洋文化理论架构散论》，载广东炎黄文化研究会、阳江市人民政府编《岭峤春秋——海洋文化论集》（四），第65~66页，海洋出版社，2003年。

命……岁过闽广者不知其几千百万也。又市舶门曰：'非槟榔之利，不能此一州也'。"槟榔文化支持了海南经济发展，是海洋文化外向性一个范例。

（二）开放性

海洋是一个大系统，这个系统下的某个海区、海岛、海湾、海峡、海岸带等都是它的子系统，不但在这些大小系统内不断进行物质和能量交换，以维持各自生存、运动和平衡，而且在海洋和大陆之间，也发生同样的过程，舍此海洋文化不能产生，这就决定了海洋文化必定是开放性的。另外，只有依靠这种开放性，海洋文化的结构、功能、景观等才不断得到调整；其文化势能、动能得以消长，产生势位差，形成文化运动，即文化交流，产生文化区域效应，推动社会经济发展。海洋文化这种开放性，是它优越于大陆文化特质之一。日本是个资源贫乏的岛国，完全依赖海外资源、技术等发展起来，海洋文化为其立国之本。亚洲"四小龙"（香港、新加坡、台湾、韩国）或为海岛，或为半岛，同样敞开自己的大门，吸纳四海各种资源，充实、壮大自己，在世界经济版图上赢得一席之地。

（三）冒险性

海洋风波险恶，变幻莫测，历被视为畏途。宋代苏东坡过琼州海峡，"舣舟将济，股栗魂丧"[1]，直到海上交通颇为

---

[1] 赵适汝《诸蕃志》（卷下）"海南条"，第144页，中华书局，1956年。

发达的明代，据正德《琼台志·杂事》说，进入海南的人"稍有识者，当少知避"，琼州海峡仍是一道巨大障碍。近现代航海技术进步，但要超越海洋，仍有许多风险。在这种海洋环境下创造的海洋文化，冒险性是它的一个显著特征。明清时期，海上走私贸易十分兴旺，实际上这些商人集团不少是海盗式的，一方面出于武装自保，另一方面则是为了掠夺。史称明嘉靖年间"闽广徽浙，无赖亡命，潜匿倭国者，不下千数，居成里巷，街名大唐，有资本者则纠倭贸易，无财力者则联夷肆劫"[1]。鸦片战争以后，"自外夷通商以来，商船大半歇业，前之受雇于访商者，多以衣食无资，流而为匪"[2]。所以海洋文化中冒险性，就是指海上活动要有冒险心态，不惜以生命为代价的价值观，以及敢于面对大海、挑战大海的大无畏精神。研究这种冒险性产生的地理环境、社会基础、景观特色等，构成海洋文化一个必要组成部分。

（四）崇商性，或曰重商性

黑格尔在《历史哲学》中谈到西方海洋文化，实际就是海上贸易，说中国没有海洋文化，没有分享海洋赋予的文明，也就是缺少海上贸易。这种悖论，虽不足取，但也说明，海上贸易确是海洋文化一个最丰富的内涵。海上贸易不仅发生在沿海，而且穿过海洋腹地，抵达远方港口，是最富于商业性、冒险性的活动，因而是海洋文化一个不可或缺的研究内容。岭

---

[1] 《明经世文编》（卷283），第2297页，中华书局，1962年。
[2] 载《史料旬刊》，1931年第36期。

南人自古以来，从物质形态到精神形态都充分表现出对商品的价值取向。广州是中国历史上历时最长外贸中心，唐代有著名"广州通海夷道"，宋代与40多个、元代与140多个国家和地区通商，明清时形成近乎全民经商狂热。屈大均《广东新语·事语·食语》说广东"无官不贾，且又无贾不官""民之贾十三，而官之贾十七""儒从商者为数众多""而官之贾日多，遍于山海之间，或坐或行，近而广（东）之十郡，远而东西二洋，无不有也"。近年改革开放，广东商品经济大放异彩，一方面是"广货"节节北上，另一方面大批岭北人南下，形成"东西南北中，发财到广东"时代潮流，将各种地域文化带进广东，使广东文化景观非常丰富多彩，即为岭南海洋文化重商性在当代一种折射。

（五）多元性

"海纳百川，有容乃大。"大海相互沟通或与江河对接，接受多种文化成分，兼收并蓄，融会贯通，形成多元文化特质。岭南文化的海洋性，除了缘于南海海洋环境，主要还有假道南海传播而来的海外印度文化、波斯文化、阿拉伯文化、近世西洋文化等，既相互融合，又和而不同、共生、同存、共荣，形成一种复合型文化，其多元性甲于内地许多地域文化。当然，多元性并不是海洋文化所独有的，许多地域文化都有这种特性，但海洋的宽广无涯、强大亲和力等环境性质，却是大陆难以相比的，在此基础上产生的海洋文化更富有多元性也是不争的事实。香港、澳门作为中西文化交流中心，其文化的多元性既是一个背景，也是这种交流的一种结果，都与它们的海洋文化环境息息相关。

（六）包容性（兼容性）

海水有溶解万物的自然属性，且不停地流动、交换。海洋这种作用可以将不同地域、民族文化在海水所到之处找到自己的位置，能够相互容忍、自由地发展，并相互交流、整合，形成你中有我，我中有你状态，这就是海洋文化的包容性。岭南文化发展史上，绝少出现因文化特质差异而发生重大冲突、对抗事件，自明末西风东渐以降从西方传进被北方一些人喻为"奇技淫巧"的科技文化到近年改革开放传进新鲜事物，无不如此。相反，一些大陆文化因缺乏包容性而凸显、强化了它们的排他性，结果由文化冲突导致政治、军事冲突。中东地区近年暴力事件不断，从深层根源来说，与文化的排他性不无关系。

实际上，海洋文化这些特质，都是一个整体，相互之间不但可以沟通，而且相互影响。上述外向性与开放性的关系如此，多元性与包容性的关系也一样如此。又海洋文化主要以海上商业贸易为主流，商品生产和流通具有强烈的外向性和扩张性，目的是追逐利润，由此必须要有勇气、有胆识、有谋略去挑战大海，渡过惊涛骇浪，航行到利润所在的一切地方，为此，也必然要承担风险，所以海洋文化的冒险性与生俱来。在商业贸易背景下，商品价值观念、交换观念、竞争观念等深入民心，崇商性也就成为海洋民族最本质的一个文化个性。

三、珠江文化特质

珠江文化作为一种"历史存在",早已形成,但作为一个科学概念提出,是1926年郭沫若来广州,执教于中山大学,在《我来广东的志望》一文中指出:"我们要改造中国的局面,非国民革命策源地的广东不能担当,我们要革新中国的文化,也非在国民革命的空气中所酝酿的珠江文化不能为力。"自此,珠江文化才成为一个专门术语出现在中国学坛。但珠江文化长期以来并未被重视,直到10多年前,以中山大学黄伟宗教授为首的一批学者,重新发现郭沫若的科学论断后,全面深入地开展珠江文化研究,取得了一系列开创性的成果。2010年6月出版《中国珠江文化史》标志这个研究达到一个新高度,使珠江文化能与黄河文化,长江文化平起平坐,三条大江大河文化构建起我国江河文化的脊梁。经过历史发展,珠江文化形成了自己的文化特色,与其他大江大河文化有显著区别。

(一)珠江文化是一种热带亚热带类型文化

从文化是人类适应环境的一种方式这个意义出发,珠江文化孕育、发生、发展于热带亚热带地理环境,在物质、制度和观念(精神)文化各个层而上都反映了与这种地理环境的感应关系,如种植水稻,住干栏(近世则骑楼),嗜食水产,以龙、蛇为图腾,流行以水神为主题的风俗、神话、传说等。文化人类学者(如华南师范大学地理系曾昭璇教授)曾将我国东半部划为三大文化地理区,即蒙古草原游牧文化区、华夏季风农业文化区及岭南热带海洋文化区，珠江文化区相当于后者。

（二）珠江文化应属海洋文化类型

珠江文化属于海洋文化类型的根据有三：一是珠江是外流河，注入南海，仅出海口在珠江三角洲就有8个，海河相连成一体；二是珠江流域沿海有南海海上丝绸之路所经众多港口，它们腹地深入流域各地，使内陆、沿海和海外构成一个不可分割的地域体系，不同文化交流、互动即在这个体系内发生；三是珠江文化自古就与海外文化有千丝万缕联系，深受海外文化影响，并使之吸收、整合为自己一部分。曾昭璇教授曾说"岭南亲海，热带民风"，即海洋性是岭南也是珠江文化特点之一。

（三）珠江文化是一个多元文化体系

三江交汇于广州，以及江海连接地理形势，加上独特的民族历史进程等因素，珠江文化组成成分非常多样，乃以越族（南越、骆越、闽越等）文化为本底，融合华夏文化、汉文化、荆楚文化、巴蜀文化、吴越文化，以及海外印度文化、波斯文化、阿拉伯文化，还有近世西洋（西方）文化等构成，是一种复合型文化，其多元性甲于其他地域文化。最近著名人文地理学者北京大学胡兆量教授指出："广东是世界上历史文化十分复杂，因而也是十分典型的省份，加上海南岛，自成一个历史文化区域，进行深入研究，十分必要。"这也说明了珠江文化多元特性。

(四) 珠江文化是一种开放型文化

语曰,水性使人通,山性使人塞。珠江稠密水网作为渠道,沟通海内外,自古以来,物质、人员、信息等交流,互通有无从未中断。即使明清严行海禁,珠江流域沿海各地与海外联系或明或暗仍在进行。长期对外开放,在珠江文化各个层面上都留下深刻印记,从作物品种、器物、语言、饮食到习俗等无不如此。

(五) 珠江文化具有鲜明的兼容性

郦道元《水经注》曰:"水德融和,变通在我。"河流的交通作用使得不同地域、民族的文化在流域内找到自己的位置,能够相互容忍,自由地发展,并相互交流、整合,形成你中有我,我中有你的状态。在珠江文化发展历史上,绝少出现因文化特质差异而发生重大冲突、对抗事件,自明末以后从西方传进"奇技淫巧"到近年改革开放各种新鲜事物都无不如此。

(六) 珠江文化发展到近现代,已成为一种时代先进文化

经过历史长期积淀,珠江文化吸纳海内外文化精华,使自己得到提升,发展成为一种时代先进文化,在文化各个层面上充分显示这种时代特色,从洪秀全到孙中山到现代改革开放,特别是深圳经济特区的崛起,以及珠江三角洲成为全国经济高峰区,都表明珠江文化处在全国地域文化前列,在多方面起到领导文化潮流作用,为近现代中国革命和建设做出了重大贡

献。它作为一种时代先进文化，受之无愧。

（七）珠江文化是以广州为单中心文化

三江交汇地理格局和其他社会经济因素，使广州成为一座二千年不衰的城市、珠江流域最大的文化中心。其经济和文化地位从来没有动摇，没有第二座城市能够充当全流域文化中心的角色。这种单文化中心格局，是其他地域文化所没有的。黄河文化中心，在汉唐为长安，在北宋为开封，元明清至今为北京，随时代而转移，没有一个文化中心贯穿流域整个历史；长江文化中心，当今被认为是上海，但它历史上是南京、武汉，抑或重庆、成都都值得讨论。广州作为二千多年来珠江文化的中心城市，无可置疑，对珠江文化发展起到了重要作用。

珠江文化特质，总的来说，可用热带海洋、多元、兼容、开放、变通、领潮等来表示。

四、结论

基于南海和珠江地理上的相依，八口归海，构成江海一体地理格局；南海文化和珠江文化发展进程基本一致，文化特质和风格基本相类，故两者文化关系不可分割，实为一个文化整体，可称为南海——珠江文化综合体。这个综合体形成和发展的驱动力在于两种水体，永远处于不停顿的运动、交换和互补中，从而使得以它们为载体的两种文化也不断地进行交流和整合，形成你中有我，我中有你，相互依存，相互推动，共存、共生、共荣的共同文化关系。这恰如苏联哲学家梅契尼柯夫指出的："水不仅仅是自然界中的活动因素，而且是历史的真正动力。……（它）是刺激文化的发展，刺激文化从江河系统地区向内海沿岸并从内海向大洋过渡的力量。"[1]这已为南海和珠江文化发展的历史所验证。其中南海海上丝绸之路的历史贡献，即为两种文化共同作用的结果。中国近代史肇始于广东，即为海外文化与岭南文化相融合、发展的成果。近年改革开放，广东经济崛起全国，岭南文化以高位势能辐射全国，其深层根源和能量来源，亦离不开中西文化结合，也是南海海洋文化和珠江文化相结合所产生的文化软实力的支持。基于此，充分重视江海文化的共同作用，对制定区域文化发展战略，实现区域经济振兴和繁荣具有重要意义。

---

[1] 梅契尼柯夫《社会物质生活条件》，第9页，人民出版社，1952年。

在海洋文化的视野中考察广州十三行

冷 东[1]

在中国走向世界的进程中,"广州十三行"[2]是一项具有世界意义的历史文化遗产,也是一块具有国际意义的学术研究领域。近年来,虽然研究不断深入、研究成果不断丰富,但在十三行历史地位的评价上仍然分歧明显,不解决这个问题,就难以将十三行的研究推向新的高度。

一、十三行历史地位评价上的分歧

通过梳理相关的研究成果,可以看到在对广州十三行的

---

[1] 冷东,广州大学人文学院教授。
[2] 创立于康熙年间的广州十三行,是清政府特许经营对外贸易的专业商行。1757年,随着乾隆皇帝仅留粤海关一口对外通商上谕的颁布,清朝的对外贸易便锁定在广州十三行。位于珠江边上的十三行口岸洋船聚集,几乎所有亚洲、欧洲、美洲的主要国家和地区都与十三行发生过直接的贸易关系。这里拥有通往欧洲、拉美、南亚、东洋和大洋洲的环球贸易航线,是清政府闭关政策下唯一幸存的海上丝绸之路。

总体评价上存在巨大的分歧，相当多的研究成果对十三行持否定或批判态度。如著名历史学家朱希祖先生认为："十三行在中国近代史中，关系最巨，以政治而言，行商有秉命封舱停市约束外人之行政权，又常为政府官吏之代表，外人一切请求陈述，均须有彼辈转达，是又有唯一之外交权；以经济而言，行商为对外贸易之独占者，外人不得与中国其他商人直接贸易。此等特殊制度，无论中国外国，皆蒙不利，鸦片战争，即为击破此种外交制度及通商制度而来，自此一战，中国一蹶不振，外交经济，皆为不平等条约所束缚，百年以来，皆受十三行所贻之祸。"[1]

部分学者则把广州十三行视为清朝实行"闭关自守""闭关锁国"的产物。如山东大学陈尚胜教授认为："十三行的辉煌昌盛是清廷一口通商的闭关政策之赐。清政府把西方国家来华贸易严格限定于广州，而不定在外贸物质主要出产地的长江下游地区，目的就是要最大限度地阻断外国商人与中国社会内部的联系。而且在广州，清政府又通过洋行商人的垄断制度，基本阻断了外国商人与中国普通商人的贸易联系。因此，清政府这种畸形的外贸港口布局以及广州通商体制本身，鲜明地体现了清政府对外闭关的本质倾向。"[2]

厦门大学李金明教授认为："广州十三行是鸦片战争前清代封建外贸制度的忠实执行者，它不仅成为清政府垄断对外贸

---

[1] 朱希祖《广东十三行考》（卷首），广东人民出版社，1999年。
[2] 陈尚胜《也论清前期的海外贸易——与黄启臣先生商榷》，载《中国经济史研究》1993年4期。

易的商业资本集团，而且承担了外交职责，变成清政府管理和约束外国商人的中介和工具。然而，在与西方商业资本的实际交往中，十三行一直处于劣势，他们既得不到清政府的支持，又没有法制保障，反而成为清政府勒索、摊派、捐输、报效的对象。因此，在西方商人的钳制和清朝官府的桎梏下，大多数洋行出现了资金周转不灵、债台高筑、累遭破产、抄家、下狱、充军的厄运，遂成为清代封建外贸制度的牺牲品。"[1]

暨南大学江波认为："清代广州'十三行'制度是清朝政府在'闭关锁国'的宏观政治经济政策的前提下，为应对全球的商业经济对贸易扩大的需求，在明代市舶司制度的基础上实施公私结合的对外贸易经济体制。在鸦片战争前后近百年间，担负着清政府垄断和管理经营对外贸易的重责。它的出现、兴盛到衰败，其根本因由则是大清帝国出于维护集权统治的政治妥协和经济上的权宜之计。"[2]

广东省社科院徐素琴认为："广州一口通商体制鲜明地体现了清政府对外闭关的本质倾向，在这一历史大背景下的十三行的历史是与当时世界历史的发展方向背道而驰的，十三行的繁荣鼎盛是以牺牲沿海各港口的贸易作为代价取得的，这是一个无法回避的负面历史信息。"[3]

---

[1] 李金明《广州十三行：清代封建外贸制度的牺牲品》，载《广东社会科学》2010年2期。

[2] 江波《清代广州"十三行"制度的政治考量》，载《佛山科学技术学院学报》2008年5期。

[3] 徐素琴《十三行的历史内涵——以国家制度为中心的观察》，载《十三行研究回顾与展望论文集》，世界图书出版公司，2010年。

可见，有关十三行的研究既关系到能否在"文化强省"的建设中将其定位为岭南文化品牌、岭南文化代表，是否体现先进文化等关键原则，也关系到广州城市规划、文化旅游资源开发等具体领域，成为广东建设文化强省的一个不可回避并急待解决的艰巨任务。加强这个课题的研究，具有重要的理论意义和现实价值。

广东省市领导多次明确指出："大都市以文化论输赢"，并将建设广东省"文化大省"的目标提升为"文化强省"的新高度，提出争取用5~10年时间，打造具有岭南风格和广东气派、具有鲜明时代特征和实践特征的当代广东先进文化。作为历史文化名城的广州市，一直非常重视开发和利用丰富的历史文化资源，在"文化强省"的建设过程中，省市领导和专家学者都将目光投向了"广州十三行"，将十三行作为广州六张名片之一。

对广州十三行总体评价、性质作用持肯定意见最初体现在对广州十三行历史文化资源保护开发与利用的题案和建议中。如2009年广州大学杨宏烈教授《关于设立十三行博物馆的建议报告》[1]和广东省政府参事、华南理工大学谭元亨教授向国务院参事室提交的《十三行文化资源的保护与开发》的报告[2]，特别是谭元亨教授的建议得到省市领导的高度重视并做出加强

---

[1] 杨宏烈《关于设立十三行博物馆的建议报告》，见杨宏烈的博客：http://www.ziben5.com/blog/article/268150.shtml。
[2] 谭元亨《十三行文化资源的保护与开发》，见国务院参事室网站：http://www.counsellor.gov.cn/content/2009-04/20/content_4083.htm。

研究的批示，从而掀起一轮研究的热潮。

对十三行具体细致的评价则在学术论文中反映出来。如十三行商的后代，华南理工大学教授潘刚儿认为：中国贸易真正走向世界，是从广州十三行开始的，十三行起着中国封闭的社会系统与外部环境之间的中介作用。18世纪的时代背景和广州独特的地理优势，使粤商迅速崛起，商业资本高度集中，成为中国清代中叶最有国际意识、最具有资本市场观念、取得瞩目成就的商帮。十三行文化为中华文明提供了全球性的视野，行商所具有国际视野的气魄，正是粤商精神的核心和文化精髓。[1]其后诸多学者也对广州十三行的积极历史作用进行了论证。[2]

可喜的是，这一阶段出现了以更广阔的视野探索研究十三行的新思路和研究方向，即以海洋文化的角度审视中国及十三行的命运和发展道路。中国国内代表性的成果是杨国桢教授主编的《海洋与中国丛书》和《海洋中国与世界丛书》，这两套丛书的目的，正如杨国桢教授在《总序》中所说，是"以中国海洋社会经济史和海洋社会人文的视野，从不同的角度展示先人向海洋发展的努力、成败和荣辱，在吸收消化已有研究成果的基础上，挖掘民间和海上的各种中国海洋社会人文资料和信息，探索运用多学科整合的研究架构，重新审视中国海洋经

---

[1] 潘刚儿《中国第一代与全球化经济接轨的杰出商人代表潘振承》，谭元亨主编《十三行新论》，中国评论学术出版社，2009年。
[2] 冷东《"广州十三行研究回顾与展望"学术研讨会综述》，载《广州大学学报》2009年12期。

济、海洋社会、海洋人文的价值""为中国海洋人文社会科学的建设做基础性的学术积累。"这套丛书为研究十三行的历史地位和作用提供了重要理论参考，而丛书中的诸多成果，例如《走向海洋贸易带——近代世界市场互动中的中国东南商人行为》（陈东有著）、《海洋迷思——中国海洋观的传统与变迁》（黄顺力著）、《天子南库——清前期广州制度下的中西贸易》（张晓宁著），更是直接或间接研究十三行的成果。

作为中国海洋大省和蕴含丰厚海洋文化的广东省，也同时出现了用海洋文化研究视野审视研究广东发展道路的成果，如王荣武、梁松所著《广东海洋经济》，为深入研究十三行积累了基础性的成果，为十三行的研究方向提供了借鉴。

随着研究的深入，广东的学界认识到应当从新的视角，即海洋文化的角度研究十三行。十三行出现的深层历史背景是为了适应日益扩大的海洋贸易的需求，是传统中国海贸中心广州底蕴深厚的海洋文化的产儿。既是海洋文化的产物，又对海洋文化做出贡献，推进了海洋文化的发展[1]。在中国走向世界的进程中，十三行是一项具有世界意义的历史文化遗产，从而出现大量的研究成果。

黄启臣教授主编的《广东海上丝绸之路史》，是广东省政府批准的广东省人民政府参事室、广东省人民政府文史研究馆、广东珠江文化研究会联合组成的广东省"海上丝绸之路"研究开发专案组进行的系列工程之一。全书共分九章51节编

---

[1] 叶显恩《略谈广州十三行研究的意义》，载《十三行研究回顾与展望论文集》。

写，共61万字，是广东海上丝绸之路研究的第一部巨型专著。该书的"第八章清代海上丝绸之路的继续发展"的"第五节对外贸易管理日趋规范"指出：十三行及后来的公行是清代重要的外贸机构，十三行商则是粤海关运作的工具，并对十三行商和十三行制度进行了中肯的分析。

冼庆彬主编的《广州：海上丝绸之路发祥地》一书，探讨了海上丝绸之路的历史和发展，以及广州在海上丝绸之路的地位和作用。其中，刘亦文《海上丝绸之路与广州十三行》、蒋祖缘《清代前期广州海上丝绸之路的拓展与十三行对外贸易》，以及黄为民、黄锐光、黄银英《古黄埔港与广州十三行》、郭德焱《巴斯商人与广东十三行》、黄佩贤《嘉道年间黄埔古港繁荣的背后——从一块告示石碑谈起》、程浩《广州港对广州历史的贡献和作用》都属于"第三编广州海上丝路与十三行"。[1]

2006年广东省社会科学界联合会编的《"海上丝绸之路"广州发祥地研讨会论文汇编》，由广东省社会科学界联合会出版发行。其内容主要包括：广州是中国经久不衰的外贸港市、广东海上丝路遗存应成为世界文化遗产、论古代广州在海上丝绸之路的重要地位等。[2]

顾涧清等著的《广东海上丝绸之路研究》，其中第四章广东海上丝路黄埔古港和外港的研究、第五章广东海上丝路外国

---

[1] 冼庆彬主编《广州：海上丝绸之路发祥地》，中国评论学术出版社，2007年。
[2] 广东省社会科学界联合会编《"海上丝绸之路"广州发祥地研讨会论文汇编》，广东省社会科学界联合会，2006年。

商船和外贸的研究和第六章广东海上丝路行商体制及其遗址研究都涉及十三行行商的研究成果。

王晓玲主编《"歌德堡"号与广州海上丝绸之路》，本文集收录的是2006年6月22日在广州艺博院召开的"'海上丝绸之路'广州发祥地研讨会"和7月19日在广州召开的"'海上丝绸之路'发祥地文化论坛"的领导讲话与部分专家学者的论文。[1]

朱小丹主编、广州市社会科学规划办公室编《中国·广州 中瑞海上贸易的门户》，全书以广州是中瑞海上贸易的门户为主线，并兼及中瑞经贸关系的典籍史料；史料的收集以中文文献资料为主，同时引用、参考外文文献的相关图片和论述。该书以图文并茂、中英文对照的版面集中反映了清代中国广州与瑞典的商业联系，以及瑞典商人与中国人友好相处的历史。其中较详尽地介绍了著名的瑞典商船"歌德堡"号；清代十三夷馆中的瑞行；由广州出口到瑞典的热门商品茶叶、瓷器贸易情况；中国史料记载中的瑞典及当代经贸文化交往更加频繁的中瑞友谊的情况。[2]

广州博物馆著《海贸遗珍——18～20世纪初广州外销艺术品》，该书收录了广州博物馆所藏的18～20世纪初各类外销艺术品300余件，主要包括瓷器、牙雕、广绣、外销画等。这些藏品，多数是几个世纪以来广州对外交往中遗留的珍品，反映了该时期广州外销艺术品的繁荣状况和当时的工艺水平以及中西

---

[1] 王晓玲主编《"歌德堡"号与广州海上丝绸之路》，中国评论学术出版社，2008年。
[2] 朱小丹《中国·广州 中瑞海上贸易的门户》，广州出版社，2002年。

方审美情趣的交融与差异。这些艺术品所代表的艺术风格与思想观念，在17世纪末至18世纪上半叶在欧洲掀起了一股"中国热"，并对欧洲的建筑设计、装饰艺术、生活方式等产生了深远影响。[1]

可见，十三行与海洋文化有着密切的关系，笔者认为，对十三行历史地位的评价应该在海洋文化的视野中及中国走向世界的过程中重新审视。

二、从海洋性地理环境与社会发展的关系中考察广州十三行

关于地理环境在人类社会发展中的作用，传统有两种看法：一种是地理环境决定论。孟德斯鸠在《论法的精神》中认为，地理环境特别是气候、土壤和居住地域的大小，直接决定人的生理、心理、性格、风俗、道德和整个民族精神的特征，从而决定社会制度。[2]而《苏联共产党（布）历史简明教程》中则认为，地理环境是社会发展的经常的必要的条件之一，但否定地理环境的影响有任何决定性的作用，其理由是社会的变更和发展要比地理环境的变更和发展快得多。

以上这两种观点都是片面的。因为在不同的时间和不同的社会历史条件下，地理环境对人类社会发展的影响和作用是不一样的。地理环境是影响人类社会发展的要素之一，但不是

---
[1] 陆路《〈海贸遗珍〉：中西交通的见证》，载《中国青年报》2006年2月27日。
[2] 孟德斯鸠《论法的精神》，上海三联书店，2009年。

唯一的要素。因此，地理环境决定论就难免走上了形而上学的极端。另一方面，也应看到，在特定的时间和社会历史条件下，地理环境对人类社会发展的影响是巨大的，有时甚至是决定性的。这从地理环境对国家兴衰的影响中，可以看得十分清楚。[1]与海洋相连的海岸区域，如地中海地区，由于便于与外部世界接触，所以商业、航海业和手工业比较发达。地中海地区多样化的生产和较发达的商品交换关系，已孕育了新的更高级的生产方式。在近代文明中诞生的西方国家，之所以迅速走向强盛，就得益于这种特定的地理环境和多样化的生产方式。

从这个角度考察，广东作为清代中国最具经济活力的珠江三角洲流域，具备物产丰富的物质条件和"负山带海"的河口三角洲出海口，有水深浪低、潮汐通道的优良河口港条件，外可通达世界各地，内有广阔的珠江流域腹地，具有天然地理优势。这种地理环境，使广州自古便成为中国最重要的商贸城市之一。秦汉时期，海上丝绸之路初步形成，大规模的官办商船出海，从事官方对外贸易，当时的番禺成为中国对外贸易的港口和集散地，中外商人云集，各国商品荟萃，成为世界闻名的商业大都会。[2]隋唐时期，广州海外贸易高潮迭起，"地当要会，俗号殷繁，交易之徒，素所奔凑"，成为"阿拉伯货物和中国货物的集散地"。[3]广州也是唐代唯一设置市舶司的

---

[1] 薄贵利、韩冬雪《地理环境与国家兴衰社会科学战线》，载《社会科学战线》1996年1期。
[2] 杨万秀，钟卓安主编《广州简史》，第46页，广东人民出版社，1996年。
[3] 《广州简史》，第77页。

城市，为整个帝国履行中心性的双重管理职能，在唐代对外关系上具有特殊而重要的地位；在海外亦享有盛誉，当时外国人称长安为摩诃支那，意即大中国，而称广州为支那，意即中国。[1]宋代与广州贸易往来的国家和地区不少于50个。明朝中期，广州成为中国对外贸易唯一的大港口，为了安顿外商，明永乐三年（1405年），在今十八甫路附近，设怀远驿，建屋120间。[2]

地理环境的作用也在国家阶段性的主导政策中反映出来。中国幅员辽阔，区域间发展不平衡，历史进程不仅在时间序列上有快慢之分，中央集权的一些关键性决策又加速或延缓了某些区域的发展，清代广州十三行就是一个突出例子。清初厉行海禁，实行一口通商，在1757~1842年间，粤海关成为全国通商的唯一口岸，全国的进出口贸易，都由广州一口经营，广州十三行成为中国唯一的官方特许海外贸易经营机构和"经济特区"，长达85年的外贸垄断地位，使广州对外贸易空前繁荣，给广州带来了无比繁华。

可见，在特定社会历史条件下，广东的地理环境是广州十三行产生的条件，在广州走向世界过程中产生了重要影响。

三、区域、国家、海洋的相互关系中考察广州十三行

在关于广州十三行的研究中，学者们一致同意，广州十三

---

[1] 《广州简史》，第81页。
[2] 广州地方志编纂委员会《广州市志》（卷三），第5页，广州出版社，1995年。

行的研究应从当时国际、国内的历史范围内进行多方面的全方位的总体研究，才能对十三行做出如实的评估。

著名历史学家吴晗先生从明清历史演变的大视角上认为："从'锁国政策'到'五口通商'，在这两个最大的转变契机上，广东十三行是一个重要的枢纽。"蔡鸿生先生认为："十三行的历史是在朝贡体制向条约体制转变的过程中展开的。"[1]可见，对十三行的研究需要在世界进入"海洋时代"后，在区域、国家、海洋的相互关系中加以考察。

自16世纪始，历史成为全球的历史，海洋也成为关系所有国家和民族命运的关键。谁能控制海洋，就能控制海上交通，就能掌握海上贸易，就能获得世界财富，进而行进在世界民族之林的先例。中国向海洋发展的转变契机是明清两朝，努力和尝试突出表现为三个阶段。

第一阶段是明朝初期，以郑和下西洋为代表的国家行为。公元1405至1433年，我国明代伟大的航海家郑和（1371～1433年）率领庞大的远洋船队七次远航西洋，历经印度洋、波斯湾、红海和阿拉伯海沿岸，最远到达非洲东海岸，遍访亚、非30余个国家和地区。郑和下西洋，不仅显示了我国明代科学技术的发达和国家的强盛，而且开通了连接亚、非各国和地区的航路，传播了中华民族灿烂的古代文明，发展了中国与亚、非国家的经济、文化交流，密切了中外友好交往，堪称人类航海史的壮举。然而，这一"壮举"并没有发展海洋经济，获得海

---

[1] 梁嘉彬《广东十三行考》，广东人民出版社，1999年。

外市场和资本原始积累，促进资本主义萌芽的成熟，最终完成时代的更替，推动中国近代化进程的方向发展；而是以耗费巨量的人力、物力和资财为代价，随着永乐朝的终结而终止。究其原因，郑和下西洋目主要目的是政治性的，而非经济性的，根本目的为了维护明朝的统治，扩大明王朝的政治影响。

第二阶段是明代中期东南沿海区域的民间海上活动，在经济上追求高额利润、到国外进行自由贸易，这符合东南沿海区域社会的发展规律，表现了中国16世纪以来对外经济贸易的变化和经济发展的规律。因此明代严厉的海禁政策与东南沿海地区的经济利益是完全背道而驰的，自然引起东南沿海地区的极大不满和强烈反抗，海盗集团从而成为东南沿海区域争取自身利益和权力的特殊表现形式[1]。东南沿海海盗集团的最终被镇压，标志明朝成为"海洋性国家"可能的终结。其结果正如西方历史学家所说的，"要感谢中国皇帝孤立的海禁政策所造成刻意的缺席，使得葡萄牙人能在毫无东方海权的抗衡下，以惊人的速度成为印度洋上的主宰者"。[2]

一般认为16世纪东南沿海地区的地理条件和社会经济特点，从事商品经济和海外贸易的形式是自然而正当的。然而，区域社会的发展是不能单独考察的，它总是与国家整体的社会政治、思想文化乃至外部环境处于相互作用中[3]。因此东南沿

---

[1] 冷东《从海禁政策看明清中央政权与闽广地区的关系》，载《人文杂志》1999年3期。
[2] 转引自张增信《明季东南中国的海上活动》（序言），台北台北私立东吴大学中国学术著作奖助委员会，1988年。
[3] 王思治、李鸿彬《明清之际的历史必须置于世界范围来考察》，载《史学集刊》1985年3期。

海地区代表海外贸易的力量是极难得到中央政府的支持的。代表东南沿海地区利益的海盗集团只能在强大的封建专制国家力量的镇压下被消灭或流散于海外。

明代的海禁政策从一个侧面反映了旧的政治体制已丧失了活力。但是禁海一而再再而三地定为国策，实在也有其深刻的历史根据[1]。这集中反映了进入14世纪以来中国社会诸多引人注目的新现象，而且从中清晰地透视出中国传统的政治体制、经济结构和文化观念所面临的新变化，并导致中央与区域社会的矛盾冲突。

第三阶段则是清代中期，国家通过十三行处理海外贸易和文化交流，这是一种国家与民间结合的经济体制和社会变化。正如北京大学萧国亮所认为的："清代前期实行的行商制度，具有对外贸易垄断所有权与垄断经营权相分离的垄断特征。它使具有官商特征的行商成为专制国家统制对外贸易的工具。行商握有垄断经营对外贸易的权力，同时又负责征收进出口货物的关税，代表清政府与外商交涉并进行严格的管制。行商制度在实际的运行过程中，涉及清代专制国家、粤海关等衙门的官吏、行商、外国商人和中国私商集团之间的利益关系。这些利益关系的变动最终导致了行商制度的衰落，由此可见在中国传统社会里专制国家与经济制度变迁的关系。"[2]还如北京大学隋福民所认为的："以新制度经济学理论为视角，清朝'广东

---

[1] 郭成康《康乾之际禁南洋案探析——兼论地方利益对中央决策的影响》，载《中国社会科学》1997年1期。
[2] 萧国亮《清代广州行商制度研究》，载《清史研究》2007年1期。

十三行'贸易制度是在中央政府、地方官吏、行商、散商、外商、外国政府等多个主体的持续博弈中不断演化，最终完成了制度变迁：朝贡体制变成国与国对等的贸易体制。"[1]

可见，在世界进入"海洋时代"后，中国在明清时期向海洋发展的开放、严禁到限制性发展，使十三行成为中国向海洋发展的必然产物和特定模式。

四、从中国海洋文化的转型过程中考察广州十三行

对广州十三行历史地位的考察不应局限在经济贸易方面，蔡鸿生先生认为："十三行是定位在经济、社会和文化的交叉点上"。[2]广东省社科院叶显恩研究员认为："应当从新的视角，即海洋文化的角度研究广州十三行。十三行出现的深层历史背景是为了适应日益扩大的海洋贸易的需求，是传统中国海贸中心广州底蕴深厚的海洋文化的产儿。既是海洋文化的产物，又对海洋文化做出贡献，推进了海洋文化的发展"。[3]

海洋文化的特点是商品意识、开放意识、由航海、造船引起的对天文、气象、数学的重视以至对自然科学技术的重视、对统一语言的重视、对金当量货币的重视等。更重要的是，海洋文化催生了比封建生产方式更先进的资本主义，成为社会进

---

[1] 隋福民《清代"广东十三行"的贸易制度演化》，载《社会科学战线》2007年第1期。
[2] 梁嘉彬《广东十三行考》，广东人民出版社，1999年。
[3] 叶显恩《略谈广州十三行研究的意义》，载《十三行研究回顾与展望论文集》，世界图书出版公司，2010年。

步发展的基础和动力。

历史文化传统的传承延续是文化变迁中最能表现特定区域文化发展与演进过程中个性特征的部分,十三行即是岭南区域文化的"基因"与"密码"之一,体现了敢为人先、务实进取、创新发展为特质的岭南区域文化传统,以及由经济、社会与文化交往而表现出来的政治形态、制度体系和意识形态、文化底蕴、文化创新等方面的吸引力。十三行在其存续的一个甚至两个多世纪里,所扮演的历史角色和所发挥的作用,实在非常广泛和深远,对于正面临世界一体化大潮的中国而言,它无疑是中国开始接触与融入世界的一个起点。[1]

当同期的中国正走向一个以内陆性农业经济为基础的更大规模的多民族的空前巩固的统一封建帝国的时候,以十三行为代表的开放性的海洋经济、海洋性社会组织和海洋性行为已经向海外扩展,在世界市场的形成过程中显示了自己的力量,对中国社会的发展产生一定影响。

当然,十三行的命运也与明朝中期的资本主义萌芽一样,如同有土壤、水分、阳光、空气就会生长植物,但干旱草原却只能生长草和灌木,不会形成参天森林一样。经济运动的形成是自然的,但形成之后就要求政治结构的支持、思想观念的灌输、反复周流的资本血液使其成长起来。但这意味严重改变中国古代文明的特质,阻力大于动力,因而就会使之异化,成为被包容在传统经济中的因素,此间被消灭、停滞都是可能的。

---

[1] 冷东《清代广州十三行与中西文化交流》,载《广东社会科学》2010年2期。

五、从"海上丝绸之路"申遗工作中考察广州十三行

2011年12月10日在浙江宁波举行的"海上丝绸之路与世界文明进程"国际论坛上,中国沿海七个口岸城市北海、广州、漳州、泉州、明州、扬州、登州提出将联合申报"海上丝绸之路"世界文化遗产,签署了《新机遇、新挑战、新跨越,中国"海上丝绸之路"七城市联合申报世界文化遗产行动纲领》,提出要建立融合共享、联动协作的长效机制,构建政府、文物管理部门、博物馆"三位一体"具有中国特色的运作平台,统筹中国"海上丝绸之路"七城市文化遗产研究、保护、利用和联合申遗工作。在国内外申遗竞争已趋白热化的今天,尽快启动七城市特别是广州申报"海上丝绸之路"的工作已是当务之急。

申报"海上丝绸之路"世界文化遗产是一项复杂的系统工程,涉及历史、文物、遗址、影视、社会、文化、城市管理等领域,在充分研究申报世界文化遗产相关规定的基础上,应开展以下领域的工作:

(一)认真研究世界文化遗产入选标准、宗旨及申报程序

文化遗产是指从祖先那里继承而来的,对现代而言不仅有艺术价值和使用价值,同时还表现了社会文化进步的事物。文化遗产具有不可再生性和不可替代性,是人类认识自然、适应自然、利用自然,同时也是发展、完善自身的历史积淀。由于文化遗产的内涵相当广泛,在遍及全国的申遗浪潮中如何理性

科学处理广州与申遗的关系，首先需要全面认真研究世界文化遗产入选标准、宗旨及申报程序，将相关文化汇编成册，作为申报的基础和指导。

（二）加强对世界遗产及相关问题的研究，为申遗打下坚实基础

世界遗产是要具备世界意义的事物，因此在海上丝绸之路的定位上要遵循世界文化遗产的宗旨，强调旨在保护与申报全人类的共同财富、人类历史上的杰出代表。要站在客观、科学的立场上，审视广州海上丝绸之路遗产本身所具有的历史文化内涵和科学价值，从而让遗产委员会清晰地看到申报项目的重要性。

要深入研究联合申遗的问题。对于海上丝绸之路这种高级别、高品位、大范围的文化资源来说，如果单独申报难以成功，而通过联合之路，可望进一步提升其整体形象和竞争实力，其成功的可能性也更大。但联合申报亦有难度，广州是七个城市联合申报中的一个城市，因此应加强对七城市联合申报的机制研究，探讨广州在海上丝绸之路资源中的地位，研究联合申报的机制和经验。

（三）进行文物普查，对广州海上丝绸之路遗产进行价值评估

海上丝绸之路是一项具有世界意义的历史文化遗产，它为我们留下了大量具有历史文化内涵的物质文化遗产与精神财

富。配合海上丝绸之路申遗工作,对相关文物进行调查。以此为契机,充分利用新发现、新数据,科学编制广州海上丝绸之路相关文化遗产最新成果,进一步了解现有文化遗址的数量、分布、时代,为申遗进行基础材料的积累。结合世界遗产入选标准,对文化遗址进行遗产价值评估。

(四)加强广州海上丝绸之路文化资源保护与利用

世界文化遗产的一个重要标准,就是遗产价值的真实性和完整性。保持遗产的真实性和完整性,使遗产资源得以世代传承、永续利用。目前广州海上丝绸之路的部分资源已经损毁,应依据国家政策,结合本地区实际,制定出更为具体的文化遗产保护法规条例,使广州海上丝绸之路文化遗址保护工作走上法制轨道,科学规划悉心保护,其规划原则与目标是确立与申报海上丝绸之路项配套,彰显广州海上丝绸之路的历史和艺术景观价值。

广州尽快启动"海上丝绸之路"申报世界文化遗产的工作,具有重要的理论意义和现实意义。北海、广州、漳州、泉州、明州、扬州、登州联合申报"海上丝绸之路"世界文化遗产的工作如果启动,在"申遗"工程中占有重要地位的广州如何行动已是当务之急。例如广州十三行是否为海上丝绸之路的重要组成部分,学界尚有争论。因此论证广州十三行是"海上丝绸之路"的组成部分,已成为该工程的前提之一。

当今世界的共识认为21世纪是海洋的世纪,将给世界各国的发展提供新的机遇,也将给我国的发展带来新的机遇。为此加强海洋问题研究便成为我国当务之急的重要课题。海上丝绸之路在中国的海洋历史文化研究中占有重要的地位，本课题亦有助于海洋历史文化研究。

在广东省委颁布的《广东省建设文化强省规划纲要（2011～2020年）》指导下，广州市出台了《广州建设文化强市培育世界文化名城规划纲要（2011～2020年）》，《纲要》勾画出广州未来10年文化建设的宏伟蓝图。而广州海上丝绸之路的研究是凸显广州历史文化名城品牌及"千年商都"文化特色的重要组成部分，也是建设文化强市的具体落实点。

六、结语

广州十三行的历史局限是明显的，但根本的认识前提是：十三行在中华传统社会文化的基础上产生的，是与中国社会同步发展的，是在历史大变动中开拓、发展和衰亡的，十三行的历史包容了中国封建社会后期中央与边疆、整体与区域、国内与海外关系的基本内容，丰富多彩、千姿百态、耐人寻思。既记录了地域社会文化的成功与荣耀，也证明了地域社会文化的梦想与哀愁。广州十三行是中国走向世界过程中的重要阶段，历史作用是值得肯定的。

再现传统海洋文化资源：以妇女采蚝为例

刘正刚[1]

采蚝是珠江三角洲地区传统海洋经济的重要产业之一。这一活动源远流长。而采蚝主要由女性完成，在当下各地开发"美女经济"的思路下，选择合适的海域，集养蚝、采蚝于一体，利用传统妇女采蚝的海洋文化资源，或许可以为滨海旅游闯出一条新路子。

一、选择适当海域养殖海产品，以烘托养蚝、采蚝的海洋氛围

珠三角地区濒临海洋，海洋生物资源较为丰富，而且也有丰富的文化内涵，元代陈大震纂修的《大德南海志》卷第七"水族"条下就记载说："天地中间，海为最巨，资生之物，

---

[1] 刘正刚，暨南大学文学院古籍研究所教授。

厥族惟错，其洪纤巨细，千态万状，虽《尔雅》有不能尽其网罗，《山海经》亦不能极其形容也。今以世常见、人常食者录于右。"据笔者统计，该志书记载了60多种海洋鱼类名称。

到了清代，人们对海洋生物的记载，已经不仅仅限于名称，而且对其生活习性也多有了解，嘉庆二十五刊本《新安县志》卷三《物产》记载：

> 蟹，族类不一，水乡皆有。扁大足阔者曰蟳蟀，两螯无毛异于常蟹，善候潮。潮来举二螯仰而迎，潮退折六足俯而送，美在螯，甘在膏。膏应月为盈亏，匡初脱，柔如绵絮，通体脂凝，红黄杂糅，结为石榴子粒，俗名曰青蟹，海产上品也。小娘蟹惟邑独有，双螯长倍于身，甲五色错采如锦，味稍逊。邑人贱之。其余石蟹、竹蟹、毛蟹、扁蟹等又其次也。
>
> 虾类不一，有沙虾、麻虾、斑节、金钩之名。其最大者曰龙虾，重二三斤，状如龙，彩色鲜耀，味甘稍腥，最美者曰明虾，其色青鲜甜，居诸错之上，极少者曰银虾，取以造酱，俗名海虾。味殊不恶。
>
> 螺种类亦繁，有沙螺、出螺、丫螺、溽螺、刀蛸螺、指甲螺、青口螺、石头螺、鹦鹉螺、米仔螺、石竭螺、寄生螺，不一其名。以马颊柱为上，取柱晒干名曰带子，味甘以柔，海错中至珍者。次则九孔螺，即石蝮也，壳有九孔，本草谓之石决明，边壳边肉，肉粘石上，间亦产珠，土人名为鲍鱼。又有香螺，味清香可爱，其壳雌雄异声，可应军中之用，俗谓之响螺。

海脂状圆而扁，围寸许，周身皆刺，破其壳，内皆红膏，烹食甘香异常，腌之亦佳。

海镜一名蚝菜，壳两片合以成形，腹中有蟹子，其小如豆而头足俱备，海镜饥，蟹子即走出取食，蟹饱归腹，海镜亦饱，此即郭璞所谓璅结腹蟹者也。其肉名蛎黄，可为酱，其壳圆如镜，可作明瓦。

水母，一名蚱，一名石镜，生海中，其形浑然凝结，腹下有物如悬絮，有口无目，常有虾依随之，见人辄惊，此物亦随之而没。郭璞《江赋》云水母目虾，盖谓此也。每夏月，贾人腌而货之，名曰海蜇。

宣统《东莞县志》卷十五记载：

蚬在沙者黄，在泥者黑。广中蚬特多，人以为蔬，贫者不能买鱼，惟买蚬而已。《广东新语》。广州海中有白蚬，塘在水中，长三百里，二三月南风起，雾气蔽空，辄有白蚬，微细如尘，飞落海水，秋长冬肥。（《郝通志》）

邑产有黄蚬、白蚬。黄蚬大亦名黄沙蚬，又有大于黄蚬者，呼曰。闻雷则生，白蚬小，壳薄而脆，肉美于黄蚬。自东江至狮子洋，凡数十里有白蚬塘。其初生者名蚬，苗多运贩他邑作种。（《采访册》）

车螯，生海中，是大蛤，即蜃也。能吐气为楼台，《本草拾遗》，土呼车白。（《黄通志》）

瓦屋，蚌蛤之类，南中旧呼为蚶子，顷因卢钧尚书作镇，遂改为瓦屋子，以其壳上有棱如瓦垄故名焉。壳中有肉，紫色而满腹，广人尤重之，多烧以荐酒。（《岭表录异》）

蛤蜊，壳白厚而圆肉，如车螯。（《郝通志》）

蚬灰，用蚬壳煅成，俗呼壳灰，其用蚝殻煅者俗呼白灰，邑峡口多灰窑，四乡亦有之，其灰用之建造，然亦可粪田。（《采访册》）

二、专业性养蚝与蚝类食品开发

沿海与海上居民长期与海洋打交道，逐渐掌握了蚝的生长特性，光绪《香山县志》卷五《物产》记载：

蚝即牡蛎也。（《岭表录异》）水淡则蚝死，然太咸则蚝瘦，大约淡水多处蚝易生，咸水多处蚝易肥。（《祝志》）黄梁都厓口等处多蚝塘，塘在海中无实土，但生蚝处即是各分疆界，丈尺不逾，逾必争，海边居人妇女能打蚝，潮退乘木器行沙坦，凿蚝肉纳于筐，潮长乃返。

嘉庆二十五刊本《新安县志》卷三《物产》记载：

蚝出合澜海中及白鹤滩，土人分地种之曰蚝田。其法烧石令红，投之海中，蚝辄生石上，或以壕房投海中种之，一房一肉，潮长房开以取食，潮退房阖以自固，壳可以砌墙，可烧灰，肉最甘美，晒干曰蚝豉。

可见，蚝以合澜海一带最为著名。据宣统《东莞县志》卷八《舆地略七·山川》转引《彭志》记载：

合澜海在城东南六十里乌沙、沙头二村之前，与新安分界,二山对峙海中,潮为所束,故名。中有蚝田。

宣统《东莞县志》卷十五也有蚝的记载:

> 蚝,《南越志》曰:南土谓蛎为蚝,甲为牡蛎,合涧洲牡蛎,土人重之。语曰:得合涧一蛎虽不足豪,亦可以高也。(《太平御览》)。

编者加按语说:"合涧洲即今合澜海。涧、澜一音之转,字形亦相近。蚝即牡蛎也,其初生海岛边,如拳,石四面渐长,有高一二丈者,巉岩如山,每一房内蚝肉一片,随其所生,前后大小不等,每潮来,诸蚝皆开房伺蚁入即合之,海夷卢亭者,以斧揿取壳,烧以烈火,蚝即启房,挑取其肉,贮以小竹筐,趁虚市以易醑。蚝肉大者腌为炙,小者炒食,肉中有滋味,食之即能壅肠胃。卢亭,卢循背据广州,既败,余党奔于海鸟野居,惟食蚝蛎,迭壳为墙壁。"(《岭表录异》)。

三、美女采蚝与海洋旅游业开发

妇女采蚝是传统海洋社会的一道风景线,据乾隆三十七年(1772年)七月初二日,广州府正堂管新安县事杨所发的告示,并要求在"后海村张挂晓谕",被村民冠以《蒙杨大老爷示禁碑》云:

> 据后海乡乡约谢尚志、耆老梁德怀等禀称,窃蚁等住居后海小村,枕近海傍,人多地少,靠海养生,自立县

迄今，不许载放蚝田，大碍贫民下滩采拾鱼虾螺蚬等物度日。起见本月十三，实有西路光棍，不报姓名，用船装载蚝种，胆在后海滩处所肆放蚝块。泪思蚁等通乡男妇，凡遇退潮，朝夕下滩，捡采螺蚬、虾蟹、鸭螺等物。近来饥荒，全赖海滩蟹螺，救活贫民，若被强霸放蚝，则一乡老幼千命束手待毙，立填沟壑，但乡村小艇得返湾泊，一时遇风，必被蚝壳割断绳缆，船人难保，将来贫民落海，祸患无穷，流离失所。……查后海村海滩系属官海，一遇潮水退流，自应听乡民下滩，采拾鱼虾螺蚬等物，射利之徒何得串同村霸放蚝，利己损人，大属不法，速将所放蚝块搬去，毋许藉课混扰滋事。[1]

从上述碑文可知，一是"靠海养生"已经成为海洋民众的生活来源；二是"通乡男妇"在海滩捡拾海货；三是"蚝种""蚝田""放蚝"，说明已有专门的养蚝户。正因为如此，官府一直禁止载放蚝田。

其实，采蚝是海洋妇女的专业性工作。据宣统《东莞县志》记载：

东莞合澜海有蚝田，潮退往取，渔姑、蛋妇咸出，谓之打蚝。以木制如上字形，横尺许，其直数尺，上挂竹筐，女郎以一足踏横木，一足踏泥，手扶直木稍，推即动，其势甚轻捷，既至，凿蚝得肉，置诸筐，遇潮长，相率踏歌而还。有咏之者曰：一岁蚝田两种蚝，蚝田片片在

---

[1] 谭棣华、冼剑民《广东碑刻集》，第164~165页，广东高等教育出版社，2001年。

波涛，蚝生每每因阳火，相累成山十丈高。又曰：冬月真珠蚝更多，渔姑争唱《打鱼歌》，纷纷龙穴洲边去，半湿云鬟在白波。（《张志》）。

按疍户，即卢亭遗种，其取蚝法，自唐至明略同。东莞、新安有蚝田，与龙穴洲相近，以石烧红散投之，蚝生其上，取石得蚝，仍烧红石投海中，岁凡两投两取，谓之种蚝。又以生于水者为天蚝，生于火者为人蚝，成田各有疆界，尺寸不踰，踰则争，田在海水中无实土也。（《南越笔记》）。[1]

妇女采蚝在珠三角沿海地区颇为流行，如香山县涌口乡梁维曜妻简氏，家赤贫，婆婆年老且失明，"维曜恒外出捕鱼，旬日不返。里门涌曲产蚝，简自出捞蚝换米以养，或受雇为邻舂，必先贷粟具，晨炊食姑乃往，或晚不自食，携飡饭归以奉姑，二十余年不懈不怨。"（《祝志》）。[2]

清郑光祖《一斑录》杂述三《种蚝》（道光舟车所至丛书本）记载：

广州沿海所属多蚝田，岁两种蚝。其法烧石令红，投海中蚝辄生石上，千万相累，蔓延数十丈，潮退往取，渔姑、疍妇咸出谓之打蚝，任其所取，饱其所欲，赋税所不能及，追呼所不能扰，春秋两度，相习成风，为其地妇女之乐事。审其所取之便，殆即古时泥行乘橇之法，至蚝所

---

[1] 宣统《东莞县志》卷十五，民国十年铅印本。
[2] 光绪《香山县志》卷十八《列传中·列女》，光绪刻本。

凿蚝得肉置诸筐，潮长相率踏歌而还。

妇女以打蚝为乐事，而且往返皆踏歌。这种《打鱼歌》，又名《咸水歌》《摸鱼歌》，宣统《东莞县志》卷五十三记载，顺治十三年（1656年）丙申朱彝尊入粤，丁酉彝尊至东莞，作东官书所见诗云："浦树重重暗，郊扉户户关，长年摇橹至，少妇采珠还，金齿屐一尺，素馨花两鬟，摸鱼歌未阕，凉月出云间。"从"摇橹"和"采珠"来看，这些妇女应该和海洋有关，又查礼《铜鼓书堂遗稿》卷十五（乾隆查淳刻本）"月夜舟泊（西江）龙母庙下听邻船唱《摸鱼歌》筝笛之声夜半方绝"中有"小舟多唱摸鱼词，急管繁弦水调悲"之句，显示《摸鱼歌》是船民所唱。清代百一居士《壶天录》卷中（光绪申报馆丛书本）记载：

> 咸水歌始于疍户，继及民居，集恶语以为文富，通衢而散布，高声朗唱，邪音达闺门，字浅值廉，毒手先加童稚。这些歌谣直白易懂，光绪《广州府志》卷一百零九记载："摸鱼歌者，岭外人谓之南音，大率七字成文，词多淫亵之正，就俗所尚，仿其体，自编孝弟忠信四词，日给斗米，令瞽者循途唱之，和以弦索，聚听动人，风俗大变。"

当然，从海洋文化资源的再开发来看，也可以将历代文人撰写的有关海洋或与之相关的诗词，改造并转化为妇女演唱的打渔歌之内容，如宣统《东莞县志》卷五十三转引周志载有宋梅尧臣《食蚝》诗云："薄宦游海乡，雅闻靖康蚝，宿昔思一饱,钻灼苦未高,传闻巨浪中,硙礧如六鳌,亦复有细民,并海施行牢,掇石种其间,冲激恣风涛,咸卤日与滋,蕃息依江皋,中厨烈焰炭,燎以莱与蒿……"

而东莞沿海也分布着大量的蜑户,宣统《东莞县志》卷三《外志》"附蜑社"记载：

> 明置河泊所,以领蜑户,沿海蜑民分为上下十二社,编次里甲,督征鱼课,如县之坊都。其后裁革所官,归课于县,而社如故往,海氛方恶,蜑民之梗者半入寇中,驯者亦徙居陆地,所谓十二社遂荡然矣。今承平日久,又皆杂列编氓,然亦不可以不存也。"其中罗列了上六社为石竭、温塘水、宝潭、塘坭涌、壆下、大汾；下六社有四处分入新安县,只有大宁、双冈属于东莞。宣统《东莞县志》卷二十九记载："大奚山三十六屿在莞邑海中,水边岩穴多居蜑蛮种,或传系晋海盗卢循遗种,今名卢亭,亦曰卢余,似人非人,兽形鸠舌,椎髻裸体,出没波涛有水獭,往往持鱼与渔人换米,或迫之则投水中,能伏水三四日不死,出复如旧,率食生物,以鱼鳖为饔飧。按大奚山今隶新安,此当循众寇邑时,败遁于此。(《岭海见闻》)。

四、以蚝壳砌墙,再现传统海洋人家的居住环境

从海洋资源的开发来看,还可以将明代以蚝壳砌墙的场景进行再现,以烘托海洋文化的特色。明嘉靖二十七年(1549

年）刻本邓迁《香山县志》卷三《坛庙》记载，社稷坛香山县西门外石岐山下的社稷坛建于明初，到嘉靖二十四年（1546年），因岁月日久而圮，知县邓迁重建，在坛的周围"砌蚝墙各一十三丈有奇"。至今在珠江三角洲地区蚝壳墙都是一道美丽的风景。

晚清以后，海洋采蚝壳出现了无序现象，官民之间屡屡联手要求禁止无序开挖，光绪《广州府志》卷七十四收录有道光二年（1882年）十一月十二日《顺德县林头乡禁采蚝壳示》。据说，顺德官府根据林头乡绅士40余不同姓氏的呈请，"林头一乡，四面环海，海面一带生有蚝壳，盘绕所有田庐，向藉安堵，每遇西潦亦免冲缺，前经棍恶射利偷挖，即经举人郑天历等于乾隆七年（1742年）二月内联禀许前台示禁在案，从此数十年来棍恶敛迹，迄今日久，禁示霉烂，匪徒罔知畏惧，复踵故辙，胆于本月初二日起，纠集凶恶多人，驾船数十，或早或夜，时至捞采。……为此示谕诸色军民人等知悉，尔等务要各安生业，不得在林头村前一带海面捞挖蚝壳，纠集多人驾船捞采，滋生事端，倘敢抗违，许该乡乡正绅耆督率更壮，立将该匪细拿解赴本县，以凭分别究办，倘该乡有不法棍徒从中勾串包庇，亦许指名密禀，一并严拿究惩，决不姑宽。"

同治十一年（1872年）七月二十一日，东莞和番禺官府联合下发"番禺县自猎河至东莞虎门禁采蚝壳"示。从中可以看出，至少从同治十年（1871年）八月开始，番禺县和东莞县就因为有洋人和土人"匪"类肆意在"由猎德至虎门一路，开挖壕壳射利，不顾伤害民田"，而出示"永禁勒石"。因"蚝壳生于海底，日积渐高，海圩覆之，渐而成坦成田，故自猎德而下至于虎门，所有沿海坦田，多系蚝壳基址，与有肉之蚝，听各埠疍民探捕，以供渔课者"。官府的禁示似乎收效甚微，到了同治十一年，又有人"插东莞旗号，聚艇大小数十，炮械俱齐，日夜在江鸥沙等处挖壳，藐批抗禁，图利害民，莫此为甚。"此事惊动了广东官府，"广东布政司会同按察司即饬番禺、东莞二县查明，分别拘案讯究具报，并照前批出示禁止"，要求沿海沙田业户等一体遵守，"嗣后如有射利根徒，纠集艇众仍于沿海一带，挖取蚝壳，均许各业户人等刻即兜拿解赴本县，以凭讯明，从严究办，决不姑宽。"[1]

光绪三十四年（1908年）六月十一日，东莞县令方廷珪《出示禁麻涌挖壳》。现据禀生莫伯埙、职监萧汝功、萧国祥、袁鸿基等禀称，窃生村麻涌一带，内而村庄，外而海面，所有地脉，悉由枯壳结成，田底坦脚积聚尤多，稍被挖动，田庐势必倾陷，水亦变味难食，前于光绪二年（1876年）被壳棍挖掘，经禀蒙田前宪给示勒石永禁，麻涌一带海面不准采挖，讵日久玩生，去年商人梁茂盛等胆背宪示，在播牛涌一带强挖，激动乡人几酿大祸，幸蒙宪台亲临履勘，洞浊奸谋通详大宪，始得相安无事。讵本年二月间，职商刘汝诚等恃强藐法，又敢挖采，复蒙宪驾亲临督拆篷簝，驱逐船只，霜威所被，凡属奸商当必畏，而不敢复逞，唯利之所在，难保不再萌觊觎，再四筹商，唯有叩乞仁恩，俯赐矜全准予给示勒石，永远封禁

---

[1] （清）戴肇辰《广州府志》（卷七十四），光绪五年刊本（宣统《东莞县志》卷三十五《前事略七》全文抄录该碑记）。

麻涌海面一带，不准挖壳，庶足保田庐而安耕凿，合鄉戴德百世沾恩等情到县，据此查县属麻涌乡附近一带经田前县于光绪二年间出示泐石，禁挖蚝壳在案，又光绪三十三年（1907年）七月间，商人梁茂盛等在播牛涌、麻涌挖采蚝壳，奉提宪李出示严禁，并札县遵照立案等因。兹据禀前情除批揭示外，合行出示严禁。为此示仰该处绅民诸色人等知悉尔等须知播牛涌麻涌一带蚝壳经奉示禁有案，无论何商承办八社蚬海壳塘，均不准违禁挖采，倘敢故违，一经访闻，或被告发，定即饬差拘拿到案，从重究办。[1]

---

[1] 宣统《东莞县志》卷三十六《艺文志》。

明清岭南竹枝词中的海洋世界与社会

谭丽婷　倪根金[1]

近年来，学界对中国海洋史的探讨颇多，不仅将德国古典哲学家黑格尔关于中国没有海洋文明与海洋文化的断言一再证谬，而且研究颇有成为新热点之趋势。的确，古代中国，特别是岭南地区，海洋文化不仅有着悠久的历史，而且还有十分丰富的内涵。

竹枝词源于民间，以再现民间生活为其特色，反映了不同时代不同地方的民俗风情和社会现状，具有相当高的史料价值。尤为人所赞赏的是，竹枝词所描绘的历史细节，生动、具体、形象，直接再现真实的生活面貌。明清时期岭南竹枝词数量众多，为我们展示了一个丰富的海洋世界和渔家社会。透过明清岭南竹枝词，我们仿若身临海洋世界，感受到浓浓的历史现场感。

---

[1]　谭丽婷，广州工商学院教师；倪根金，华南农业大学历史系教授。

本文拟在搜集岭南竹枝词的基础上，结合明清时期岭南的地方文献、正史典籍和前人研究，对明清岭南人的海洋生物认识，滩涂开发与渔家习俗进行初步论述，以管窥明清时期岭南丰富的海洋世界与社会。

一、海洋生物认识

岭南地区背靠五岭，濒临大海，有长达3368千米的海岸线和北江、西江、东江和韩江等众多的河流，特别是由它们淤积而成的珠江三角洲、韩江三角洲等水网地带，河网密集，湖泊众多，水系相当发达。海洋生物因水而生，因水而兴。明清岭南竹枝词中对海洋生物的描述比比皆是，大致可分为海洋食物、海洋珍宝、海洋中的奇异生物三大种类。

"地迩南溟海错多，蚶蛏鳐鲫蛄鲟鲊"，[1]竹枝词中对诸多海洋食物类的描述包括形状大小、生长习性、食用方法等。如对嘉鱼的记载有："霜寒湘峡浪初收，十月嘉鱼出穴游。饮乳餐苔生性洁，浊流不入入清流。"嘉鱼以孟冬天大雾始出，出必于端溪高峡间，其性洁，不入浊流，尝居石岩食苔饮乳以自养，霜寒江清，潮汐不至，乃出穴嘘吸雪水。凡嘉鱼在蜀中丙穴者，以三月出穴，十月入穴，三月入穴。蜀嘉鱼畏寒而喜热，粤嘉鱼不然。陈白沙诗"西山短处小湘峡，十月嘉鱼出水鲜"是也。[2]另"海国秋深水族增，盘飧风味话良朋。肥

---

[1] 钟山，潘超，孙忠铨《广东竹枝词》，第432页，广东高等教育出版社，2012年。
[2] 《广东竹枝词》，第71页。

鱼斫脍多腴美，何必莼鲈感季鹰"。注曰："粤东濒海多鱼，居人每届天寒喜食鱼，生佐之物，以莱菔为君，芫荽次之，而菊花为使，更和之以姜、椒、盐、醋而甘味备焉。其为物也，五色相宜，五味相合，洵为适口，故嗜之者恒多。"[1]"脍"实质为"鲙"，指生鱼片或生鱼丝。鱼生堪称是岭南的特色水产食品，颇有粤人喜爱啗水产的古风遗韵。李调元的《南海竹枝词》中亦有类似的记载："樱桃黄颊鲥尤美，刮镂鸣时雪片轻。每到九江潮落后，南人顿顿食鱼生。"[2]鲥鱼是制"鲙"的精品原料。若想鱼生如"雪片轻"，"市侩同工切玉刀"[3]，经"以初出水泼喇者，去其皮剑，洗其血鈚，细刲之为片"，达到的美食视觉效果则如"红肌白理，轻可吹起。薄如蝉翼"[4]，"冬至日，以鱼脍杂萝卜、菊花、姜、桂啖之，斯为人间美味矣。"[5]"冬至鱼生夏至狗，一年佳味几登筵"[6]，而"盖鱼本阳类，冬至一阳生，生食之亦寓助阳之义"[7]。可见，粤人喜食鱼生，不仅是饮食古风的保留，也出于讲求饮食中的阴阳协调的特点。此外，渔民"船尾铜钲卖鱼粥"[8]，竟引得光绪年间冯雨田记下"最奇呼卖鱼生粥，陆

---

[1] 《广东竹枝词》，第70页。
[2] 《广东竹枝词》，第218页。
[3] 《广东竹枝词》，第197页。
[4] （清）屈大均《广东新语》，第559页，中华书局，1985年。
[5] 雷梦水，潘超，孙忠铨等《中华竹枝词》，第91页，北京古籍出版社，1997年。
[6] 《中华竹枝词》，第2950页。
[7] 《广东新语》，第559页。
[8] 《广东竹枝词》，第196页。

地摇粥引笑人"[1]之语，皆因相异文化撞击罢。渔民摇艇卖鱼粥，渐渐演变成今日的艇仔粥。此为后话。

岭南广阔滩涂带来丰富的海洋生物，特别是珠江口海岸，咸水和淡水相交，适合多种鱼虾生长。渔业资源众多，除了"淡水鲈鱼咸水蟹"[2]"北河鱼美腹膏腴，鳊鲤鲢鳙鲩鳜鲈"，还有蚝、蚬、虾等海产。如"雾气空蒙蚬子飞，凉风吹瘦暖风肥。若教疍户银多满，蚬子年年取不稀"，番禺海中有白蚬塘，自狮子塔至西江口凡三百余里，皆产白蚬。凡生于海者曰白蚬，生于江者曰黑蚬，黄蚬若金镂蚬者，生大海中，独珍[3]。"白凫波上白凫飞，黄蚬洲边黄蚬肥"[4]，蚬藏于水里沙中，以"竹筛旋下手旋抽"[5]，始有"东河筛蚬水清清，南浦叉鱼月色明"[6]之说。清代劳孝舆的《阮斋诗文钞》中亦有《捞蚬竹枝词》云："琵琶洲口水田隈，无数渔船趁蚬开。双桨顺流篙逆水，黄沙白壳入舟来。"[7]此外，清代冯雨田的《佛山竹枝词》，赖桂谱的《龙山竹枝词》，赖承辉的《龙山竹枝词》都对疍民捞贝类有相关的描述。

明清岭南竹枝词中的涉及的海洋珍宝，多取材于海洋生物制成的手工艺品，如珍珠、珊瑚、玳瑁等。以珍珠为例，竹

---

[1] 《广东竹枝词》，第226页。
[2] 《广东竹枝词》，第209页。
[3] 《广东竹枝词》，第71页。
[4] 《广东竹枝词》，第213页。
[5] 《广东竹枝词》，第238页。
[6] 《广东竹枝词》，第230页。
[7] 《广东竹枝词》，第189页。

枝词中所注"粤俗以珠为上宝，生男谓之珠儿，生女谓之珠娘"[1]，与屈大均"吾粤所宝者珠。在古时凡生男子多命曰珠儿，生女多曰珠娘"[2]吻合。珠儿、珠娘亦为岭南疍民的一种代称，"疍子裹头长泛宅，珠娘赤脚自凌波"[3]"珠儿珠女住画舲，鸳鸯沉醉未曾醒"[4]"珠娘颜色比花研，结队看花舣画船"[5]。有此称谓，约莫跟疍民采珠为业有关。清朝黎渭川有言"自小采珠珠海边，鱼珠更比蚌珠圆"。[6]彭孙遹在《岭南竹枝》中亦提及疍民的生活，"半年水宿半山居，冬采香根夏采珠。珠好须从蚌中觅，香烧还仗博山炉"。[7]珠为珍宝，为图生计，引得疍民冒险采珠，"暮春争赛白龙池，挂席乘风采不迟。千尺螺筐垂海底，看波不使巨鱼知"。[8]明清粤地史志也多有反映。屈大均即有："其缆系船两旁以垂筐，筐中置珠媒引珠，乘风帆张，筐重则船不动，乃落帆收榶而上，割蚌出珠。"[9]

珊瑚由水中菌类植物的尸体堆积而成，岭南沿海一带很早就有居民采集珊瑚。采集珊瑚的方法与珍珠有别，"晚照横波红透水，千丝铁网罩珊瑚"。注曰：珊瑚生海中，欲取之先作

---

[1] 《广东竹枝词》，第74页。
[2] 《广东新语》，第414页。
[3] 《中华竹枝词》第2739页。
[4] 《广东竹枝词》，第127页。
[5] 《广东竹枝词》，第128页。
[6] 王利器，王慎之，王子今辑《历代竹枝词》，第3691页，陕西人民出版社，2003年。
[7] 《中华竹枝词》，第2737页。
[8] 林宝光，黄家蕃《珠浦历代诗选注》，第81页，广西人民出版社，1989年。
[9] 《广东新语》，第412页。

铁网沉水底，珊瑚贯网而生，岁高二三尺，因绞网出之。"[1]岭南居民还巧妙地利用珊瑚与珍珠的习性，在珊瑚石上采珠，"海中有珠子树，其状如柳，蚌生于树，树生于石，疍人尝玄身没海，凿石而得树，树上得蚌，蚌中得珠。"[2]对此，屈大均吟诵："家家养得采珠儿，兼采珊瑚石上枝。珠母多生珠子树，海中攀折少人知。"[3]采珠与珊瑚一举两得，斯为妙哉。

明清岭南竹枝词中所记载的海洋奇异生物有状如龙的龙虾，血为碧色的古老生物鲎、文鮋，能化虎的鲨鱼、人鱼以及海怪等。

虾本为沿海地区寻常之物，但竹枝词中所描述的龙虾、母虾饶有生趣。"龙种相传九子多，何须九九把鳞科。云从若竟终无象，只合鱼虾作一窠"，龙虾巨者重七八斤，头大径尺，状如龙。彩色鲜耀，有两大须如指，长三四尺。其肉味甜，稍粗于常虾，以壳作灯，光亦如血珀，曰龙虾灯。东莞新安、潮阳多有之。[4]明清岭南居民还将水母视之为母虾，"沧波万叠一萍浮，虾自浮沉趁两潮。自化无能能化物，都缘渣滓未全消"。水母生海中，以咸水之渣滓为母，故名水母。鲜煮之，辄消释出水。一名海蛇，气最腥，为虫之所宅。虫者虾也，水母以虾为浮沉，故曰水母为母虾。[5]

清末陈坤《岭南杂事诗钞》中有："碧血凝成众母慈，

---

[1]《广东竹枝词》，第73-74页。
[2]《广东新语》，第415页。
[3]《广东新语》，第415页。
[4]《广东竹枝词》，第71页。
[5]《广东新语》，第594页。

海中风候每先知。惊涛已涉收帆早，莫到渔人下手时。"自注曰："鲎大者尺余，如覆箕，其甲莹滑而青，绿眼在背，口藏在腹，其头蜣螂而足蟹，足蟹而多其四，尾三棱，长一二尺，其血碧。凡诸血皆赤，惟鲎色碧。"[1] 屈大均言其："性喜群游，雌常负雄于背，背骨如扇，作两截，常张以为帆，乘风而行，虽过惊涛不解。"[2]

另外还有鸣则生玉的文鲐，"文鲐孕玉蚌含珠，南海珍奇色色殊。高州海中有文鲐，鸣似磬而生玉"。谚云："文鲐鸣，美玉生；吐气成"[3]；吐气成景的蜃，"蜃楼千尺望嵯峨，凉热还将验海波。"自注曰："广州虎门合兰海，每岁正月初三、四、五日现海市，城阙、楼台、车骑、人物，倏条万状。"[4] 屈大均亦有"尝有积气如黛，或如白雾，鼓舞吹嘘，倏忽万化。其为城阙楼台诸状，人物车骑，错出于层峰叠巘之间，尤为壮丽"[5]之语，可佐证之。由于人们认识水平的限制，海市蜃楼这个自然现象也被与个别海洋生物附会起来。翻手为云覆手为雨的人鱼、海怪，"人鱼遇舶岂成灾，风雨无端雾不开。往往近城人共语，昨宵海怪上潮来"。竹枝词所描绘的众多奇异生物，有的如今已经难以考证，但是从中可窥见时人对海洋生物的认识。

---

[1] 《广东竹枝词》，第71页。
[2] 《广东新语》，第570页。
[3] 《广东竹枝词》，第74页。
[4] 《广东竹枝词》，第75页。
[5] 《广东新语》，第548页。

二、海洋农业与商品化

海洋农业是指具有海洋特色和与海洋有关的农业。与内陆农业不同之处在于，海洋农业是以海洋资源为对象的农业。[1]岭南沿海地区的海洋农业自古就为岭南居民经济生活中重要的一环。明清时期岭南竹枝词所展现的海洋农业主要集中为围垦业，渔业，盐业，种植业以及相应的加工业等。[2]

"朝来一雨新苗发，便有人耕海上田"[3]，岭南海洋农业以海为田，如稻田、麦田一样，围田、蚝田、薤田、盐田等均以"田"命名，显示出浓郁的"耕海"地域文化特色。"一角新填沧海地"[4]"杉排塞海海生槎，沙聚龙回岸积沙"[5]"海田塞海海为坪，海水如今不浸城"[6]，人们有利用丘陵地边缘、三角洲顶部、海涂高坦地以潮田方式进行生产，即"从潮水上下，民垦食其田"[7]。围田就是典型的围垦之物。"地利生成足养民，半由天意半由人。家家爱吃围田米，大海如何不起尘。"自注曰："粤东濒田之区可以塞湖，种植者经营图度覆土筑堤，以障潮汐，留水门以通消纳，谓之围田。潮州又谓之堘田。产米尤佳，人喜采之。"[8]至于修建堤围防御潮、洪，

---

[1] 王荣武《广东海洋经济》，第390页，广东人民出版社，1998年。
[2] 刘正刚《明清广东农业之管见》，载《学术研究》1997年第10期。
[3]《广东竹枝词》，第253页。
[4]《广东竹枝词》，第144页。
[5]《广东竹枝词》，第226页。
[6]《广东竹枝词》，第445页。
[7]《广东海洋经济》，第390页。
[8]《广东竹枝词》，第52页。

以减灾害，则主要在低地和居民点附近兴修一些矮小、零星的小土基。小土基又称垄，如"新填地茔两三湾，湾内人间十八间。"茔，广东方言就是垄。"半亩潮田云外垄，一区蔬圃水中洲"[1]。特别是清朝，是珠江三角洲围垦发展最快的时期，不仅"新成之沙"围垦，"未成之沙"也进行筑堤围垦，海涂围垦发展到珠江口现八大口门的沿海地带。[2]清朝刘东序《围水竹枝词》始有"新沙新地两边河，中有渔舟逐浪过"[3]之语。滩涂围垦，获利尤多，难免有滋事者酿生事端。于是有"樯帆一色仿舟师，运棹如飞海上驰。万顷沙田风浪紧，船坚炮利善维持"的描写，皆因"香山、顺德等县，濒海之区聚生沙田，种植获利尤厚，民间仿照巡船式样制造沙艇，甚为坚固，多配炮火以资巡护。往往因战争起衅滋事，流弊不可胜言"。[4]

明清岭南居民向海洋拓展生存空间颇有规模，促进了蚝田、蚬田、盐田等养殖制作业的发展。且看蚝田，清陈坤即言："随潮开阖蛎房攒，龙穴洲边气最寒。蚝本无田田在海，种蚝容易打蚝难。"其注对蚝的生活习性有详细的描述："蠔咸水所结，其生附石，块垒相连如房，故一名蛎房。房房相生，蔓延至数十百丈，潮长则房开，消则房合，开所以取食，合所以自固也。凿之，一房一肉，肉之大小随其房，色白而含绿粉。生食曰合白，腌之曰蛎黄，味皆美。"[5]与屈大均在

---

[1]《广东竹枝词》，第438页。
[2]《广东海洋经济》，第390页。
[3]《广东竹枝词》，第209页。
[4]《广东竹枝词》，第63页。
[5]《广东竹枝词》，第71页。

《广东新语》的记载一致。无独有偶,清嘉庆乐钧《韩江棹歌》中有"东家蚝田石满畦,西家蛏田草没堤。翻车同引陂涵水,半向东流半向西。注曰:海滨人以石烧红散投水中,蚝生其上,谓之蚝田。又以田种蛏谓之蛏田,溉田之水多曰陂、曰涵"。[1]这里所说的海滨人包括东莞、新安人,他们创造一年取蚝两次的方法,"以石烧红散投之,蚝生其上,取石得蚝,仍烧红石投海中,岁凡两投两取",亦如打蚝歌所言"一岁蚝田两种蚝,蚝田片片在波涛。蚝生每每因阳火,相叠成山十丈高"。[2]

富有特色的还有蕹田,道光举人史梦兰对此有"蕹田高下趁春潮,柳陌菱塘八望遥。一夜轻雷催雨过,牛溪青草种鱼苗"。自注对蕹田有具体解释"蕹叶如落葵而小,南人编苇为筏,作小孔浮于水上,种子水中如萍,及长,茎叶皆出于苇筏孔子,随水上下,南方之奇蔬也。蕹筏名葤田,到处皆有"。以"青草种鱼苗"句,则为"南海诸郡八九月于池塘间采鱼子著草上悬于灶突上,至春雷发时收子,浸于池,号鱼苗"[3]。史载"南海有九江村,其人多以捞鱼花为业。"[4]

明清时期,岭南居民的商业意识颇为浓厚,海洋农业多呈商品化生产样态,这在基塘农业中多有体现。竹枝词所言,"侬家近爱丰平社,半种鱼苗半种桑"[5]"三亩荔枝一亩塘,长松千尺列成行"[6]"泮塘西畔荔枝基,斜照家家晒网

---

[1]《广东竹枝词》,第425页。
[2]《广东新语》,第576页。
[3]《广东竹枝词》,第76页。
[4]《广东新语》,第556页。
[5]《广东竹枝词》,第213页。
[6]《广东竹枝词》,第209页。

衣"[1]"北楼香稻已登场,甘蔗依然傍野塘"[2]反映珠江三角洲地区的桑基鱼塘、果基鱼塘、蔗基鱼塘等农业经营方式已经很普遍了,并呈现出良好的发展势头。这种生态农业,不仅仅使"基种桑,塘蓄鱼,桑叶饲蚕,蚕矢饲鱼,两利俱全"[3],体现循环经济的基本特点;而且它还是市场需求的产物,兴亦市场,衰亦市场,显现出商品经济的特征。如蚕丝业,嘉庆道光年间的东莞人韩荣光就言:"每逢四七十墟期,抱布来墟又贸丝。淳朴乡风勤纺织,莫将轻薄赋氓蚩。商人重利轻离别,古把天涯号短亭。"[4]同时期,莞城人何仁山亦言:"抱布争先妇妪迎,霜朝趁集急行程。行商休用量天尺,龟手兼旬织不成。注曰:邑中妇女,多以织布为业。"[5]"女红近日村齐纺,添得街头兑缕人"[6],也说明了东莞居民对纺织的热情。岭南丝织业历史悠久,明末清初,已有丝织品远销海外。据《广东新语》记载:"广之线纱与牛郎绸、五丝、八丝、云缎、光缎,皆为岭外京华、东西二洋所贵。"[7]"洋船争出是官商,十字门开向二洋。五丝八丝广缎好,银钱堆满十三行。"[8]十三行是广州与外国商人进行通商贸易的最早口岸,15世纪明王朝已经形成,清朝已成繁荣的贸易口岸,"洋船数

---

[1] 《广东竹枝词》,第208页。
[2] 《广东竹枝词》,第205页。
[3] 《广东海洋经济》,第390页。
[4] 杨宝霖《东莞诗词俗曲研究(下册)》,第558页,乐水园印,2002年。
[5] 《东莞诗词俗曲研究(下册)》,第564页。
[6] 《东莞诗词俗曲研究(下册)》,第602页。
[7] 《广东新语》,第427页。
[8] 《广东竹枝词》,第81页。

里见帆墙,高矗云天带夕阳。南去澳门春水阔,到来都上十三行"[1]。乾隆二十四年(1759年)后,广州成为全国唯一的对外贸易港口,外商集中到广州采购生丝及其他丝织品,致粤丝销路日广,丝价上涨,经营蚕桑的利润十倍于稻田,于是珠江三角洲第一次掀起"弃田筑塘,废稻植桑"的高潮[2],所谓"出口茶丝价不低,栅棚隙地改桑畦"[3]就是其经济转型的描绘。农业商品经济迅速繁荣使海外贸易不断扩大,海外贸易的发展反过来又促进海洋农业的进展,从这个角度而言,桑基鱼塘为明清岭南海洋农业的一大亮点。

三、海洋民俗

明清岭南竹枝词中对海洋民俗的记载甚详,限于篇幅,此处以海神信仰与端午龙舟竞渡为例。透过海神信仰获悉他们对海洋和自然的敬畏崇拜,在丰富的节庆与娱乐节目中了解他们对美好生活的向往。

"人鱼遇舶岂成灾,风雨无端雾不开"[4]"试问古今往来客,能无惶恐有何人?"[5]打鱼生活的艰辛而且天气变幻莫测,这种不确定性给渔民的心理造成一定的影响。"粤人

---

[1] 《广东竹枝词》,第96页。
[2] 王远明、颜泽贤主编《百年千年 香山文化溯源与解读》,第572页,广东人民出版社,2006年。
[3] 《广东竹枝词》,第226页。
[4] 《中华竹枝词》,第2743页。
[5] 《广东竹枝词》,第314页。

事海神甚谨，以郡邑多濒于海，而雷州出海三百余里，琼居中"[1]。因此他们倾向于酬海神，如天后、龙母等，向其祈福消灾禳祸，期冀出入平安。珠江各地的天妃庙、广州的南海神庙等是他们朝拜、祷告最常去的地方。其中又以菠萝庙（即南海神庙）最常记入竹枝词中："平阳古渡接通津，逐队人争赛海神"[2]"霹雳数声花爆响，万家争赛福神来。扶胥江口画船排，一路香尘点绣鞋。试向波罗神庙看，人敲铜鼓拔金钗"[3]"南海祠前古庙多，独钟灵秀在波罗"[4]"古称淫祠岭南多，南海年来海不波。不比寻常神诞日，画船箫鼓拜波罗"[5]。广州东郊有波罗庙，每岁农历十月十三日为波罗诞，是民间的传统盛大节日，岭南水乡居民对菠萝庙诞的重视程度可见一斑。南海神庙缘何于众多庙宇中脱颖而出，陈坤的《岭南竹枝词》中注解有相关的阐释，"庙外波涛浩淼，直接重溟狮子洋，在其前大小虎门当其口，欠伸风雷，嘘吸潮汐，每当朝暾初上，红彻海隅，尤为奇观。舟楫往来者必祇偈祝融，酹酒菠萝之树，乃敢扬帆鼓柁以涉不测"[6]。居民祈求神灵，以获得心理安慰。在节日的仪式上，我们还看到富有岭南特色的物品，如菠萝鸡，即一种纸糊工艺品。菠萝庙赛会后，居民携菠萝鸡而归成为惯例，"年年赛会游人返，买得红鸡共一

---

[1] 《广东新语》，中华书局。
[2] 杨宝霖《东莞诗词俗曲研究（下册）》，第549页，乐水园印，2002年。
[3] 王利器、王慎之、王子今辑《历代竹枝词》，第3669页，陕西人民出版社，2003年。
[4] 《中华竹枝词（四）》，第2966页。
[5] 《广东竹枝词》，第158页。
[6] 《中华竹枝词（四）》，第2801页。

巢"[1]"邻家昨日波罗会，带得波罗鸡返来"[2]"携得菠萝鸡五色，曾瞻日出东海来"[3]。人们借着节日的欢乐放松身心、祈愿福瑞，为生活积蓄力量。民俗的重要价值就在于此："它们告诉人们在什么情况下怎样正确地做事，赋予生活以规律。如果没有民俗提供的程式解放了人们的大脑，人是不能承受的。"[4]

"冥海吞吐百粤，崩波鼓舞百十丈，状若雪山，当有海神临海而射"[5]，除了菠萝庙，明清岭南竹枝词中还有诸多关于海神祭祀的庙宇：靖海门外河干的海龙王庙，"皇武覃敷海峤东，鱼龙争拜大王风。太平计日橐弓矢，且凿丹崖勒战功"[6]；越秀峰之阳，雍正五年（1727年）被列祀典的龙王庙"祷象新从太府迎，冕旒衮玉貌书生。地祇人鬼安容混，浴谚原非理可争"[7]；伏波神为汉新息侯马援。侯有大功德于越，越人祀之于海康，"功德人怀马伏波，滩头海畔庙嵯峨。大风雨日铜船出，万古威灵永不磨"[8]，岭南水道多滩，"每滩四折，折必五六里，出入乱石业中。势如箭激，数有破溺之患。夹岸皆山，侯庙在其北麓。凡上下滩者必问候，侯许乃敢放舟"[9]"得大卵而畜之"[10]，被后人尊称为龙母的温夫人，"神

---

[1] 《中华竹枝词（四）》，第2966页。
[2] 《历代竹枝词》，第3681页。
[3] 《中华竹枝词（四）》，第2801页。
[4] 高丙中《民俗文化与民俗生活》，第155页，中国社会科学社出版社，1994年。
[5] 《广东新语》，第203页。
[6] 《广东竹枝词》，第23页。
[7] 《广东竹枝词》，第22页。
[8] 《广东竹枝词》，第40页。
[9] 《广东新语》，第210页。
[10] 《广东新语》，第213页。

异当年动至尊,西源灵爽至今存。千秋俎豆酬收育,惟有龙儿解报恩""然今粤人出入,率不泛祀海神"[1]是也。

另一跟海洋文化相关的民俗节日为端午节,在明清岭南竹枝词的描述中比比皆是。夏历五月五日端午节,又名端阳节,解棕节,龙船节等,是夏季里最盛大的节日。明清时期岭南地区"珠江遗俗等荆湘"[2],不仅有精彩可期的龙舟竞渡"夺标五日竞高低,百只龙舟眼望迷"[3],还有"艾葛菖蒲各挂门,大家尝粽且倾樽"[4]"艾叶似旗蒲似剑,儿童粉额点朱砂"[5]。这不仅体现了岭南人们对荆楚中原文化的认同,更同当地的气候地理条件息息相关。农历五月,夏暑将临,岭南多雨潮湿,细菌、病毒渐趋猖獗。"插艾""倾樽""点砂"等仪式行为,据说具有驱疫、避毒保健的功能。另艾葛菖蒲用于挂门,还有装饰的意涵。

岭南地区水网连绵,龙舟竞渡多为倾城聚观的盛会。水边旌旗猎猎,金鼓震响,呼声若雷,舟行如飞,观者无不为之若狂。"端阳士女塞通津,拉杂龙舟打鼓频"[6]"喧阗锣鼓镇城隈,竞渡珠江士女陪。拍掌大家齐喝彩,旌旗五色逐波来"[7]

---

[1] 《广东新语》,第204页。
[2] 罗志欢整理,江仲瑜著《新辑羊城竹枝词四十四首》,载《羊城今古》1991年第(3)期。
[3] 杨宝霖《东莞诗词俗曲研究(下册)》,第588页,乐水园印,2002年。
[4] 《中华竹枝词》,第3070页。
[5] 《历代竹枝词》,第3668页。
[6] 《历代竹枝词》,第745页。
[7] 《历代竹枝词》,第3691页。

"夺标五日竞高低,百只龙舟眼望迷"[1]。岭南水乡竞渡之热闹可见一斑。此外,《阳江志》对此有佐证:"自初一至初五龙舟竞渡(《隋书·地理志》:屈原以五月五日赴汨罗,土人习以相传为竞渡之戏),箫鼓喧闻亲友相邀结彩船游玩,备采物放锦标,视先后为胜负。两岸老幼聚观至晚始散。"[2]竞渡的激烈场面确实气势直冲云霄。可是在岭南居民集体纵欢之时,诗人萧同寅提出了冷静的思考:"江心原有洪炉在,销尽人间万贯铜。"[3]龙舟竞渡耗资之巨令人咋舌。可人们不以为然,"共说端阳兴莫悭"[4]。

龙舟竞渡之事起于何时,因何而起,一直是众说纷纭,令人莫衷一是。较为典型的有认为起源于以龙为崇拜物的原始祭祀活动。如同古越人纹身做龙纹以像"太子"一样,是一种拟龙悦神,获取庇佑的原始宗教行为。其功力为祈龙施雨,以兴助农,反映了原始农耕社会的基本追求。因五月正值仲夏时节,旱热的天气随时而遇,而江南地区尤盼雨水,民间又素有龙出雨降的俗信。《荆楚岁时记》却记有五月五日竞渡,伤屈原之死,"故并命舟楫以拯之"[5]。竹枝词所反映的明清时期岭南地区的龙舟竞渡多取追祭屈原之意,与荆楚风俗相一致。此外,这大概还跟岭南农历五月恰是"龙舟水来"[6]的物候相

---

[1]《东莞诗词俗曲研究(下册)》,第588页。
[2] 张以诚,梁观喜等纂修《阳江志(卷七风俗)》,第11页,1925年刻本。
[3]《历代竹枝词》,第3674页。
[4] 欧阳子整理《广州历代竹枝词》,载《羊城今古》1989年第3期。
[5] 王巍《诗经民俗文化阐释》,第347页,商务印书馆,2004年。
[6] 李俊敬《广州地区物候史料概述》,载《羊城今古》,1991年第5期。

关,没有祈龙施雨的需求。[1]况且随着时间的推移,赛龙舟的意义由原本的敬海神吊屈原,现在更多地表现为娱乐功能。清东莞人邓蓉镜直言:"竞渡其夸雪浪柂,锦标夺得乐如何?那知故事传荆楚,愁煞当年吊汨罗。"[2] "屈原枉抱千秋恨,付与珠江作闹场"[3]"竞渡家家渡口喧,当年谁记汨罗冤。珠江箫鼓人如织,那有心情到屈原"[4],亦表达同样意思。而龙舟至今仍旧是端午节物,它们在游乐饮食方面继续为当代人服务。不过它们已经褪去了农事俗信的色彩。

清乾隆时广东学政四川人李调元在《粤东笔记》中说:"凡水皆曰海,所见无非海,出洋谓之下海,入江谓之上海也。"尽管由于文学体裁的局限,竹枝词对于明清时期岭南海洋世界记载,就某些具体事项而言,不免难尽其详。但它毕竟以这种形式,以当时、当事人的身份,向我们提供了岭南特别是珠江三角洲附近海洋世界的第一手资料。从明清岭南竹枝词的描述中,我们看到岭南居民对海洋情有独钟由来已久。无论是对海洋生物的丰富认识,海洋农业的发展与贸易商业化趋向,还是由滨海的地域与文化衍生出来的海洋民俗,都体现出人们的日常生活与海洋息息相关。

---

[1] 另据资料显示台风在广东出现的时间多为6~9月,台风一至,往往河水暴涨,台风掠过,田园庐舍备受摧残。笔者猜测农历五月竞渡在岭南的涵义有可能演变为驱逐恶龙,消灾禳祸。可惜没有足够的竹枝词证明。
[2] 杨宝霖《东莞诗词俗曲研究(下册)》,第575页,乐水园印,2002年。
[3] 《中华竹枝词》,第2981页。
[4] 《历代竹枝词》,第3701页。

挖掘海洋历史文化的内涵，打造东莞沙田水乡文化品牌

王元林[1]

沙田镇位于东莞市西南部，珠江出口狮子洋东岸，历史上这里是"大海"沿岸，是海上丝绸之路必经之地。至今沙田镇仍拥有28千米的黄金海岸线，具备天然深水港的建港条件，辖区内正在建设的沙田港区是虎门港的主港区，包括立沙岛石化基地、集装箱主港区、保税物流园区、虎门港中心服务区等，而通过虎门港300多条航线连接世界，沙田正成为珠江三角洲地区乃至华南地区重要的海上交通大港。如何立足沙田历史文化的印迹，正视现实的港口文化内涵，做大做强海洋历史文化的品牌，本文抛砖引玉，略表见解，还请指正。

---

[1] 王元林，广州大学历史系教授，十三行历史文化研究中心主任。

一、东莞沙田独具特色的海岸、水乡、渔民、沙田文化

沙田镇地理位置独特，其位于虎门口以东狮子洋的东岸，历史上狮子洋东岸除了虎门外，其北紧接着虎门的沙田就是海上贸易必经的通道。唐代广州城（治今广州越秀、荔湾境）"正南至大海七十里"，而顺珠江"水路百里"即至"南海"。"自州东八十里有村，号曰古斗，自此出海，浩渺无际。"[1]此古斗村正是韩愈碑中所提到的"扶胥之口，黄木之湾"，扶胥镇因扶胥江得名。而黄木之湾正如倒置斗形，古斗村即在斗形的底部。从广州南海县治向东的八十里水道，是由受地质构造和海潮共同影响所形成的广州溺谷湾逐渐发展而来。由于受河南台地和市桥台地阻隔，古海湾在广州南海县东南形成了狭长的漏斗湾[2]，随着河南、市桥台地逐渐被附近泥沙淤积而扩大，珠江不断东进，加上海水涨潮和退潮的影响，至宋时，广州南海县以东的江道，既受潮水影响，又受珠江影响，故这段漏斗状河道处于内河与海洋的交汇地段，而在唐时，这段水道为海水作用，海舶可以直接航至广州城下。河岸的东部即是宝安县（治今深圳南山）县境，虽然当时东莞还没有其称谓，但宝安县的北部就是今东莞，随着河口泥沙的逐步堆积，珠江口以东的沿海岛屿与大陆逐渐连接在一起，沙田以南的虎门逐渐成为进入珠江口的重要要塞。而在清代以前，沙田镇基本上还是一片未露出水面的深水滩，位于珠江狮子洋和

---

[1] （唐）李吉甫《元和郡县志》卷三十四《岭南道》。
[2] 吴家诗主编《黄埔港史》，第3页，人民交通出版社，1989年。

东江南支流的出口交汇处的凹进去的位置，这个地理位置为它后日冲积为平原创造了条件。

清代，随着泥沙的堆积，沙田镇逐渐显露出来，名符其实成为珠江口东岸重要的沙田。因此，历史上沙田镇所在一直是海上丝绸之路必经的航道与交通之地，成为兼有内河、海运的海岸。正如雍正《东莞县志》记载："自双岗历沙头出，咸西接新安，迤逦数十里皆海岸，其利鱼盐蜃蛤，其产卤草，其民捕鱼之外，日采莞以为生。"[1]海岸、沙田、水乡的特色显著，"耕仔""疍民"成为当地主要的群体，捕鱼、采莞草，兼有沙田耕作，一派水乡泽国景象。"其民耕种之外，唯操舟楫"。同时，受海洋文化的浸染，随着海外交通与内河水运，沿海不可避免兼容并蓄，对外来文化有承接作用。正如嘉庆《东莞县志》所云："莞介惠、广之间，群山东下，潮汐西上，大率得山之气十四，得海之气十六，冬寒夏暑皆视广州差减。"[2]虽然这里是说东莞的气候，但受海洋影响，海洋文化无疑是包括沙田在内的东莞文化的重要组成部分。王希文撰《却金流芳记》和姚虞撰《却金亭碑记》，都记述明嘉靖时暹罗夷首"柰治鸦看"和其使"柰巴的"因"不抽盘"入贡附带货物者而进献番禺县令李恺，李恺推却，后人在东莞择地建牌坊和却金亭。中外商贸交流不能不对东莞有所影响。

东莞沙田既然有丰富的海洋和内河航运的条件，东江几条岔流在此交汇，其水乡文化特色鲜明，因此，有必要对沙田的历史

---

[1] 民国《东莞县志》卷九《风俗》引周天成修雍正《东莞县志》。
[2] 同上。

文化特色特别是水乡水韵特色注意挖掘。沙田镇立足这样的历史地理和人文基础，整理和挖掘沙田"咸水歌"，便是一项非常正确的举措。沙田"咸水歌"多是渔民利用口头语编汇而成，曲调爽朗朴素，形象生动，情感真挚。是人们日常生活的真实写照。体现了原生态的水乡文化特点。每逢婚嫁、喜庆节日，沙田人都喜欢唱"咸水歌"助兴，传唱"咸水歌"曾经是水乡群众自娱自乐的一种普遍方式，更是沙田民俗文化中的一道亮丽风景线。正是这种源于民间的歌曲与文化，传承了历史文化的脉络，其内容形式极为丰富，今天已是广东省非物质文化遗产之一，几乎成为记载沙田沧桑历史和人民生活的一部史书。现今东莞"咸水歌"以沙田为代表，除在东莞西部传送外，还流行到香港、澳门以至越南等地，值得我们好好总结和研究。

二、新时期沙田沿海文化的新活力

沙田成陆的历史不长，历史的发展也是仅仅二三百年，清初才开始出现白坦。至二百多年前，广州府中堂司（麻冲人）在立沙洲筑围造田。二百年前厚街军铺人在杨公洲筑围造田，厚街桥头人在西太隆、义沙等地筑围造田，虎门镇口人在稔洲等地筑围造田。后逐步吸引一些水上人家（疍家）和番禺、中山、顺德等地农民到沙田定居立村，因筑围造田均由业主自行管理。因此，不管是地理还是历史，沙田无疑是东莞最具活力，最具创新力的镇区之一。沙田镇今下辖16个村和2个社区，户籍人口4万多人，外来人口10多万人。中华人民共和国成立后特别是改革开放后，沙田镇日新月异，发展迅速。沙田镇素有"鱼米之乡"美誉，曾被评为"全国农业先进单位"并接受国务院嘉奖。2000年被国家授予全国首个"龙舟之乡"称号，2005年被评为"全国小城镇综合发展千强镇"，2006年被评为"广东省教育强镇"，2007年被授予"中国港口物流重镇"和"广东省港口物流专业镇"，2009年被评为"广东省卫生镇"，2011年被评为"广东省园林城镇"，2012年被评为"广东省水上民歌（咸水歌）艺术之乡""中国水上民歌（咸水歌）之乡"。如此多赞誉可谓是新时代沙田经济、社会、文化、教育的最好概括。

随着虎门港区的发展，原来虎门港划分的麻涌、沙田、沙角、长安和内河等五大港区，逐渐功能明确。而沙田港区以发展大型石油化工、临海工业及近洋集装箱运输为主，建立物流中心区并大力发展仓储保税业务，沙田无疑是虎门港区的主要核心。根据2011年编制的《东莞市虎门港总体布局规划修编》，沙田港区为虎门港主要港区之一，将开发成具有一定规模的综合性港区。其中西大坦作业区位于沙田港区北部、珠江干流的西大坦段岸线，主要发展集装箱、多用途泊位、散杂货泊位、综合客运泊位及港口支持系统泊位。而其他立沙岛石化基地、集装箱主港区、保税物流园区、虎门港中心服务区均在沙田区域内。

正是在这种发展势头与美好前景下，沙田镇委、镇政府与时俱进，坚持以科学发展观为指导，紧紧抓住虎门港开发建设的机遇，确立了"建设滨港生态新城，打造智慧、水韵、幸福新沙田"的发展定位和战略目标，以发展港口经济为总导向，加快建设临海产业基地、物流产业基地、立沙岛石化产业基地、环保产业基地等产业基地重点发展高新技术产业、物流产业、临港工业、现代服务业、房地产业等产业，初步建立以物流、石化、电子为支柱，各类行业蓬勃发展的现代产业体系。如此迅猛发展的海洋经济活力，无疑给沙田镇的文化特色增加了新的活力、新的内涵。因此，新时期沙田文化无疑赋予了新的海洋文化特色。

沙田镇积极响应东莞市打造文化名城的战略部署，打造自己的一镇一品牌，充分挖掘沙田独特的水文化资源，大力弘扬沙田龙舟文化、疍家文化、咸水歌文化，打造文化名镇。沙田实施文化提升工程，举办水韵文化节、龙舟节、运动节，推动水上表演、水上晚会、水上烟花等特色活动开展，专门制作了镇歌《狮子洋畔》和龙舟节歌曲《赛龙舟》，出版了内刊《水韵》杂志、《记忆沙田》和《沙田咸水歌》，镇图书馆、水文化展览馆、咸水歌创作培训基地，以海洋与水乡为主的水文化风生水起，如火如荼地开展起来。同时，沙田镇在中国民间文艺家协会、广东省民间文艺家协会的指导和帮助下，积极向全国推广沙田咸水歌文化，于2012年7月承办了广东省第三届民间歌会水上民歌专场、中国首届水上民歌大赛，沙田镇也因咸水歌的独特地域性、生活文化性、语言交流性、历史渊源性而成功成为广东省水上民歌（咸水歌）艺术之乡、中国水上民歌（咸水歌）之乡。作为全国龙舟之乡，水乡沙田的人文历史和民间文化一直是政府重视的议题。记录沙田最具地方特色的民间传说、乡土掌故、地方风物、疍家俚语、民风民俗和民间美食等内容的《记忆沙田》为传承沙田水乡历史文化，保护沙田非物质文化遗产发挥重要作用。

因此，沙田海洋水乡文化的特色成为历史上与现今不断歌咏的主题，希望这一主题在新的时代条件下，文化特色更显著，文化内涵更丰富，表现形式更多样，民众参与更积极，政府指导更得力。

三、传承原生态的水韵文化，赋予新内涵，打造沙田品牌文化

沙田今在籍人口4万多人，外来人口10多万人，外来人口与沙田的早期开垦者一样，无疑是沙田重要的文化来源之一。沙田镇如何在传承原生态的水韵文化，并在新时代赋予新内涵的前提下，打造最富特色的沙田品牌文化，是政府引导民众的重要举措。笔者不揣愚陋，试建议如下：

（一）建立各村水韵文化的基础档案，摸清家底，做好档案收集与普查工作。沙田镇与东莞其他街镇不一样，文物遗迹不太丰富，《中国文物地图集·广东分册》（广东地图出版社，1989年）没有标出沙田镇有一处相关的文物遗迹，即使后来有增加了一两处东莞的文保单位，但足以说明这一地区的实物资料不丰富，因此，更多精力应放到近二百年来的各村建村的历史的整理与收集，有些可以利用口述历史，结合其他的族谱、方志、笔记以及近代档案，建立健全沙田的历史地理基本

的信息，包括村志的古代部分、近代部分以及现代部分，使这部分的历史厚重起来，同时结合名人、故居、祠堂、庙宇、古建等，使各村的历史内涵丰富起来。

（二）主要抓住非物质文化的内容，从民间传说、乡土掌故、地方风物、疍家俚语、民风民俗和民间美食方面作以研究和深化，邀请广东省及东莞本地专家，为沙田文化出谋划策，重点打造相关的水韵文化与疍民文化，整理国故，才能为现今服务。除出版相关的《水韵》文化刊物外，还应再组织绘画、音乐、舞蹈、曲艺等方面的专家，做大做强水韵文化。

（三）利用沙田独特的历史地理优势，开展研究。对沙田、移民、民风民俗、新时代村貌村风、新农村建设、沙田新气象等专题研究，多层次、多方面展现沙田的历史文化风貌与新时代新气象。

（四）利用沙田独特的历史地理优势，开展宣传和普及。除举办相关的比赛，在中小学开设相关的课程外，开展沙田历史文化读本普及、乡土教材编写，开展沙田水文化的宣传，利用百姓喜闻乐见的粤剧、歌曲、音乐等来宣传。利用多种表现形式，切实将沙田的基层文化活动开展的有声有色。

（五）外引内联，做足做强海洋文化的内涵挖掘。海洋文化比水韵、疍民文化外延更大，如何做好，应好好讨论，这次会议，就是一个很好的尝试。学习国内外的相关经验，将南海与珠江甚或内河与海洋关联起来，立足于入海口的地理优势，充分展现兼容并蓄的海洋文化特色。

以史鉴今：谈东莞沙田镇的海洋经济与海洋文化

——从珠江平原的社会经济史研究谈起

吴建新[1]

一、珠江平原的海洋经济史与海洋文化史的启示

明清珠江三角洲社会经济史研究在20世纪80年代兴起以来，取得了不少学术成果。从海洋经济史与海洋文化史的视角，探索明清及近代珠江三角洲社会经济现象，继而探讨珠江口海洋文化的现象，是一个值得注意的学术视角。

从海洋经济和海洋文化的视角探讨环珠江口地区历史文化，基于如下理由：珠江三角洲的形成有其特殊的历史自然地理和历史人文地理过程。它本是一个漏斗形的古海湾，由于东西北江汇集珠江口，这个古海湾不断地被充填，海岸线不断地

---

[1] 吴建新，华南农业大学历史系教授。

向外推移，形成冲积平原，这是历史自然地理的过程。这个平原的形成也是一个人类不断与自然界斗争的过程。在新石器时代，珠江口就有人类活动的踪迹，是珠江三角洲海洋经济的先声。但历经商周时代直到唐代，这个平原的形成和开发都是非常缓慢的，只是到了宋元始有大量的移民定居在已经形成的沙洲上，淤积平原开发始见规模，到明清时期平原迅速扩大，今天的冲积型三角洲大多是明清乃至近代形成的。从漏斗型的古海湾到冲积型三角洲就是人与自然的互动过程—既是自然的过程，更是以人为中心的经济过程与文化创造过程。自然的过程是由海变陆，而人对这个三角洲的活动过程就是人与海洋的关系演变的过程，也是平原上地域文化的构建过程。基于这一点，珠江三角洲的社会经济史就有很多可以展开的内容。

（一）从珠江口渔、农、盐业的角度考察

从渔业史的角度看，珠江口很早就有海洋经济的最早和最基本的方式——采集捕捞业，新石器时代中晚期在环珠江口就有沙丘遗址、沙堤遗址和众多的贝丘遗址。除了采集贝类，很早就有大型的近海捕捞活动。在新石器时代的深圳沿海一些遗址，发现不少的网坠，早期的围网渔业出现了。明清时期出现大型围网和渔船，达到传统时代渔业技术的高峰。宋元时还出现了蚝的养殖业，明清时期养蚝业向虎门、深圳等地延伸。明清时期滩涂被围垦，出现了鱼塭，海水养殖鱼类有所发展。大型的围网作业冲出珠江口，在广泛的南海上作业。

从农耕史的角度看，冲积平原的形成是向海要田的过程。按照珠江口自然地理的规律，珠江口如果没有人的围垦过程，它也有一个自然的冲积过程而形成滩涂。但是自然形成滩涂的形成过程是不规则的，会淤积坦程过高且不利于日后的开发。而适当的人工适时围垦能避免这一情况。宋元明时代多利用已经淤积成型的滩涂进行耕作，明代也有用芦苇种植于低滩涂以加速成田，清代用石坝围垦尚是海而潮退时的滩涂，故大大加速了与海要田的过程。宋元明清时期冲积平原的形成就是以海洋型经济向陆地型农耕经济的转变。但是沙田区内的生态系统与海洋仍有密切的关系。海潮顶托珠江水，农田形成潮灌的方式，其次海洋风潮冲击沙田，需要建设围堡抵御风潮保护农田，三是潮水进入沙田，留下海洋生物，是沙田区的物质生活来源之一。沙田直到近代大量使用农药、化肥之前是一个鱼虾稻的共生系统。沙田区农民也过着亦耕亦渔的生活。

从盐业史的角度看。珠江口的盐业在宋代比较发达，东莞场、香山场是政府管理的官盐场，是宋代岭南经济来源之一。明代珠江口盐业仍处于举足轻重的地位。随着海岸线的后移，清代盐田多被开发为农田，乾隆年间东莞盐场正式被裁撤，珠江口盐场退缩到今深圳、珠海、台山等县沿海滩涂。

（二）从与海外贸易相关联的珠江三角洲产业考察

珠江口的对外贸易很发达。汉代南海贸易的中心始迁移到番禺，珠江口成为珠三角海外贸易的必经之路。但是宋元以前的海外贸易以贡舶贸易为主。由海外贸易拉动的巨大社会变迁是在明代中叶开始的。关于这一方面，学界已经有充分的论述。在这方面，前辈学者叶显恩、李龙潜、黄启臣用力最多，当代学者陈春生、刘志伟、章文钦、刘正刚等学者也有引人瞩目的论文。论著方面，刘正刚《广东会馆论稿》、黄启臣的《明清广东的商人》以及他主编的《广东海上丝绸之路史》、李庆新著《濒海之地：南海贸易与中外关系史研究》，也是这方面的扛鼎之作。然而，对与珠江口海洋经济相关的对外贸易拉动的珠江三角洲社会变迁还有进一步深入研究的必要。以晚清继昌隆机器缫丝厂为例，从海洋经济的角度研究它对珠江三角洲经济的影响程度，有可以进一步论述的空间。陈启沅是南海籍的安南侨商，他在安南经商的过程学习了机器缫丝的方法，利用对外经商的钱办实业，这就是近代海洋经济对珠三角影响的一个实例。然后，自陈启沅创办继昌隆机器缫丝厂的过程中，对本地民营机器制造业、轮船制造业也有推动作用；继昌隆机器缫丝厂牵起机器缫丝业的产业推动，使珠江三角洲丝业崛起，与蚕丝贸易体制的某些变动，养蚕业与种桑业的分工，桑基鱼塘农业生态系统的完善，早期产业工人队伍的产生和扩大、妇女社会地位的提升，这些都是近代珠三角经济社会问题的重大事件。

（三）从明清珠江三角洲海洋经济的兴起与社会文化之间的关系考察

关于这一点，以往的研究也有不少的论述。特别是关于商品经济思想、拜金主义盛行、工商皆本的观念都是重要的思想文化变迁。但是对海洋经济与科技文化之间的关系也有进一步研究的必要。再以陈启沅为例。陈启沅虽是私塾出身，但是他对法国办的机器缫丝厂很感兴趣，花了十年的时间研究丝业技术，而后回国自行设计工厂设备的图纸，指导本地的机器制造作坊制造缫丝机器。在办丝厂的过程中，他又研究蚕桑业，然后将他对缫丝业技术和蚕桑技术的研究心得写成《蚕桑谱》一书，促进了新式缫丝技术和蚕桑技术的传播。他写了一本《陈启沅算学》，虽然这只是一本普及算学的著作，但它里面有关于物理学、测量学、机械制造学的应用题。这些都表明陈启沅受到了海外贸易带来的科技的影响，是海洋经济对本地科技文化影响的一个实例。

陈启沅受到外来文化熏陶，扎根于与海外贸易相关的行业。但晚年的陈启沅不再研究缫丝技术，并将工厂交给儿子打理，自己则花费三十年的时间研究风水学，并成为一个风水学大师，他又回归到一个传统的士绅的身份。这个案例说明不同的经济土壤产生不同类型的文化。海洋经济对珠江三角洲本地文化的影响是一个大课题，值得进一步研究。如王元林教授的《国家祭礼与海上丝路遗迹：广州南海神庙研究》可以说是较早的开拓了这一领域的研究。

（四）从生态环境史的角度研究珠江口的海洋经济

生态环境史的研究在国内方兴未艾，已经形成一套理论框架，以及有不少的研究成果。珠江口由海成陆的过程，是人与海洋环境的互动关系过程，就是生态环境史的研究对象，不仅包括了第一点已经说过的内容，珠江口的环境变动对整个珠江三角洲都有影响。例如，珠江水系中的西北江出海水道加长，由于珠江口潮水和上游来水相互顶托，三角洲内河道水位上涨，发生潦灾，人们必须将堤围加高，以及进行一系列的水利建设，由此引起相关的社会变动——包括农业史、乡村社会史、城镇史、社区重构、制度法律、国家权力与社会控制方式等方面的内容。明清时期珠江口的淤积加快，又是和珠江上游山区的农业垦殖、山区林业土产资源的开发有关的。因此，对珠江口海洋生态环境的研究，不能仅仅是海洋生物、水文地理的历史变迁研究，而是以人与环境的互动关系为中心的多角度的研究。

总之，以整体史观来考察珠江口的海洋经济演变的历史，在这个基础上深入研究珠江口的海洋文化的历史，是一个值得展开的大课题，是融会贯通的史学观研究区域的整体史，不是支离破碎的部门史、专业史，这需要史学界不同分支的研究人员的共识和共同努力才能深入进行。

二、略谈东莞沙田镇的海洋经济与海洋文化

历史学者应该对区域史有强烈的人文关怀，不仅需要有整体史观，而且需要长时段的研究眼光，要将区域史的研究延伸到当代。"以史为鉴，可以知兴替"，历史研究不能简单地复原历史现场，或者说回到历史现场，而且应该将历史进程深藏着的轨迹显露出来，预示历史的轨迹如何会在"明天的历史"

中重现。这样，以海洋经济的视角研究珠江三角洲的社会经济史就有了现实借鉴意义，甚至对当下的区域社会经济文化发展也会有所启示。以下对东莞沙田镇的海洋经济、海洋文化的历史做一番简单的回顾和对其发展说说个人的看法。

为了展开下面的论述，有必要简略回顾一下沙田镇的历史地理。远古和古代很长的时期它是一片汪洋大海，是渔民打鱼的渔场。在清初，沙田镇还是一片未露出水面的深水滩，位于珠江狮子洋和东江南支流的出口交汇处的凹进去的位置，这个地理位置为它日后冲积为平原创造了条件。根据历史地理学的研究，清初的滨线大致在今中山的张家边、民众、今番禺的万顷沙北，沙田镇即位于狮子洋东莞一方，由于沙田镇所在的沙滩受到来自狮子洋潮水和东江水的顶托，有了沿海岸发育的条件。珠江三角洲清初滨线在漳澎村附近，据调查，清初已有张、彭二姓到此定居耕作，故名。据曾昭璇教授的资料，东莞沙田镇横流村已立村230余年。清嘉庆版的《东莞县志》已载有漳澎、（蚊沙）沙头、朱平沙、大涡（今南新洲、坭头围）等村名，表明清初已成陆，清代中叶已立村。故以漳澎——（蚊沙）沙头——（沙田）横流——坭头一线为东江三角洲清初滨线。[1]清代前期的白坦逐渐显露，清代前期属于东莞中堂司的宗族开始围垦，后来又有厚街军铺人在杨公洲筑围造田，厚街桥头人在西太隆、义沙等地筑围造田，虎门镇口人在稔洲等地筑围造田。这样，沙田镇在清代吸引疍家、一些穷苦的岸人前

---

[1] 李平日《珠江三角洲一万年来环境演变》，第77页，海洋出版社，1991年。

来充当耕仔，过着亦耕亦农的生活。耕仔大多是沙田地主、二地主的佃户，有的还是一无所有的雇工。中华人民共和国成立之后这里的农业经济起了很大的变化。1958年沙田人民大搞水利建设，开挖河涌，修建水闸，筑堤联围。改变沙田地区支离破碎的状况，使沙田由25个小围逐渐形成一个近5万亩的大围。1958年至1963年间，全社总共建水闸5座，堵河35处，总长4234米，开河30千米，共完成273.847万个土石方，大大地改变了沙田的自然面貌，提高了对台风和咸潮等自然灾害的抵抗能力，为沙田的工农业发展打下了坚实的基础。

　　七八十年代以前沙田公社以农业为主，以水稻、甘蔗、香蕉三大作物为农业支柱。由于1977年至1979年连续三年农业大丰收、水稻亩产由原来六七百斤增至超千斤，1979年沙田公社被评为全国农业先进单位，受到国务院嘉奖。改革开放以后，沙田镇不再是以农业为支柱产业的地区，而是具有临港工业、石化产业、物流业、现代旅游业等现代化工业及服务产业的综合性区域。沙田镇委、镇政府坚持以科学发展观和构建和谐社会理念为指导，紧紧抓住虎门港开发建设的机遇，确立了"港口经济、滨海城市、和谐沙田"的发展定位和跨越式发展的战略目标。但急剧的工业化和城镇化，在提高了当地人民的生活水平的同时，也改变了历史上当地人民亦耕亦渔的经济方式。由于此地有20千米的海岸线，又濒临狮子洋，其相关的产业经济与海洋生态环境密切相关，说它的经济类型属于海洋经济也不为过。笔者无意对沙田镇的当代经济指手画脚，但想从历史学的角度对沙田镇的海洋经济、海洋文化发展略提一点点思路。

（一）在发展工业经济的过程中应同时注重发展保护残存的农田

国家对基本农田保护区有规定。因为沙田镇濒临珠江口，这些农田单纯种植农作物经济价值可能不高，与工业经济形成较大的比较利益差。是否可以将这些农田进行水产养殖，或者是进行有较高经济效益的与旅游业相关的农业设施？完全的城镇化和工业化将彻底抹去沙田镇的农业经济特色，经济形式的多样化也将彻底消失，这是非常令人遗憾的事情。珠江口的沙田本是潮田，传统时代只能种植大禾之类的稻子，种植制度也只是挣稿制之类的间作稻，中华人民共和国成立之后随着水利设施的完善，变为能种植双季稻的农田。当然恢复双季稻或挣稿之类种植制度的农田是不可能的，但是将农田改造为种植高效益的农作物或者是种养结合，或者是海洋养殖业，使之与旅游业结合起来，却是可能的。

（二）发展工业经济的过程中，要注意保护珠江口的生态环境

在改革开放的大潮中，在"发展就是硬道理"的口号下，过度片面地主张发展经济而忽视生态环境保护，已经带来的恶果，有目共睹。珠江口的环境污染已经到了非常严重的地步。工业污水不经处理直接排入珠江口是水环境污染的源头。因此要抓紧对排污水的处理，从制度上防范。传统时代的围垦是将

海坦变为农田，而当代的围海不是造田，而是将海围成工业用地。过度的围海造地会使珠江口的生物环境、水文环境恶化。沙田镇处于狮子洋的深水区，有围海造地条件时需要科学评估海变陆时所产生的环境影响。而且沙田镇有28千米的海岸线，也有深水港，盲目地围垦会影响沙田镇深水港的地位；如果沙田镇还有湿地型的滩涂，也可适当地保护部分，将它建成湿地公园，利于生物多样化，也是保护生态环境和促进旅游的一个重要措施。沙田镇的长远经济规划应该有百年以上的发展眼光，因为按照历史自然地理学界的研究，珠江口平原的冲积趋势是不断地向前延伸，海岸线会随之后退，现在的珠江口数百年之后就会变成平原中的内河。沙田镇长远的经济发展规划要将珠江口自然地理环境的变化趋势因素考虑在内。

（三）发展沙田镇海洋经济的过程中，要从海洋文化的视野挖掘和保留本地的历史文化资源

历史人类学的研究将珠江平原分为民田区和沙田区两大部分。民田区内宗族林立，历史文化悠久，宗族凭借文化的优势控制了沙田区的田地，将民田的宗族聚落区称为"埋便"，将沙田区称为"开便"。沙田区内无宗族，一望无际的沙区只有庄稼、河道，河道两旁居住着耕仔的茅寮，河道上漂浮着"耕仔"耕作的小船，相对于民田区似乎没有什么文化积淀可言，从而学界长期以来重视对民田区宗族与聚落的研究，虽然也有对沙田区内从事耕作的人群的研究，包括历史学者和人类学者

对疍民的研究成果[1]，但还是不够全面。将历史文献和田野调查结合起来的对沙田区疍民文化的整体史研究是很不足的。可惜的是，对沙田疍民文化做全面研究的最佳时间已经过去了。

东莞沙田镇原是以疍民为农耕主体的农业区。虽然将沙田区耕作的人群全部称为疍民是不恰当的，因为在历史上有些岸人因为各种原因而流落沙田区耕作。但是这些岸人往往也被民田区的人视作称为耕仔——疍民。在民田区内的人看来，在沙田区中耕作的"耕仔"几乎就是疍民的代称，他们居无定所，无固定聚落、宗族、祠堂的依托，被称为"水流柴"，这就包含了一种文化歧视在内。所以在20世纪50年代初期，广东民族委员会做了一个沙田区的疍民调查，主要是在中山港口沙田区。当时政府咨询疍民群体的意见，是否愿意将疍民作为一个民族来定性。因为疍民担心作为一个民族出现的话，对他们的文化歧视会延续下去，所以不愿意被列为少数民族。随着时代的变迁，珠江平原原有的沙田区已经多变为工业区，现在残存的连片沙田区只有中山的民众区。原生态的沙田区的疍民文化几乎痕迹全无。

---

[1] 广东学界对疍民的研究，主要参看：陈序经《疍民的研究》，商务印书馆，民国35年；何国强编，伍锐麟著《粤海蜑卅一秋》，香港：国际炎黄文化出版社，2005年；吴建新《广东疍民历史源流初析》载《岭南文史》，1985年第1期；吴建新《明清时期的广东疍民》载《广东教育学院学报》，1986年第2期；吴建新《疍民开发珠江三角洲沙田的历史活动》载广东教育学院学报，1987年第1期；黄新美《珠江口水上居民（疍家）的研究》，中山大学出版社，1990年；张寿祺《疍家人》，中华书局（香港）有限公司，1991年；叶显恩《珠江三角洲社会经济史研究》，台北：稻乡出版社，2000年；萧凤霞、刘志伟《宗族、市场、盗寇与疍民——明以后珠江三角洲的族群与社会》载《中国社会经济史研究》，2004年第3期。

历史上的疍民作为一个群体，是可以分层研究的。从职业分，有内河、沿海从事运输业的，也有在内河和沿海从事渔业的，也有在沙田区内亦耕亦农的，他们风俗既有同质的方面，也有差异，而且差异还很大。语言也有差异，在珠江口沙田区盛行的水上话，和附近民田区的岸人话就有不同。这个群体的残存的文化引起了广东省社科联的注意，与澳门基金会联系，于2011年4月在中山市石岐镇召开了"疍民文化学术研讨会"，参加者有广东暨南大学、华南师范大学、华南农业大学、广东职业技术学院、广东大学等高校的学者，也有中山、珠海、澳门等地的学者，对疍民的源流、历史活动、历代政府对疍民的政策、当代疍民的分布和生活状况、风俗习惯等进行了多方面的探讨。会后出版了《疍民文化研究——疍民文化学术研讨会论文集》，收入论文38篇。[1]从这些文章的内容看，涉及疍民历史文化的各个方面，可以称之为整体史的研究，虽然这些文章还不是一个成系统的研究。

东莞沙田镇历史上从事农耕的人群，应该是以疍民为主体的。明代东莞河伯所管理的疍户有上下十二社，清代河泊所裁撤，直接由县收取渔课，疍民的上下十二社暂时还保留。其后疍民或参加海上盗寇，或者居于陆上参与农耕，残存的上下十二社也不再存。到了清末，不论居于水上打鱼或是在陆上疍民农耕，都"杂列编氓"。[2]沙田镇的疍民应该有一大部分来

---

[1] 林有能等主编《疍民文化研究——疍民文化学术研讨会论文集》，香港出版社，2012年。
[2] 民国《东莞县志》，卷3《坊都》。

自东莞上下十二疍社。经过改革开放以来的社会变迁,昔日的沙田镇的疍民群体的文化遗存如何,笔者不明了,但是从这次会议的主题——"广东(沙田)海洋文化"来看,这次会议的主题是有意挖掘与海洋文化相关的疍民文化,这是一件保护珠江口海洋文化的大事,值得探讨。

由于一定的文化是依托于一定的经济环境和生态环境的,如果要完全恢复亦耕亦渔的疍民文化之类的文化遗产是不现实的。但是对正在消失或残存的非物质文化进行保护却是可能的。中山市的学者对疍民文化的研究走在了前头。2011年的"疍民文化学术研讨会"研讨会上,中山市学者的文章就有七篇,其中民间学者对本地咸水歌的研究最见功力。沙田区的疍民文化属于亦耕亦渔的文化,番禺区东涌已经建设了一个农耕文化展览场,占地200多平方米,上下两层,展示沙田水乡传统农具、渔具等实物,还有沙田人的生活场景模型,这也是保存当地已经消失的沙田区疍民文化的一种方式。

笔者以为,对疍民文化的研究和保护不能局限在咸水歌、龙舟文化、疍民民俗等方面,也不能局限在本土文化的基础上,而应该将疍民文化置于海洋文化的视野下进行。为此,笔者设想了一个"疍民民俗文化博物馆"的方案。笔者在1984~1985年做关于珠江口疍民与农业、渔业关系的硕士论文时,得到中山大学人类学系已故教授张寿祺先生诸多启发。他说,疍民问题是一个世界性的课题,疍民是一个生活在水上的群体,不仅在珠江三角洲,在广东沿海、福建、广西等地都有,在日本、东南亚、太平洋上的岛国上都有水居的民族。他勉励我对疍民、水居民族做全面的研究，最后一步步地做下去，将世界上的海洋上生活的水上居民群体的文化做成一部专著。这是老一辈人类学家对海洋文化的研究视野，笔者力有不逮，辜负了张先生当年的期望。他将疍民文化置于海洋文化的视野下研究是对的，所以，东莞沙田镇如果需要挖掘本地的疍民文化，如果步中山市、番禺区学者的路子，范围就窄了，影响也不大，文化内涵相信也不会很厚重。如果沙田镇有挖掘海洋文化的设想，做一个依托于海洋文化的"疍民民俗文化博物馆"，应该是有所为的。这就突破了中山市学者仅仅对咸水歌的研究，也突破了番禺区东涌的"农耕文化展览"的范畴，而是从一个世界性的海洋文化的视角，不仅将中国境内的疍民包括在内，而且将世界海洋的水居民族都包括在内。这样，在科学研究的基础上，将科学成果转化为文字、图片、实物、幻灯等表现手段，以展览的形式展示出来，这个博物馆称为"疍民民俗文化博物馆"，但如果这个名称不能涵盖的世界性的水居民族的话，就做成"水居民族民俗文化博物馆"。这是一个大型的学术性、兼具趣味性、资料性、应用各种展示手段做成的展览，是一个巨大的文化工程，需要一个大视野和大投入；不仅需要沙田镇本土学者的参与，也需要研究单位科研人员的参与。如果沙田镇具有这样一个博物馆，不仅能以展览的形式保存宣传本地原有的疍民民俗文化，而且因为它是一个海洋文化的大制作，可能成为一个名闻遐迩的旅游的热点，对发展沙田镇的海洋文化也有推动作用。

弘扬港口文化　促进沙田经济发展

赵善德[1]

一、文化是人类有效地适应环境的产物

社会学（美国人称为文化人类学）领域中，"文化"的定义很繁杂，笼统地说，文化是人类长期的社会活动中所形成的产物。这种产物无所不包，难于把握，故又有人将其分为"物质财富"和"精神财富"。现在日常所说的"文化"即近似于"精神财富"，是相对称于经济和政治的、人类全部精神活动及其产品。

社会学领域中的"人类文化"是由各个人类群体的特殊成就共同构成的。"人类群体的特殊成就"也就近似于我们常说的区域文化。人们看待一种区域文化时，倾向于突出它的特殊性，就往往把某一种区域文化归纳为何种特性的文化，如把岭

---

[1] 赵善德，暨南大学文学院副教授。

南文化说成是海洋性文化。

抽象的概念内容却相当宽泛。例如，海洋性文化只能说是某些人类群体，以海洋为其社会活动的主要对象所形成的"特殊成就"。但是，大家都以获取海洋资源谋生，为什么沿海浅滩那里的渔民流行节奏明快的"拉网小调"，海岸曲折、港汊深入环境中的渔民流行抒情悠扬的"渔光曲"，居住在河道交错地方的沙田先民又流行情调朴实的"咸水歌"呢？这是因为他们所处的生态环境各异，因而各个区域文化——物态文化（物质生产活动方式和产品）、制度文化（社会行为规范）、行为文化（行为模式）、心态文化（价值观念、审美情趣、思维方式等）——各有不同。

可以简述一种区域文化的生成、积淀和发展：人们谋生乃有效地适应地理环境（包括地理位置和自然环境）的过程。过程中合理的方法方式得以积淀，生成最初的文化。积淀日厚，适应地理环境的策略愈加科学和丰富，在不断派生出更多的规范、模式和观念的同时，文化发生结构性的变化。随之，文化日臻成熟，相对稳定，便形成所谓的"传统文化"。传统文化与原先的地理环境已经融为一体了，人们对它熟视无睹；相反，更敏感于如何有效地适应社会环境：处理文化成员间的关系，吸纳或排斥其他文化的某些文化因素。

有人把文化的功能比喻为：社会变革的内燃机；社会常态的调控器；凝聚社会的黏合剂；经济发展的助推器。也就是说，它对社会的发展具有导向、规范、调控和驱动作用。

所以，我们在把握海洋文化如何促进沙田经济发展的时候,就必须注意:发掘在沙田凸显的,是海洋文化中的哪些要素及其特性;这些要素及其特性在后工业化社会的大环境、穗莞战略合作中的环境和东莞市统筹水乡地区的小环境中,所可能扮演的角色;进而探讨如何弘扬和发挥它的地位和作用。

二、沙田港口经济

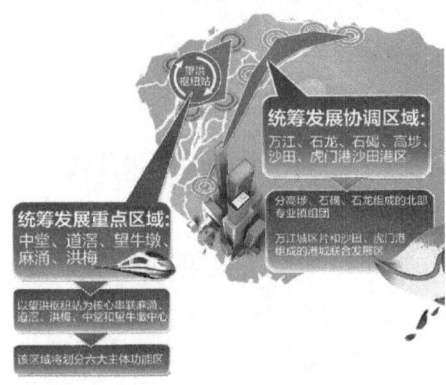

图1 《东莞市统筹水乡地区发展实施方案》规划图解

按照《东莞市统筹水乡地区发展实施方案》的规划(图1),东莞市将通过五年努力突破区域协调发展的难点,培育区域协调发展优势,实现一年良好开局,三年初见成效,五年完善提高,把水乡地区建成最具特色、最有魅力、最有幸福感的地区之一。

《方案》中的沙田,属于统筹发展协调区域中的港城联合发展区。城区指的莞城范围内的万江区,虎门港沙田港是港区。毫无疑义,沙田未来的经济发展策略是发展港口经济。那么,促进港口经济的文化就是港市文化。这是沙田未来文化发展的方向。

虎门港沙田港口文化的特性是什么呢?既然虎门港沙田港口经济的发展主导着沙田港口文化,那么必须先理解虎门港沙田港口经济的特性。

港口经济是利用港口的节点区域优势，以临港区域为中心，以港口相关产业为支撑，以综合运输体系为动脉，以海陆腹地为依托，实现与港口密切相关的经济共同繁荣的开放型经济。在这里，港口的节点区域优势及优越度是经济繁荣度的核心。

虎门港沙田港位于狮子洋中段东岸东江南支流河口处。基本符合发展港口所要求的港区位于海湾、等高线稀疏、等深线密集等自然条件；以及诸如广阔而经济发达的腹地，有铁路、公路、管道、河道等现代化运输网，将其连接货物转运枢纽等社会条件：《方案》规划依托穗莞深城轨、莞惠城轨和市域轨道R1线交汇枢纽站，东莞市与广东省相关单位协调合作，将在望洪枢纽站附近预留不少于10平方千米土地联合开发，建设新城。2009年初已经动工的番禺化龙展贸市场园区全部建成后，将成为全球最大的商品进出口贸易、研发和展示中心，带动就业超过20万人，年商品交易额将超过1500亿元人民币。这里的港口、交通枢纽、商品进出口贸易中心三地，乃边长约为20千米的三角形区域的顶点。

虎门港沙田港距离南面的广州南沙港约15千米、深圳港西部港区约70千米、香港维多利亚港约100千米，距北面的广州黄埔港大约50千米。也就是说，沙田港被其他港口所包围，其中的香港维多利亚港、广州黄埔港和深圳港，还是世界性的集疏港口。所以，虎门港沙田港如果也励志于发展成为世界性的集疏港口，就存在着与上述港口的激烈竞争。因而，虎门港沙田港以往仅为上述港口的喂给港。

但是,虎门港沙田港的规划是建设12个5万吨级以上的集装箱深水泊位。现在可满足4艘5万吨级集装箱船同时靠泊的5~8号4个泊位业已建成使用,4个泊位2012年的吞吐量预计接近200万标箱。2012年7月23日,由东莞市国资委、虎门港管理委员会合资成立的国有企业东莞市虎门港集团有限公司,已向全世界公开招商筹建,"虎门港沙田港区西大坦作业区1~4号泊位"(规划建设4个5万吨级集装箱泊位,但水工结构按10万吨级设计)。因此,随着上述望洪交通枢纽和化龙商品进出口贸易中心的建成和投入使用,虎门港沙田港发展成为世界性的集疏港口,并非不可能——据《大公报》5月14日报道,广州南沙港区2012年第一季度的货柜吞吐量近220万标箱,占广州港集团货柜总吞吐量的近八成。

经济发展的前景如此多娇,"文化促进"的策略理应与之相适应。

三、移民服务港口 港市服务移民

(一)具有国际特点的移民港市

虎门港沙田港的开发将采用"以港兴城"模式,实现港口和城市的共同发展。

东莞市政府副秘书长、虎门港管委会常务副主任刘宁告知,港口管理委员会一开始就与全球领先的海港码头经营商新加坡港务集团（PSA）合作，开辟近洋兼顾远洋的业务。并且比较精确地预测，将市场划分为紧密圈、关联圈和外围圈，每年东莞国际集装箱的生成量分别约为177万标箱、240万标箱和249万标箱，又分别有80%、50%和20%的集装箱选择虎门港沙田港出港，那么，4个泊位满负荷运作吞吐能力将达到200万标准箱。5、6号泊位启用之初，即有专家预测，即使暂时只有部分报关业务实现回流，仅集装箱运输单项业务每年就为东莞企业节省亿5~6亿元人民币的货物流通费用，年创税收超过5千万元。

如果按这样计算，现在开始招商的1~4号泊位建成使用，虎门港沙田港的年吞吐量将达到400万标箱，甚至更多。港口所创税收也将超过1亿元。

若此，随之而来的是临港产业和生产性服务业，在"吞吐量"的带动下得以高速发展。这些行业的从业人员以及港口的作业人员将大量入住沙田镇，货物的陆运和海运人员也将暂住，造成镇区人口数量暴涨；故可将原来的沙田镇称为"移民港市"。

这些移民，尤其是港口管理、物流管理、金融、信息、商贸、法律等生产性服务业的从业人员和海运人员，不乏外国公民。因而这个城市将是"具有国际特色的移民港市"。

客观上，生产性服务业的从业人员的工作效率，就是决定港口效益的关键因素。比如说，如果信息从业人员的素质不高，或者工作不够认真，造成信息流无法顺畅流动，或者收集信息分析不够精确，将会酿成港口运转呆滞而损失惨重；凡此等等。所以必须好好"伺候"他们。靠谁来"伺候"呢？不是说"港口和城市共同发展"吗？靠港市来服务；港市又靠文化来为他们服务。

（二）兼容并包的开放港市

移民来自五湖四海，文化口味纷繁芜杂，冀调众口，可行的可能只有兼容并包。

首先映入眼帘的港市景观。可以设计若干个地标建筑群，有些也可以是现在流行的广场，关键是要尽可能兼顾世界各个民族的文化，把代表它们文化精神的符号或要素融合进这些建筑群（具体可到广州世界大观游乐场去捕捉灵感），让移民和原住民既有归属感又隐含着不同人群的心有灵犀。城区里的公共建筑和设施以及街市上的建筑小品，可以吸收澳门和青岛城市建筑格局和形式的合理内核，切合实际地构建，但要避免牵强附会以致失去灵气。

港口效益越高可能越喧嚣，要勉力营造闹中取静的居住环境；这里强调的是"心静"。住宅区（特别是高级住宅区）的空地，应当建设成园林式而不是花园式的。园林是有山有水有植物有建筑的，园林是有错落的，园林是有意境的。尽可能做到有些是拙政园那样苏州式的，有些是枫丹白露那样法国式的，有些是布莱尼姆那样英国式的，有些是百泉宫那样意大利式的。让人散步游玩其中得以休憩，情、景交融，有如旅行或回家的感叹，淡泊明志。

古今中外的男女老少都有信仰。本土的儒教、道教，域外的三大宗教的符号和拜谒场所必须齐全。具有国际特色的城市广州、香港、澳门无不如此。我们不必追求规模，但必须有所建设，因为它有助于移民与移民、移民与原住民之间的和谐共处。

一座具有国际特色的移民港市，她的文化设施和活动、内容和形式，也必须具有国际特色。考量城市国际化的指标中有一项是"文化存量"，我们尽可能建设相当数量和质量的图书馆、文化影剧院、博物馆及其他文物机构；尽可能建设展览馆，不定时举办各个区域文化、各种类别、形式多样的展览；尽可能建设会展中心，不定时举办或雅文化或俗文化的论坛、演讲会、展示会乃至节事活动；尽可能通过影视、戏剧、舞蹈、音乐、视觉艺术、时装等表现形式以宣传各家文化品牌；体育设施要齐全，还要不定时举办各种类别、不同层次的体育培训和比赛，以及尽可能引进高级别的职业体育赛事等。

具有国际特色的城市也被称为传媒之城。传媒的形式必须是最前沿的，内容却尽可能多元开放，不必拘泥于"东风西风"，但要杜绝影射和粗俗。

早在1966年，英国城乡规划协会主席霍尔（Peter Hall）在阐述世界城市的特征时就说到一条："娱乐业已成为重要的产业部门。"我们尽可能建设既有热情豪爽的又有修身养性的娱乐设施。

还有人认为，具有国际特色的城市也是高品位的旅游城市。我们或者不必立足于吸引外来游客而建设旅游景观，但可以考虑建设一些小规模的旅游景点，以满足市民一日悠闲郊游的需求。

具有国际特色的城市也被称为文明之城。文明的内涵是包容，不管是蓝领白领，何种肤色种族，是人都尊重。文明的内涵是品德高尚、知识丰富、涵养深厚——如果可能引进一所高水平的大学来办分校，也许是提高市民综合素质的终南捷径。

古老的沙田镇，具有国际特色的移民港市扑面而来。这座港市名实相符吗？它取决于港市文化建设的谋划和执行，而领导素质可能是关键因素。首都经济贸易大学党委书记柯文进教授，在阐述"世界城市与领导干部素质"时强调：领导干部要树立宽广的世界眼光，敏锐的国际意识，对多元文化和多样性发展的开放包容心态等等意识；要具备一般性的国际交往常识、程序、礼仪、规则，国际社会运行规律与发展动向，影响国际体系和形势变化的热点问题；多元文化和宗教背景等方面的知识。

四、结论

我们在谋划和执行文化建设时，是在近似于精神财富即对称于政治、经济的文化概念中思维和工作；在运用文化功能时，是在社会学领域的文化范畴中探讨和广延。

随着虎门港沙田港的建成和使用，港口经济将高速发展；古老的沙田镇将逻辑地也是历史地形成具有国际特色的移民港市。

这个新兴城市的文化建设，是虎门港沙田港港口经济发展壮大的关键因素。务必将其建成兼容并包的开放城市：城市景观兼顾世界各个民族的文化；让市民有如旅行或回家之感叹的园林式住宅区；不必追求宗教建设的规模，但人类主要宗教的符号和拜谒场所务必齐全；文化设施和活动、内容和形式，必须齐备而且要现代化和丰富多彩；传媒尽可能多元开放；娱乐业或可成为重要的服务行业；精致而小巧玲珑的旅游景点，能满足市民悠闲郊游的需求；或可引进高水平大学来办分校以提高市民综合素质，创建文明之城。"成也萧何败也萧何"；"萧何"就是领导素质。

海丝背景下广东娱乐新闻与女性文化的关系透视[*]

刘小妮[1]

娱乐新闻，简言之，娱乐"即要达到让受者喜悦并带有启发性的效果"，新闻"是对新近发生的事实的客观报道"。但目前的娱乐则更多的停留在"让受者喜悦"的层面上，并无启发性这一意义出现。而新闻在社会层面上，并没有实现新闻价值，满足的是市场的窥私欲和好奇心，对于受众信息的扩展并无实质性意义。娱乐新闻在本质上，对新近发生的客观事实的报道，除了让受众感到喜悦外，更多的应具有启发性的效果。

广东媒体的娱乐新闻的发展与兴盛，得益于海洋文明的开放性与岭南文化的世俗性。岭南文化不断地与其他外域文化碰

---

[*] 本文是广东省哲学社会科学"十二五"规划2014年度学科共建项目（编号X2XCN4150160）"女性杂志与中国现代性建构"阶段性成果；同时获得华南理工大学中央高校基本项目"1919~1949女性杂志与中国现代性建构"（编号X2XCD2152700）资助。

[1] 刘小妮，华南理工大学新闻与传播学院讲师。

撞和交汇，吸取了岭南周围地区如荆楚、闽越、吴越文化，还有外来文化的优点；同时，又关注现实日常，贴近社会大众生活。在此背景下，娱乐新闻是非常符合广大受众心理的一种内容，受众既可以在娱乐新闻中获得直观体验性（如看到不同的美女形态），又能获得快乐性。

当然，还得益于与香港的一衣带水的关系，香港娱乐新闻发达，也有八卦能力超强的"狗仔队"，广东媒体的娱乐新闻相对而言，并非以八卦为主。

在世纪之交，娱乐新闻的传播地位进一步提高。不仅传统媒体报纸每天推出娱乐新闻版、新创刊的报纸设置数个娱乐新闻版，并根据内容对娱乐新闻内容进行细分，其他两大传统媒体电视和广播也发挥各自的优势大量创办娱乐新闻类节目和专栏，新兴的网络媒体的娱乐新闻数量更是与日俱增。娱乐新闻报道的娱乐明星范围更广，有日韩，也有欧美等，更具有国际视野。娱乐新闻尺度更宽，开始注重个人隐私的报道，如明星的男女朋友、家务事等，并且更加注重对于负面新闻的报道。在网络兴盛的时代，为吸引受众眼球，媒体多用误导性的标题，或者对一些图片做扭曲的注解来娱乐大众，强调视觉等感官冲击，对新闻的来源不加重视，娱乐新闻的深度解读逐渐消除，娱乐新闻的舆论引导作用逐渐弱化，娱乐新闻有碎片化、低俗化、感官化的倾向，对于明星隐私权的保护都产生了不利影响。

这个时期，广东的媒体对娱乐新闻的报道比重明显增加，各大报刊的娱乐新闻版都不断增加版面，以满足受众的需求。

一、娱乐新闻的传播特征：天然地与女性相关联

娱乐新闻对明星的报道[1]中，并不关注其演艺成就，而是关注其兴趣爱好、绯闻逸事等私生活。娱乐新闻内容已呈现"女性化"的表象，多涉及女性，即使报道内容为男性，亦多会连带与男性相关的绯闻女性等——它所掩盖的是更加隐蔽的性别不平等的实质。当今娱乐新闻（乃至媒介）中尽管充斥着各类各色的女性形象，但它们并未展示出真实的女性生活，媒介所塑造的女性形象充满了偏见和歪曲，实质上并未将女性放在与男性平等的位置上客观的进行报道。

主要表现在几个方面：

（一）女性形象的"被看"

娱乐新闻中所塑造的女性形象迎合了男权文化，处于被异化的状态，它以其复杂和隐蔽的方式维护着男权文化和男权观念，加深了社会生活中的性别刻板印象。对于与女性有关的信息，娱乐新闻传播（乃至媒介传播）在文本上更多地倾向供人消费而不是供人阐释的、供人娱乐而不是供人判断的报道；在形式上则更多地倾向于一些无深度无景深但却轻松流畅的故事、情节和图片，营造令人兴奋而又眩晕的视听时空。

如网络曾对范冰冰的相关报道进行了汇总，发现对其报道基本集中于其在各种场合的走秀，"艳压""力压"等词重复

---

[1] 主要考察广东媒体的娱乐新闻报道。

率相当高。实际上,此现象亦说明一个问题:受众关注的是女星的身体,女星是作为"花瓶"的形象进入公众视野的。

(二)市场机制下,媒体注重商业文化价值

娱乐报道中的女性形象发展到现在,更多注意的是女性的性感的身体,漂亮的脸蛋,媒体寻找更容易引人注意的话题,更容易激发讨论的人物事件报道。虽然增加了商业价值,但在一定程度上弱化了新闻伦理和道德。

社会风气浮躁,消费欲望旺盛,削弱了对信息的筛选判断能力,进而对负面信息产生正反馈,产生恶性循环。这就可以解释为什么报纸上出现越来越多的巨幅性感女星,或者横跨两版面专题报道女性的八卦新闻。很多情况下,人们是被动地接受了信息,而非主动地筛选,通过标题、文字形式、排版,消费者总是不自觉地进行阅读。并且在阅读之后进一步给予媒体正面的反馈,更是产生恶性循环。媒体利用受众的褒贬创造新的话题,愈发让社会风气变得浮躁。

广州日报集团旗下娱乐报纸《舞台与银幕》,汇集了娱乐圈新近发生的娱乐新闻,以彩印吸引受众的眼球。然而仔细解读该报,封面头条基本是以大幅女星照片为主,配合最新的娱乐资讯,内容多涉及女星的恋情、婚姻、家庭,甚少谈及女星的演技歌艺等;即使报道男星,亦多涉及其相关的女性,如报道郭富城,则必挖掘其与女星之间的恋情。

《南都娱乐周刊》对娱乐新闻进行独家调查、深度解读,力求在内容上求真求实,是受众喜爱的娱乐周刊。如对当红女星事件"章子怡泼墨门""王石与田朴珺恋情""姚晨新恋情"等的报道,都是对扑朔迷离的事件及相关人物进行了深度挖掘,满足了受众的需求。

广州电视新闻台的综艺栏目《粤夜粤娱乐》,以两位主持人调侃式的风格,每日评说发生在本地及台港澳的娱乐大事,为观众带来最新的娱乐时尚资讯,受众在轻松的氛围中接受了女星整容、怀孕、生子、婆媳大战、家暴、外遇等八卦消息。

(三)传统观念的根深蒂固

符合人们传统认知的通俗传播更容易获得受众的认可。电视方面大量引进韩国传统电视剧,如《家门的荣光》《人鱼小姐》《百万朵玫瑰》等,皆是以家庭伦理为主题,突出韩国传统文化中家庭、孝道等问题的潜在认同。在国内引起众多粉丝的共鸣,认同韩国传统文化中女性的归属,女主角一般都是获得家庭的圆满,饰演正面角色的女明星也获得众多粉丝的认可与推崇。

虽然现在娱乐新闻中的女性形象出现了自立自强的女强人,例如很多娱乐新闻对范冰冰称"范爷",实际上是对女性强大的贬斥。媒体的报道依旧脱离不开对家庭地位回归的规劝,因为这符合传统的"男主外,女主内"的观点,于是定式思维被社会延续至今。例如对于明星婚礼的报道,梁朝伟与刘嘉玲不丹婚礼、大S徐熙媛和汪小菲海南婚礼等,满足了自身探究明星生活的欲望,更倾向于"王子与公主从此过上幸福的生活"的典型的回归家庭的期待。

二、娱乐新闻中的女性形象类型的演变

娱乐新闻报道中的女性形象主要有四类：演员或歌手或节目主持人等角色、展现美貌和服饰的花瓶形象、嫁入豪门或与豪门密切关联的"好命女"或"拜金女"形象、彰显女性"性征"的被窥视对象。这四类按照年代的发展出现，或者在某时期同时出现。

早期的女性报道主要将视线聚焦在女性作为演员或歌手角色，将其演艺或歌艺作为主要内容进行报道，辅以花边新闻。如刘晓庆、陈冲在1978年电影《小花》中的出色表演，报道侧重对其演艺成长道路、演技方面。以20世纪80年代《大众电影》的封面人物为例，女星比例较大，基本上是当时放映的电影的女主角剧照，如《庐山恋》的张瑜、《寒夜》的潘虹、《娘嫂》的宋佳、《非常大总统》的张晓敏、《红高粱》的巩俐等，体现的是健康自然而各具特色的女性美，而非仅仅外貌形体的性感。受众对女星的关注态度亦在于与其相关的剧情、演技、服饰等方面，甚少涉及女性的脸型、身材，或者隐私。

20世纪90年代以来，娱乐新闻逐渐市场化，尤其展现女星的外在形象，如"玉女"和"欲女"大行其道，以周慧敏和叶玉卿为代表，展现清纯的美貌，或性感的三围。女星形象沦为"被看"的花瓶，她们的内在思想被抽空，只剩被肢解的身体。随着娱乐新闻国际化的视野，对国际明星也有了相关的报道，尤其是奥斯卡颁奖典礼等，国内媒体重磅转播或报道相关

内容，以走红毯的女星为重点报道对象，大篇幅评论女星身材与着装，尽显媒体之挑剔与苛刻。一方面使得受众获得时尚信息，另一方面忽视女星的演技及个人努力而聚焦于外在形象。报道又常配以"视觉盛宴"此类词语，引导受众对明星的赏玩心理。

娱乐新闻偏重对女星的"另类"身份的报道。如1994年林青霞与香港富商邢李原结婚的新闻，引起海峡两岸暨香港、澳门的广泛关注。女星嫁入豪门成为娱乐新闻的重要内容，巩俐、伏明霞、温碧霞、杨澜、黎姿、李嘉欣等嫁入豪门的消息，都登上各大报纸电视杂志的头条，深入挖掘豪门的身家、资产，分析豪门内部关系网。媒体和受众对豪门津津乐道，使得此类报道大行其道。后续报道则是女星嫁入豪门后成为生育工具，或者遭受家暴等，再次抢夺销量或收视率。

媒体及其经营观念进一步发展，为满足市场的窥私欲和男性读者的审美观感需求，彰显女性"性征"的报道比重增大。如"艳照门""兽兽门""厕所门"等，以冲击受众眼球的态势，将女星隐秘的身体暴露于大众视野。"性"作为一种文化消费现象，诱惑充满偷窥欲望的大众，而对炮制者来说，受众在消费文化中不断购买产品、消费商品，是娱乐文本走向成功的标志。炮制者借大量感官化的描写博得大众的青睐，勾起受众的欲望。"艳照门"是无意中流入市场的"性消费"，而之后的"兽兽门""厕所门"等则是经过设计以博取市场目光的行为。"在禁欲主义的时代，欲望被大胆表现具有革命性，在身体被禁锢的年代，裸露则具有颠覆性。但是，在物欲和肉欲横流的时代，对身体和性的过度张扬，非但不是革命的颠覆性的，反而是堕落的征兆。"[1]

根据对2007～2017年的《南方都市报》每月的抽样调查发现，2007年《南方都市报》对于明星的报道还较少，主要以本土新闻、时政评论、文化介绍等为主。2008年奥运会前后，《南方都市报》对于明星的报道篇幅激增，从过去的每期3～5版无关痒痛的娱乐事件报道，到2008年时开设了南都娱乐副刊。关于明星的娱乐报道大篇幅进入公众视野，多以女星为主，涉及性、性感的话题，如"豪乳""美腿"等文字，配以大篇幅的女性脸部或身体曲线特写。

目前大多数娱乐报纸、杂志封面和内容里充斥的性感女郎几乎成为一个标识，这些大胆、鲜辣、性感的女郎图片及招摇的文字，彻底暴露了媒体及市场的男权意识，毫无遮拦地把女性置于被看的角色，女性的主动性被完全否定。男性文化孕育了媒介模式，媒介模式又反过来反映并强化了这种文化。而同时又将看到，在此类事件中，女性又极为主动地展现"性征"，以获得成名的利益。女性主动迎合市场的窥视欲，如同商品一样陈列在受众面前，具有显著的市场消费功能，实质是女性以性作为消费手段，男性消费着性。

---

[1] 王周生《关于性别的追问》，第139页，学林出版社，2004年。

三、娱乐新闻传播的负面影响

（一）不利于社会道德的建设

媒体的娱乐报道主要集中在对于女星的身体关注，以获取更好的受众反馈或提升发行量，而受众更多关注的是信息能否满足个人的需求。概括来说，除了对信息需求的满足外，对女性形象的报道，更多的是满足了受众（尤其是男性读者）的心理情感需求，包括好奇心、窥私欲、对女性美的感知需求等，这也就可以解释香港《太阳报》《苹果日报》有较大的发行量的原因。而过度的娱乐化会导致媒介放弃其社会责任，为追求销量，"狗仔队"无所不用其极，侵犯隐私权，置个体生命于不顾。如1997年"狗仔队"为追戴安娜的新恋情，导致美人车祸香消玉殒，此事件引起许多媒体的探讨与反思。

娱乐新闻有时会在社会中掀起热潮，为媒体的进一步报道和引起关注提供了条件，如"艳照门"事件，从初始的窥视，到后来从社会道德、法律等层面对此事件进行的探讨，引起较大的社会反响。然而，大众对于明星丑闻的"健忘"和轻易"原谅"，使得部分名不见经传的女星企图通过暴露身体"性征"得以成名，尺度无下限，挑战受众的道德底线，如车模干露露的各种"豪乳""露点"花边八卦层出不穷，从而获得了一定的知名度。然而此举对社会造成不良影响，培养了受众的顺从心理，削弱了他们的辨别力和对社会的批判精神。

（二）审美情趣的低俗化

同时，娱乐新闻对花边消息的无限追求，导致庸俗化的倾向。娱乐新闻往往关注女星的整容、身材、恋情、穿着等方面的内容，而忽视其自身的演艺。受众的关注点聚焦于女性的"豪乳"、多角恋情、金钱关系，必然导致对音乐、表演等艺术的无视，艺术对人类的精神上的愉悦体验、情感上的超功利性的作用荡然无存，只有形而下的追求，则大众精神贫乏、审美低俗现象无可避免。

（三）对广东女性传统风尚的颠覆

广东曾有过"不落夫家"和"自梳女"的习俗，为了不受男权的压迫、婚姻的束缚，她们或者选择有名无实的方式，或者以更决绝的方式自梳以示终身不嫁。虽然自梳是有特殊的历史背景，且放置于今天重新审视，会发觉当时女性的无奈，但是在当时，此举无疑是女性做出的一种抗争，是女性为争取独立而踏出的勇敢脚步。即便后来顺德一带缫丝厂没落，这群自梳女去南洋打工，依然保持独立自主的人格。

娱乐新闻对女性的着重报道，传播的是女性作为风景、花瓶形象的"物化"存在，而非具有主体意识的人。"历史上，人们对妇女的认识和女人的群体身份是一致的：把她看作一种'物'的形态对象化，并从'人'的主体意识中异化出去了。女人作为对象在人的意识中'物化'的结果，无意中又强化了女人在男性中心社会中的'物'的作用——她成为一种可猎取的价值（与其他物一样），与男子的现实生活发生私人性质的关系。"[1]媒介按照男性目光、思维塑造女性，女性按照男性的标准塑造自我形象，展现的形象是代表男性目光的客体。同时，她们竭力体现出配合的趋势：不仅不反对男性的"窥视"，而且主动地"展示"——这种姿态其实是对世俗的迎合。因而，女性独立与解放的内涵被切割，退回到依靠身体获取生存的境地，对女性文化建构无法起到推动作用。

结　语

娱乐新闻传播在传递明星花边信息之上，有一个更宏大的目标即女性精神的解放。当下娱乐文本正是在这里暴露出它的肤浅——仅注意到女性身体而不是女性精神。因此，解放了身体的女性又变成了欲望的奴隶。

精神的匮乏和非理性导致目前娱乐新闻传播的困境，庸俗化的内容，无限追逐挖掘隐私，女性主体的地位全面隐退。故要清醒认识这一匮乏，重返理性思考。

---

[1] 李小江《性沟》，第28页，生活·读书·新知三联书店，1989年。

海丝文化背景下的古村落保护

古建筑与村落发展的关系探析

——以广州琶洲为例

袁海燕　黄仕琦[1]

关于古村落建筑的研究，历来备受学者关注。有通过古村落建筑物研究古村落符号的内涵，如王杰通过徽州建筑文化的脉络，探讨了徽州古村落在中国传统风水上的实践意义；[2]廖文通过重点描述广东始兴县几处较为典型客家古村落建筑实例，对始兴县古村落建筑文化进行了记述。[3]本文试图通过分析广州琶洲塔与琶洲村的历史发展轨迹，探析古村落与建筑符号的关系。

---

[1] 袁海燕，华南农业大学华南生态史研究中心主任；黄仕琦，华南农业大学华南生态史研究中心研究生。
[2] 王杰《徽州烟雨——透过建筑看徽州》，机械工业出版社，2009年。
[3] 廖文《始兴古村》，华南理工大学出版社，2011年。

一、宋元时代的琶洲港口

南宋时期，大量北方移民南迁，先后在珠江三角洲聚族定居，广州琶洲村就是一个在南宋建村的村落。村中故老介绍，该村大姓徐氏族人由珠玑巷南下，分为四路，分赴琶洲、赤沙、台涌、江贝定居。定居于琶洲的始迁祖为元魁公。

当时琶洲还是一个江中小洲，因洲上有低丘台地，形似琵琶，故称琵琶洲。宋代史料记载："琵琶洲，在南海东，以形似名。"[1]虽然其中并没有对琶洲做太多的描述，但可以肯定的是，南宋时期，琶洲已经是船货的集散之地，如《南海百咏》所记："俗传洲在水中，与水升降，盖海舶所集之地。"[2]这里写到琶洲不再是简单的地理标识，而成为岭南商贸的码头。元代以后，外国船只可以直接行驶到琶洲登陆。据《元史》所载："贡使行至三佛齐国，又行十八昼夜，夜峦口水口，历天竺，至宾头狼山，望东西王母坟，据舟将百里，又行二十昼夜，度羊山，九星山，至广州之琵琶洲。"[3]琶洲成为广州的地理标识之一。

从南宋开始，已有移民定居于僻处城东南隅的琶洲。不过，宋元时代，琶洲仅仅是岭南一个供船只停泊的集散之地，村庄聚落形态规模较小。

---

[1] （宋）王象之《舆地纪胜》（卷八十九·广州），第3059页，四川大学出版社，2005年。
[2] （宋）方信孺《南海百咏》（琵琶洲），第34页，广东人民出版社，2010年。
[3] （元）脱脱《宋史》（卷四百八十九），第14095页，中华书局，1997年。

二、明代的琶洲塔

明代以降，随着对岭南地区开发的深入，琶洲因地理位置的优势而受到了更多关注。明中后期，南海士大夫为了推动广东科举事业发展，采风水形胜之说，请求地方官员在广州兴建风水塔。因当时的狮子洋还十分广阔，琶洲地处广州珠江出海口位置，故被认为是省城水脉的关口，必须立一座风水塔，以保持其脉气所在。[1]在得到官方的许可后，琶洲塔即于明万历二十六年（1600年）兴建。除琶洲外，赤岗、莲花山也相继修建了风水塔，由此形成了广州"三塔三关锁珠江"的风貌。

琶洲塔建成之后，官府又在塔下建寺立庙。时任两广总督的戴燿在塔下修建了海鳌寺。据传，寺庙的兴建源于当地的一个传说。传说明代南海有风水先生发现南方瑞气呈祥，于是向地方官员报告。官员到地方视察，果然发现广州珠江南岸地区从赤岗至琶洲至莲花山一带呈潜龙之象。皇帝得知后，害怕南方龙气有损皇家气脉，于是下旨起塔镇压。在起塔的过程中却屡起屡塌。后来得到一位海鳌化身的神仙的帮助才兴建成功，于是地方官员就发起乡绅们兴建海鳌寺，以纪念这位神仙。由于缺乏历史记载，该传说的真实性已经不得而知了。但明末清初时期的士大夫显然并不这样认为，如屈大均则认为寺庙命名海鳌，是由于水中常有金鳌浮出而得名："其东二十五里有滘

---

[1] 冼剑民，陈鸿钧《广州碑刻集》（琶洲鼎建海鳌塔记），第1069页，广东高等教育出版社，2006年。

洲，当二水中，势逆而面巽，有二山连缀，穹然若魁父之丘。其内一山，石冢高平，于是又塔其上。以其水常有金鳌浮出，光如白日，因名曰海鳌之塔。"[1] 屈大均的解释也为后来的人接受，并在以后的文献中得以流传。

塔，本是埋葬高僧的坟墓，一般塔下都有作为供奉的寺庙。从印度传入中国后，塔被改造为起风水形胜之物，塔的形制也成为道教与佛教结合的产物。从琶洲塔形制可以看出，塔身底座是八角形状，底座四周皆有八卦符号，而塔内均砌佛龛，塔下建有海鳌寺。

海鳌寺建成之后，戴燿为寺置了数十亩田地，作为寺庙的经济基础，如记：

> 海鳌寺，在东南琶洲巽位上。万历中勋乡郭棐、光禄丞王学曾倡议九级浮屠，以塔通省气脉，葺寺三座于前，中为制府戴燿生祠，置香灯田八十三亩零。崇正间住持僧以赌荡废，致香火缺然，寺宇倾圮。后太学生杨瑞徵捐资，倡里人徐、郑等修三殿，凡寺田以赌荡废者悉赎回，为本寺香火。[2]

明代后期，琶洲附近的乡村聚落也得到了很大的发展。徐、郑氏族已经被纳入国家户籍，成为编户齐民，即资料中所说的"里人"。

---

[1] （清）屈大均《广东新语》（卷四十九·坟语），第502页，中华书局，1985年。
[2] （清）孔兴琏等纂修《番禺县志》，康熙二十五年刻本。载广东省地方史志办公室编《广东历代方志集成》（卷八·建置），第396页，岭南美术出版社，2009年。

三、清代的琶洲村

清乾隆二十二年（1757年），清朝实施一口通商政策，黄埔港成为中外贸易唯一的窗口，位于黄埔港后方的琶洲，地位也与日俱增。

不过，琶洲村的发展还是要倚赖于琶洲塔。作为珠江中的砥柱，琶洲塔起到了商贸水道的导航作用。清代，商船从外洋进入中国，先是远望到莲花山塔，代表着进入了狮子洋；接着是琶洲塔，表明进入黄埔古港；最后看到赤岗塔，意味着要进入省城。因此，琶洲塔不仅是广州的航标，而且还成为中外人士游览的重要景点，被誉为"琶洲砥柱"，成为清代"羊城八景"之一。

由于琶洲塔的重要性，清代先后两次对琶洲塔进行维修。一次是在清嘉庆十九年（1814年），另一次是在清道光二十四年（1844年）。关于道光年间的修建，史料上有较详细的记载。出资维修的是广州十三行行商潘仕成和伍崇曜，而督办工程则交由地方官员办理。如记：

> 我粤省会城隔河，赤岗、琶洲两文塔经营均始于明代，形胜实关乎省垣，水复山重，民安吏恪……所有修塔经费皆潘某、伍某两人捐出。董事者即委知县徐序经、教谕黄元章、训导谭莹等三人。[1]

---

[1]《乐志堂文续集》卷二，第291~292页，载清代诗文集汇编编纂委员会《清代诗文集汇编》，上海古籍出版社，2011年。

据村民的说法，登上琶洲塔顶后再去海鳌寺参拜，会很灵验。因为琶洲塔锁住省城的水脉，是风水宝地。清代以来许多人都来这里登塔祈福，留下了大量诗句。如：

诸子登鳌峰绝顶

兹峰何玉立，艳色绕苍茫。
渔艇散城市，人家为水乡。
穿云浮远树，飞鸟极斜阳。
遥浦澄如海，禅灯发夜长。

鳌峰绝顶，琵琶洲最高一石名海鳌石。明万历二十八年（1601年）在此建塔，叫海鳌塔，后叫琶洲塔。鳌峰绝顶，即登海鳌塔的最高处。[1]

塔、寺的兴盛，在很大程度上带动了琶洲村社的发展。清代，琶洲村规模不断扩大，建有独立的村社，村民设坛拜祭，并有一套严密的仪式进行祭祀，如记：

吾禺琶洲之乡，当珠海上游，踞夫胥之口，潮汐出没，而东注鳌洲，浮屠在焉之。徐为著姓，其地东西皆有社，而东社在乡之中，旁居人，面大海，其为德于徐氏旧乡矣。……戊寅秋，其族谋新之，高其坛壝示尊也，树以嘉木志表也。为亭于其前，以为饮福聚会之所，复醵金为锦，以颂于神。凡丽东社者，皆与焉。今徐氏之社，坛而不屋，其制古也；句龙以配，其神古也；祭祀以时，不僭

---

[1] 陈景锴《海珠古诗录》，第95页，新世纪出版社，2008年。

不忒，其祭古也；祭之日古声渊渊然，达于海岸，老者率先，幼者在后，割牲宰肉，饮福致胙，其人古也。吾于以观风俗之淳焉，于以观乡俗之古焉。[1]

从中可以看出，琶洲村的祭社仪式，古典淳朴，为接受传统的儒家所认同。从祭祀的规模可以看出，村落的经济发展水平并不低。生活在其中的徐氏、郑氏，在经济增长的同时，也重视家族人才的培养。清代涌现了不少人物，如徐璿，是康熙年间的地方文人，精于诗韵，编写了《扶胥集》，流传后世，[2]徐序经，清嘉庆十五年（1810年）举人，曾任贵州知县，在地方屡有功绩，为官清廉；[3]郑恺，咸丰年间到广西投军，后杀贼有功，被擢升官职，到各县为官，在地方治理病灾，修建堤围，有不少声望。[4]

过去名不见经传的琶洲村，在清代以后，有关村落的历史记载与社会活动也较先前增加了不少。琶洲人开始较多参与地方公共事务。如清乾隆三十八年（1773年），番禺绅士提倡捐资兴助义学，编修志书。琶洲徐氏敦叙堂作为当时的捐助义事者被留名于书后。清光绪七年（1881年），番禺县四司

---

[1] （清）吴翌凤《清朝文征（上）·琶洲徐氏颂社文》，第759~760页，载任继愈编《中华传世文选》，吉林人民出版社，1998年。
[2] （清）李福泰修，史澄等纂《番禺县志》，同治十年刻本。载广东省地方史志办公室编《广东历代方志集成》（卷四十三），第549页，岭南美术出版社，2009年。
[3] （清）李福泰修，史澄等纂《番禺县志》，同治十年刻本。载广东省地方史志办公室编《广东历代方志集成》（卷四十七），第677页，岭南美术出版社，2009年。
[4] 梁鼎芬等修，丁仁长等纂《番禺县续志》，民国二十年刻本。载广东省地方史志办公室编《广东历代方志集成》（卷二十二），第351页，岭南美术出版社，2009年。

筹集册金置买田地，琶洲乡徐姓作为捐助者也在番禺册金案公示后留名。[1]

四、结语

宋代，琶洲已经成为南宋移民的定居点，并且成为广州重要的水道码头。明代以后，琶洲塔及海鳌寺的修建，对琶洲村意义重大，一个默默无闻的江中小村逐渐为世人所知。至清代，琶洲村不但拥有较独立的经济社会基础，而且通过参与番禺的地方公共事务，不断扩大其村落影响力。从琶洲村的历史轨迹中可以看出，建筑符号与古村落的发展息息相关，反映了古村落历史时期社会发展的内涵。

---

[1] （清）李福泰修，史澄等纂《番禺县志》，同治十年刻本。载广东省地方史志办公室编《广东历代方志集成》（附录），第682页，岭南美术出版社，2009年。

历史文化村镇地标系统浅析

刘渌璐[1]

保护既要对过去进行探析，尊重历史遗迹，又要考虑现存结构，选择合适的方式连接过去、现在与未来。本文从与以往不同的角度来分析历史文化村镇的景观特色，希望以对历史文化村镇地标系统的保护为基础来延续历史文化村镇特色。

一、历史文化村镇地标系统的定义与内涵

（一）村镇地标的定义与特点

地标是由英文单词"landmark"翻译而来，在英文解释里是指在空间上和时间上具有标识或转折作用的事物，从实体形态的山川、河流、建筑等到特殊的历史事件、社会制度等，广

---

[1] 刘渌璐，暨南大学理工学院讲师。

义的地标涵盖了物质和精神两个层面。[1]地标的研究主要是运用于对城市形态的分析上，最被人熟知的是地标作为凯文·林奇[2]的城市意象五要素之一，[3]对于村镇地标则很少有人提及。本文所研究的地标概念是从狭义上来分析，即研究目标是仅锁定在空间上具有标志性作用的村镇空间形态，及同时在心理和地理意义上具有标识作用的空间构筑物。

要成为村镇的地标必须具有以下三个特征之一：第一是景观的异质性，城市地标讲求形成强烈对比的关系，而村镇地标则注重在与自然环境的差异中求融合，所以村镇的背景山川、穿越村镇而过的河流都可能成为地标（图1）；第二是功能异质性，城市地标大多因其场所的公共性质而使其形象更具有传播效应，历史文化村镇中的祠堂、寺庙、祖宅等，

图1 侗寨穿流而过的水道成为最显著地标

---

[1] 刘渌璐《城市地标系统建设理论与方法研究》，湖南大学，2007年。
[2] 凯文·林奇《城市意象》，华夏出版社，2001年。
[3] 凯文·林奇城市空间的"意象"看作由路径、边沿、区域、节点和标志五种元素构成，企图以此揭示城市空间的本质。

图2 广州小洲村布置在一大片民居中的地标寺庙

也因其类似的文化含义而成为村镇地标（图2）；第三是其在景观结构的地位，有些地标位于主要交通要道或具有形式语言寓意，该寓意与一定的自然、文化或区域属性相联系，这些地标能传辞达意而成为景观意义的重要表征，如一些少数民族村落位于重要位置的古树（图3）。

根据以上特点，结合历史文化村镇的特征，按人工化程度可以将历史文化村镇地标归纳为两大类。第一类是自然地标，包括山、水、古树名木，其中水涵盖了河、溪、泉、潭。不是所有的山、

图3 云南喜洲古镇村口大树

水都能成为地标，必须是能代表历史文化村镇的结构形态特色的山、水，也非所有的古树名木都能成为地标，仅指位于重要节点位置或对当地居民来说具有重要意义的古树名木。第二类是人工地标，镇的地标主要有桥、戏台、塔、庙宇、家祠、书院、城墙、过街楼、亭、碑等；村的地标主要有塔、祖宅、牌坊、桥、戏台、庙宇、宗祠、书院、过街楼、池塘、码头、碑、寨门、场坝等。[1]

（二）村镇地标系统的内涵

历史文化村镇的整体景观组成要素颇多，将地标单独提炼出来不是为了脱离村镇整体环境去谈景观特色塑造，而是为了加强环境要素之间的联系，最终是期望将历史文化村镇地标按照一定的秩序和内部联系组合起来，形成互动性更强的开放系统，提升人们对历史文化村镇的场所认同感。

村镇地标系统也具有所有系统的共同的基本特征：整体性、等级结构性、开放性、动态稳定性。这些基本特征同时也是地标系统保护所要达到的目标。深究历史文化村镇地标系统的作用，主要表现在三个方面：

第一是从历史文化村镇的结构形态来看，地标系统的最大作用在于强化村镇结构肌理和景观特征。历史文化村镇与一般村镇的最大不同，也是其最吸引人的地方在于其结构形态和景观的特色性，而这些大都通过地标表现出来。将这些凸显的地

---

[1] 彭一刚《传统村镇聚落景观分析》，中国建筑工业出版社，1994年。

标看作一个整体的系统，会感觉历史文化村镇的特色更明显，景观特征也更为清晰。[1]试想走近一个历史文化村镇，从远处观望吸引人前往就是靠它自然环境的独特，走入村镇之后，在蜿蜒曲折的巷道中走，给人以深刻印象的是各个地标。历史文化村镇空间形态大多会出现因自然生长、发展而产生的功能混合、无明确分区的形态特点，很多节点空间与街道之间也无明确空间限定。地标则能够强化节点空间的场所感，而且在村镇中大多以人行走为主，也以行走为尺度，很多地标不走近是无法发现，但在经历了统一风格的连续视觉感受之后突然看到地标所带来的惊喜，会使村镇给人的认知印象更为深刻。以黄姚古镇为例（图4），行经整齐划一的临街店铺，突然看到一座布置与街道走向形成一定夹角的地标寺庙，从寺庙旁又走入一段曲折回转的道路，行经小段到地标坊门，通过坊门视野豁然开朗，但在开阔视野中又出现了标志性的凉亭和古树。一路走来

街道————地标（寺庙）————街道————地标（坊门）————地标（亭、古树）

图4 街道行进序列图

---

[1] 梁雪《传统村镇实体环境设计》，天津科学技术出版社，2001年。

各种景象，通过地标使得行走景致闭合有度，如乐章演奏般渐入高潮。

第二个方面是从历史文化村镇的旅游发展规划方面来看，地标系统的塑造最易激活村镇历史场景。历史文化村镇中的地标其实是中国传统思维和生活方式的产物——风水观念选址而对应的山水，家族观念对应的宗祠、祖宅、牌坊，社会交往模式产生的水井等。地标作为村镇文化的代表，诉说着村镇古老的历史。虽然生活方式发生了翻天覆地的变化，但这些地标所代表的深厚文化还应继续延续下去，古老的传统如节庆仪式等都应尽量保留，这就需要地标来提供背景和场所。图5、图6是广州大岭村每年端午节划龙舟时的景象；龙舟活动范围以某个地标为起始点，来回绕行在古桥、古树等主要标志物附近，这些标志物也成为人群主要聚集点，并为龙舟节附属活动如各村村民聚会等提供场所。

图5 划龙舟穿过古桥

图6 地标古树旁聚集看龙舟的人群

第三个方面是从历史文化村镇保护方面来看，地标系统的保护有助于延续村镇历史文脉。模糊美学的诞生为保护开辟了一条新的方向。模糊是在极为丰富多样的意义面前

图7 广东梅州侨乡村

的一种"目不暇接"的状态,进一步说,是由对多种意义的目不暇接所造成的一种"醉态"。历史文化村镇的新建筑或多或少都会占有一定比例,地标就起到新旧建筑之间的模糊临界地带的作用,也就是利用地标系统来创造一种环境的连续性,放大旧建筑的存在感。同时,地标系统的空间标志性作用叠合人们对特定区域的印象,使地标所在结点空间约定俗成地成为这一区域的代表。如图7所示,在众多新建建筑当中,还是能很明显地看到地标——一座村落最大最典型的围龙屋,作为核心地标强化了旧建筑群的整体形象。

二、历史文化村镇地标系统的构成

根据村镇整体结构和形态构成,可将地标系统分为宏观、中观、微观三个层次。

（一）宏观层次

村镇地标系统在宏观层次上主要作用是为村镇选址的重要参照点，所以这一层次地标以村镇四周及所处的特色山脉和水系为主。中国古代村镇无论处于什么地区，均追求负阴抱阳、背山面水的效果。这种环境具有良好的生态学价值：背后靠山有利于抵挡冬季北来的寒风，面朝流水有利于迎接掠过水面的南来凉风，还可获得良好日照，缓地附坡可避淹涝之灾，周围植被可涵养水源，调节小气候。从深层文化内涵来看，也可以说是受到中国传统风水思想的影响。风水的根源是"天人合一"的哲学思想，即"顺之以天理"，追求与天同源、同构，达成和谐统一的整体，村镇地标系统的宏观层次建立也正顺应此规则。首先，讲究因地制宜，对山水要素的选择讲求自然与人文的统一，其次，村镇的结构形态发展也跟着山水地标而走（图8）。

图8　广东连南南岗瑶寨

（二）中观层次

中观层次的地标主要有桥、塔、庙宇、家祠、书院、城墙、过街楼、祖宅、牌坊、巷门、宗祠、寨门、场次等。

中观层次的地标在村镇布局模式上起着功能性和标志性的作用，总体是在"攘外安内"的原则上建立的，又可分为两大类。

第一类是根据对外功能分析，包括防御性地标和标志性地标，它们所处的位置一般位于村镇的外围或者制高点。防御性地标的最初功能为抗击敌人的屏障，之后逐渐演化为警楼、箭楼、碉楼、阙、城墙一类。标志性地标则是充当"门"的作用，如牌坊、寨门。如侗族聚居的村寨，往往在村内重要的位置设立鼓楼和广场，它们既是村寨居民共同防御外敌的标志和指挥塔，也是村镇布局的重要参照点，以此为中心组织的村落具有较强的向心性和组织性（图9）。

第二类是在村镇内部，主要在于体现中国传统"伦理"与"礼乐文化"。这一类地标对村镇内部空间起到主要的标识和统辖作用，使得村镇的空间结构与社会结构达到契合，村镇的风貌与传统文化特征主要靠它们来体现，可分为三种：

图9 以鼓楼为中心的侗族村寨

（1）村镇特色景观节点空间：桥、码头等。桥对村镇整体景观能产生很大影响，尤其是对于水乡村镇而言，而且桥本身就具有一定的观赏价值。

（2）村镇共同的崇信祭祀空间：庙宇、宗祠、祖宅、家祠、塔等。以历史文化村落为例，按照其内部人口的家族组成情况，可以划分为两种类型：单姓村落和多姓村落。在那些一个宗族占据着统治地位的单姓村落中，祠堂或者供奉由自己祖先转化来的神祇的庙宇，成为村落内最核心的地标。而在多姓村落中，由于多姓村落中居民之间是一种地缘关系，那些与居住地相关的神灵是所有居民都关注的焦点。地方保护神或者主管某个重要地方资源的神灵往往得到居民的格外关注。对它们的献祭活动就成为所有居民都要参加的最为重要的仪式，所以供奉这些神祇的建筑物就成为核心地标。

（3）村镇的管理设施，包括申明亭、旌善亭等。

（三）微观层次

村镇地标系统的微观层次注重在与社会生活组织密切相关的功能上，所以那些将人们凝聚在一起的地标在此范畴之内，这些地标为人们生活创造邻里空间，成为村民生活联系的纽带，可分为两种。

（1）基本生活设施，包括水井、水塘、蓄水池。蓄水池又叫涝池，可以将夏季的雨水保存下来，在旱季时支持居民的生活生产。在很多历史文化村落里，蓄水池都是村民最关键的生活设施。

(2)休闲娱乐设施,包括檐廊、风雨桥、古树、戏台广场、晒场。这些地标给人们增添生活乐趣,是居民日常交往的主要场地。如晒场,是村民纳凉、谈情说爱或交往的场所。

三、基于历史文化村镇地标系统的保护原则

(一)宏观层次——自然与人文的统一

人们欣赏村镇整体立面的位置只能是在村镇边沿附近,主要是这里才有足够的观赏距离,从这里获取村镇的立面,层次也最多,因此,这一层次的地标保护着重于遵循古人的生态观念,保护村镇与山水融合的空间格局,使其与周围环境能够延续和谐共存。保护重点一般为河道及河道两岸一定距离内的历史建筑,使人们从外围看到村镇的第一印象就能对村落基本特色产生一定了解(图10)。

图10 广东梅州三河古镇

（二）中观层次——内容与形式的统一

中观层次地标的主要作用是为了让村镇的空间结构与社会结构契合，以此保持村落自身的完整性和稳定性，所以这一层面的保护重点在利用地标保持村镇原有骨架，延续其原有形态和功能特色。主要体现在整体风貌保护规划和空间景观规划上，如利用地标划分保护区域和重要节点，强化区域空间特征等。

（三）微观层次——官能感受的统一

微观层面的保护重点在充分调动地标对邻里空间交往的积极作用，尽量恢复原有生活场景。这是最容易被忽视的一个层面。在现今的保护规划中，经常只重视延续村镇外部物质空间的修复，却忽略掉对居民生活方式的延续。微观层面的地标如果利用得当，能使人们对历史文化村镇的感受不仅仅停留在走马观花式的观赏，更能切实地感受当地文化。

四、结语

关于历史文化村镇保护的理论有很多，笔者希望从一种新的角度来看到村镇景观的延续与塑造，所以选定了地标这个切入点，希望对以后这方面的研究能有所启发与帮助。

广东增城客家围龙屋发展衍变初探

杨星星[1]

一、增城客家源流

增城位于广东珠江三角洲东北部,广州市东面,隶属广州市。前汉,增城属南海郡番禺县,后汉始设增城县。据明清两代《增城县志》载:"后汉建安六年(201年),析番禺地置增城县。"

客家人大批迁入增城是在明末清初以后。编于清乾隆十九年(1754年)的《增城县志》卷三"品族·客民"条中明确记载了客家人明末清初入增的情况:"自明季兵荒迭见,民田多弃而不耕。入版图后,山寇仍不时窃发,垦复维艰。康熙初,伏莽渐消,爰谋生聚,时则有英德、长宁人来佃于增。村落之残破者,茸而居之。未几,永安、龙川等县人亦悄悄至。当清

---

[1] 杨星星,华南理工大学建筑学博士。

丈时，善税之占业者浸广，益引嘉应州属县人杂耕其间，所居成聚。"在这一时期，迁增的客家人有数十姓之多，来源既有江西、福建等外省的，但更多的是来自粤东及粤北新丰、英德等地的客家人。据增城市1990年第四次全国人口普查资料，增城总人口64.54万人，农村人口53.78万人，其中农村操客语的有21.1万之众，占农村总人口的近40%。增城境内广府人即本地人主要聚居点在增江两岸和中部、南部的平原地带。客家人主要聚居点在增城北部和东北、西北部的山区和丘陵地带。[1]在全市300个行政村中，纯客家村有90个，土客杂居的有74个，合计164个，约占全市村落的55%。客家人口中程乡口音（粤东梅县一带）者占75%，长宁口音（粤北新丰）占25%。[2]

二、粤东围龙屋在增城的播迁

目前，尚未有增城客家围屋数量的一个准确的数量统计，根据笔者调研情况，在增城每个客家行政村中至少则保存一座客家围屋，若以增城164个客家行政村来推算，保守估计在增城至少有两百座以上客家围屋。根据笔者十余次在当地的实地勘察和《广州市文物普查汇编·增城市卷》相关统计，其中主要类型有三种：围龙屋、枕式围龙屋和堂横屋。其中，堂横屋数量占有绝大多数。

---

[1] 该图系笔者根据1995年版《增城县志》，第871页相关内容所绘。本文所有照片拍摄及测绘制图均由笔者完成。
[2] 增城市地方志编纂委员会《增城县志》，第870页，广东省人民出版社，1995年。

增城客家人中大部分是来自于嘉应属县（今梅州）。在粤东客家地区，围龙屋是明清时期当地一种相当成熟的民居建筑模式，也是梅州客家民居中的主要建筑模式。其形成时间，保守估计在南宋宝祐（1253～1258年）年间，距今约有800多年，分布核心区在今粤东梅州地区的梅县、兴宁市、蕉岭县等。[1]一般而言，客家人在迁入本地区时建房更容易模仿原居地的建筑形式，这样必然会将其粤东客家地区盛行的民居形式——围龙屋带到这里。增城现存围龙屋形式的客家的围屋数量并不多，根据2008年广州市文物普查资料，传统形式的围龙屋在增城仅存两座——派潭镇河大塘围龙屋和中新镇坳头村光布围龙屋[2]。

河大塘围龙屋始建于清康熙五十五年（1716年），系河大塘村石氏始祖石建州于康熙年间率族人自广东嘉应州兴宁县黄陂竹园迁到河大塘开基时所建。围屋坐西朝东，前方后圆，通面阔35.40米，通进深31.20米，建筑占地面积1105平方米，整体格局为上五下五两堂两横一围龙（图1）。屋前有禾坪和半月形水塘，屋后有风水林。大门入口采用凹斗门形式（图2）。两堂间天井两侧有走廊通两侧天井。堂屋左右侧各4间横屋，堂屋后有12间围屋间，后围龙正中为龙厅。室内地平为夯土地面，以卵石铺地，后部花胎及屋内天井均以卵石铺就（图3）。建筑墙体下部为三合土夯筑，上部土坯泥砖，围屋正立面批白灰。

---

[1] 房学嘉《从高屏六堆民居看客家建筑文化的传衍与变异》，载《台湾研究辑刊》2004年第2期。
[2] 陈建华《广州市文物普查汇编》（增城市卷），第531、544页，广州出版社，2008年。

图2 河大塘围龙屋正立面

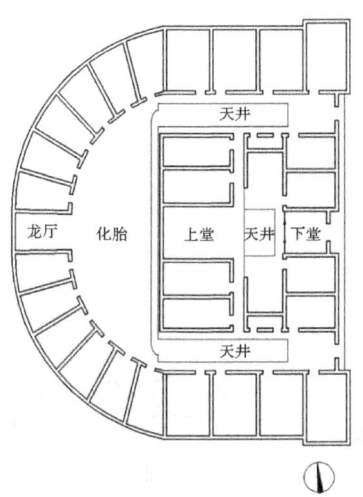

图3 河大塘围龙屋后部花胎

图1 河大塘围龙屋平面图

光布围龙屋位于福和镇坳头冈埔村，为陈文渠于清康熙五十四年（1715年）自本村坳头迁来所建，坳头则是陈文渠父亲陈如兰于清康熙三十四年（1695年）自梅州蕉岭县石礤乡迁来开基。光布围通面宽38.8米，通进深40米，建筑占地面积约1544平方米，整体格局为两堂两横一围龙，与河大塘围龙屋格局近似（图4、图5、图6）。屋前有禾坪和半月形水

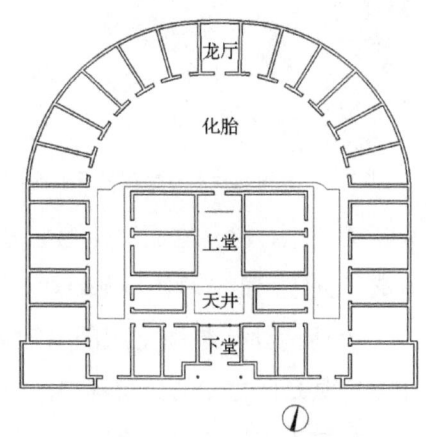

图4 河大塘围龙屋平面图

图5 光布围龙屋前景

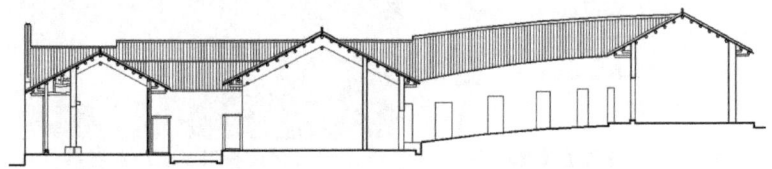

图6 光布塘围龙屋纵剖面图

图7 光布围龙屋入口前廊梁架

塘，屋后有风水林。三开间门廊式大门，前廊梁架各步梁采用客家常见梁形式（图7）。两侧横屋各5间，横屋山墙采用镬耳山墙形式。围龙屋墙体1.1米以下为夯土，除正立面墙体上部为青砖材料、其他部分多用土坯砖。据考，青砖墙体和龙船形正脊当为后期改建之物。

上述两处传统围龙屋的兴建者均是从粤东地区迁来，其中兴宁县是围龙屋的分布集中区，蕉岭县也有较多的围龙屋分布。相较于兴梅地区大量现存的各个时期的围龙屋，这两座围龙屋规模较小，建筑较为简陋，但平面型制与兴梅地区的围龙屋基本一致，具备围龙屋的各个基本组成要素，如水塘、晒坪、堂横屋、围龙部分、风水林等，由此可见这两座围龙屋直接承袭了其原居地粤东地区客家围龙屋的形制。另外，这两处客家围的建筑材料均以夯土和土坯砖材料为主，梁架简单，天井以及化胎铺地材料使用鹅卵石这类唾手可得的材料，这都反映客家人初到增城时经济上的拮据。

毫无疑问，以上两处兴建于康熙年间的围龙屋说明，客家人在迁入增城时，将其原居地所盛行的民居形式即围龙屋带到了这里，它是增城客家人迁入增城后建造的主要民居模式之一。但这两处围龙屋并不能说明围龙屋就是增城地区客家围屋发展之唯一源头，因为在粤东客家地区，围龙屋也只是当地众多客家民居类型中的一种主要形式，在当地也还有很多堂横屋形式的客家民居。如陈文渠的父亲陈如兰从蕉岭初迁增城时所建坳头村老屋就是堂横屋的形制。[1]

由于堂横屋与围龙屋之间的差别仅在于是否有后围龙屋的兴建。所以不排除在增城现存当中的堂横屋中，有最初兴建时是有后围龙屋的，但在历史的发展过程中都拆除了。派潭镇利径村围龙赖屋便是一例，当地村民赖文简先生在介绍其祖屋时告诉我们，在20世纪50年代时，在祖堂后面还是一条半圆围龙，但在后期的建设中村民将后围龙拆除，并在原址上加建了几栋房屋（图8、图9）。目前我们已难再觅当时围龙屋的痕迹，仅仅是从"围龙"这个地名感觉原有的记忆。

---

[1] 王李英《浅谈增城客家源流、发展与研究价值》，载《增城客家文化研究》，第23页，2008年。

图8 利径村赖屋前景

三、增城围龙屋的嬗变

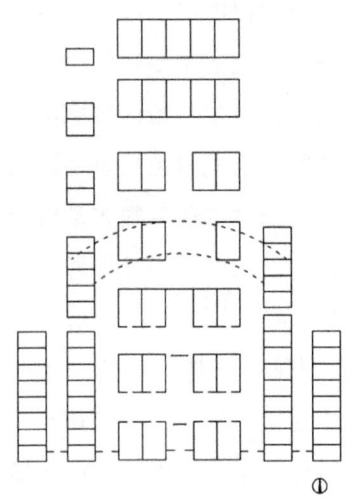

图9 利径村围龙赖屋平面示意图（虚线处为原有围龙屋位置）

清代以来，增城客家围龙屋的半圆形后围龙形态发生着由半圆向直线形的转变，即由半圆形的围龙转变为直线形的枕杠。这一类型的围屋多是在清末民国时期所建，现存数量亦不多，在笔者十余次的实地踏勘近四十个村落中，仅发现有四座此种类型的围龙屋——中新镇合益村永福魏屋、派潭镇鹅兜村陈氏碧峰家塾、小楼镇正隆村黄屋和正果镇旧刘村大夫第。这种形制的围屋在粤东兴梅地区也有多处实例，且建筑年代亦在清末至民国年间，当地称之为"枕式围龙屋"。

中新镇合益永福村魏屋建于清末民初年间。其整体格局为三堂两横前倒座后枕杠，但下堂简化为一走廊（图10、图11）。两侧围屋最初各有一花厅，现在已封堵作为私人居住住房。整个围屋的出入口较多，除前部倒座有两个大门外，两侧横屋也有两个小巷与外面

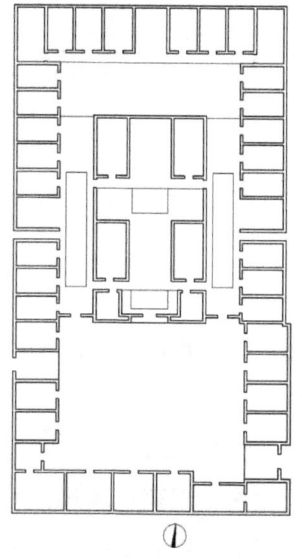

图10 永福村魏屋平面图

图11 魏屋祠堂入口

连通。堂屋正立面和其他墙体1.2米以下使用青砖，而枕杠屋、横屋墙体等多使用土坯砖建造。

派潭镇鹅兜村陈屋规模较大，总面阔75米，总进深42.5米，建筑占地面积近3000平方米，现状保存较好，平面格局为上五下五三堂六横一枕杠，枕杠为二层楼屋（图12、13、14）。围

图12 鹅兜村陈屋正立面

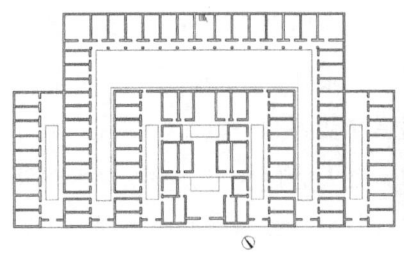 

图13　鹅兜村陈屋平面图　　　图14　鹅兜村陈屋后枕杠

屋外立面下部墙体采用三合土夯筑，上部采用青砖砌筑。根据大门门额题刻，此屋始建于1915年，枕杠部分并非与前部堂屋同一时期兴建，据屋内彩画所题年份枕杠部分兴建于1937年。

小楼镇正隆村黄屋，其屋现已无人居住，现存较残破，尤其是后部枕杠屋和两侧横屋部分坍塌较严重，但仍能辨明其基本格局为三堂两横一枕杠（图15）。据其凹斗门处墙楣彩画所题时间此屋建于1933年。黄屋的左侧横屋山墙为镬耳墙形式，右侧横屋山墙镬耳墙已缺失。

图15　隆村黄屋正立面

三处枕式围龙屋具有以下几个共同特征，一是建筑的正立面墙体上部都是使用青砖材料，而其他部分墙体，则下为三合土上为土坯砖；二是在建筑装饰上则体现出浓浓的广府民居风格，比如正脊形式，均采用广府民系建筑常见的龙船脊而非粤东客家地区常见的堆瓦正脊（图16）；三是其原围龙屋呈凸起状的化胎处已转化为一平整地面（图16、图17）。

图16a　魏屋下堂屋面龙船正脊与山墙搏风卷草灰塑　　图16b　陈屋上堂屋面龙船正脊与小式飞带垂脊

图16c　黄屋上堂屋面龙船正脊　　图17　永福村魏屋后枕杠

与前述三例枕式围龙屋不同，正果镇旧刘村大夫第的后围龙虽然为直线形，但其转角处却为圆弧状。旧刘村是由刘姓本地人和刘姓客家人共同建造，是一个广客共居的一个村落，其形制较为特殊，由"大夫第"和"瑞堂书塾"两部分组成，左侧"大夫第"部分建于清咸丰三年（1853年），右侧"瑞堂家塾"部分则建于清光绪八年（1882年）。村子坐东北向西南，村后植有风水林，村前为月塘、禾坪，禾坪两侧各建一门楼，建筑占地面积5033平方米（图18、图19）。

旧刘村始建于明万历年间，原为增城麻车在这里打长工的本地刘姓村民所住。清咸丰二年（1852年）本地刘的房屋被洪水浸塌，就请正果灯心㘵的客家兄弟刘瑞堂来重建村场，次年重建时是以客家人的居住形式所建，即为现存旧刘村大夫第部分。据旧刘村《刘氏族谱》记载，客家刘是从兴宁迁到博罗，后在清乾隆年间从博罗迁至增城灯心㘵再迁至正果镇旧刘村开基。旧刘村的大夫第建好之后，分一半给本地人居住，经抽签

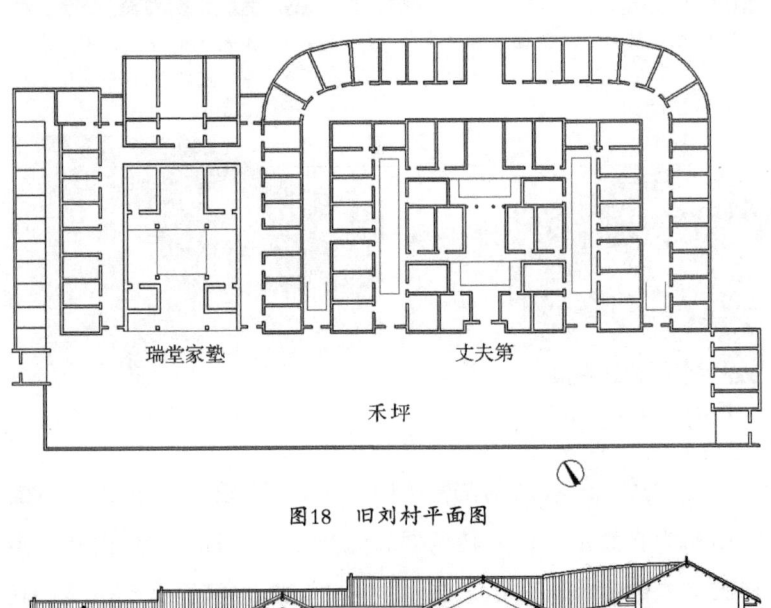

图18　旧刘村平面图

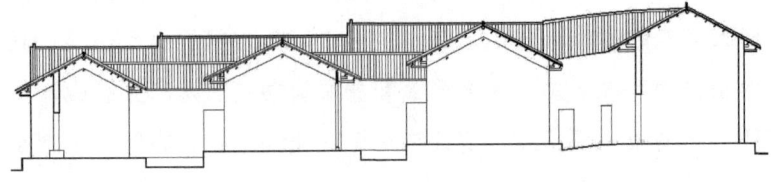

图19　大夫第纵剖面图

确定本地人住西厢,客家人占东厢,因本地刘姓与客家刘姓同一始祖,故在祠堂内共祭一个祖宗牌位。[1]

"大夫第"整体格局为上五下五三堂四横一围龙。正门入口凹斗门形式(图20)。正立面墙体下部为1.5米高夯土墙,上部以青砖砌筑,屋内上部墙体则用土坯砖砌筑。悬山屋顶,板瓦屋面,正脊以青砖排铺而成。

图20 大夫第外立面

与大夫第不同,旧刘村右侧的瑞堂家塾却完全以广府建筑形式建造(图21)。旧刘村作为一座广客杂居村落,其建筑体现了广客两种民系建筑文化的交融,其所具有的独特性颇具研究价值。限于篇幅,本文在此不展开讨论。

在旧刘村的对面亦有一客家村落"横排

图21 瑞堂书塾外立面

---

[1] 此部分笔者根据旧刘村老人刘仁伯先生所述和王李英著《增城客家文化研究》《张卫东、刘丽川教授深入岳村旧刘村与蒙花埔村调查考察》等资料整理而成。

里",系旧刘村中刘姓客家人于清光绪十六年(1890年)分出所建。横排里为增城地区所常见的客家堂横屋的形式,其整体格局为三堂八横格局,其中横屋有部分坍塌(图22、图23)。相较于旧刘村大夫第部分,不同之处其一在于后围龙已不兴建,其二在建筑装饰上广府风格更为突出。除在横屋山墙博风处、厅堂屋顶桁下墙楣处饰有黑地卷草纹饰外(图24),屋脊的正脊和垂脊分别采用了龙船脊两侧加博古脊底形式和小式飞带形式(图25),另外祠堂大门入口处前檐石柱础、次间檐枋虾公梁和前檐三步瓜柱梁架都是增城广府民居建筑中所常见形式(图26~27)。

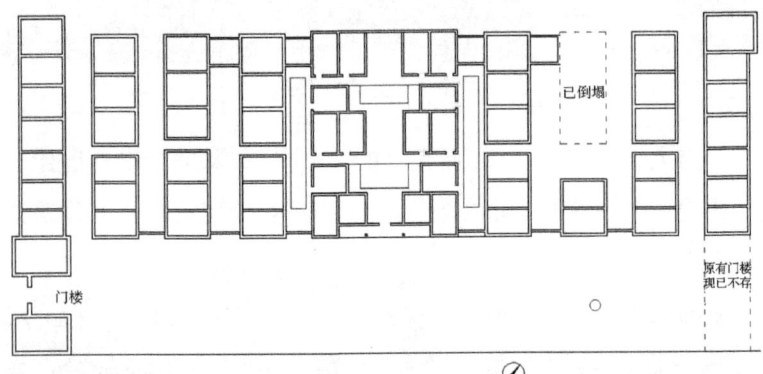

图22　横排里平面图

图23　横排里外景

图24 横排里中堂墙楣下黑地卷草彩描

图25 横排里祠堂上堂屋面龙船正脊和小式飞带垂脊

图26 横排里祠堂入口处前檐瓜柱梁架

图27 横排里祠堂入口次间檐枋虾公梁

四、结论

从康熙年间的河大塘围龙屋、光布围龙屋到咸丰年间的旧刘村大夫第，再到清末民初的中新镇合益村永福魏屋、派潭镇鹅兜村陈屋、小楼镇正隆村黄屋等，传递出围龙屋的后围龙由圆转方的变化趋势，其中旧刘村大夫第正是这一变化过程中的过渡形式。另外，我们也可以从刘姓客家人在光绪年间已不建后围龙的横排里，以及客家堂横屋在增城地区广泛分布可推定，在增城地区还存在着后围龙逐渐消失的趋势。这种消失包括两种方式，一是人为地将堂屋后的已有后围龙拆除；二是再建新围屋时，只建堂屋和横屋，而后围龙已不再建设。清代以来，尽管增城的客家围屋处于不断地演进当中，但仍然恪守着以祠堂为中心，住宅环绕祠堂而建的传统模式。这种"中正无邪"的建筑布局，易于显出尊卑与和谐的秩序，位于中轴线上的主要构图因素，具有尊严的效果[1]。这一建筑形式的传承表现出客家人重本溯源，"慎终追远"的精神特质，也体现出客家强烈的族群认同心理和宗亲意识。

同时，增城地区客家围屋在清代发展流变过程中也在吸纳广府建筑文化中的精华，表现在一些原有客家围屋建筑所无的，且表现力更强的广府建筑中的许多装饰手法和装饰题材，很快被吸收进来。客家人在初迁入增城时，经济实力有限，其所建围屋整体上较为朴素，较少装饰。经过一段时间的休养生

---

[1] 萧默《萧默建筑艺术论集》，第106页，机械工业出版社，2003年。

息，有了一定的经济实力后，在后期所建的围屋中，其装饰的手法逐渐丰富起来。首先从外立面来看：梅州客家传统民居的外立面的色彩以对比色为主，即黑瓦屋面和白色墙面的对比，有朴素大方的效果。而增城客家围屋其外立面墙体多采用青砖砌筑，这一变化反映出客家人审美观念的变化，是广府建筑文化影响下的结果。其次，增城客家围屋在屋面正脊、垂脊多采用广府民居常见的龙船脊以飞带式垂脊，还有部分围屋的横屋山墙采用了镬耳山墙的形式。再次，增城客家围屋的入口处的变化也表现出强烈的广府建筑文化的影响，在那些大门是三开间的门廊式入口的围屋，其檐柱式及柱础形式多为广府地区流行的式样，其次间檐枋梁也采用"石虾弓梁"[1]形式。最后，便是围屋的墙楣彩描装饰。彩描装饰是增城客家围中最为常见的装饰手法，其装饰部位主要在厅堂顶桁下墙楣处横屋和山墙外博风处。和本地广府民系民居建筑相同，在这些部位常饰以黑底白纹，异常醒目的卷草纹饰，这种纹饰是广府文化的海洋性特征的体现，图案以夔龙头为首，龙身却变为盘旋飘舞的水草纹饰。在珠三角广府地区，这类纹饰也是分布极为广泛。[2]当然，这种对广府建筑装饰手法和题材的接纳吸收，更多地表现为在承袭传统客家建筑文化之时对外来文化的一种借鉴。

---

[1] 虾弓梁，是广府地区对两端向下中间平直如虾弓着背的石质梁的命名，一般为花岗岩材质，该形式在珠江三角洲广府地区分布极为广泛。
[2] 赖瑛《珠江三角洲广府民系祠堂建筑研究》，华南理工大学博士论文，第198页，2010年。

古村落保护中"文化空间"的维系与保护

陈　露[1]

近几年来,笔者对广东清远市的部分古村落保护情况进行了"后田野调查",其内容包括村落中的非物质文化遗产,建筑遗产,氏族历史,人文历史,宗族管理等多个方面,我把这些归纳为村落的"文化空间"。我们祖先留下来的文化遗产,更多是潜藏在广大乡村里,尤其是那些百年以上的古村落。可以说,我们一直努力抢救和保护的文化遗产,不能少了"村落"这个重要的载体。一旦这些村落消失或成为城镇化中的"空壳村",其"文化空间"将不复存在。没了"人气"的村落,就失去了"文化空间"存活的土壤。让我感受深刻的是,挂上了古村落牌子的村落整体上得到保护和村民及社会周围的认同,但同时也有少部分变得功利化,一窝蜂地往旅游上开发和制造"假古村落"。于此,其"文化空间"渐渐地稀释,也

---

[1] 陈露,广东清远市民间文艺家协会副主席、清远市清新县文化馆馆长。

就是我们保护下来的东西不再是过去传统，而是人为地制造了一些十分功利化的仪式与"舞台表演"效果。这些表面热闹，内里却是村落"文化空间"严重腐蚀的行为正开始四散蔓延。依此，本文就"文化空间"在古村落保护中的关系作一探讨。

一、村落"文化空间"的构成

"文化空间"是非物质文化遗产的专有术语，但其定义也相较模糊。本文所使用的"文化空间"包含了物质性和非物质性，是由以下多方面构成，包括宗祠、仪式、习俗、村庙、村落建筑特征及结构、氏族传统及其他文化遗存如民间故事、传说、掌故等。

宗祠，是一个村落"文化空间"的核心，是氏族文化传承的一个公共场所，具有民间信仰所不能亵渎的神灵之地。例如在清远村落中一些较大的宗祠，通常在最后一进用于摆放先人的牌位。而前一进或二进则用于村落日常民俗活动、村民会议，或作为文化室浏览书籍报刊之用。由此，产生了生人的日常活动与先人的灵魂共处一个空间的独特的宗祠文化。其中民间信仰起着主导作用。在农历春节、清明节、端午节、重阳节等这些重大的传统节日，村民在宗祠文化上所表现出强大的凝聚力，倘若没有亲眼看见过，是难以想象的。譬如广东省第三批古村落清远市清新区城（土国）村，清明节拜祭祖先后在宗祠开出的流水席从里到外延伸上百桌；在端午节赛完龙舟后，全村男性必定齐集宗祠吃龙舟饭，妇女们必定是整天忙碌着龙舟饭的一切事情。一年中，村里各种大小矛盾，也必定在宗祠这样的文化氛围中得到很好的化解。

因而我们对古村落的保护中，宗祠建筑及文化元素乃是保护的"核心"，而不仅仅是一些旧房子。

二、"文化空间"直接影响村民的生活态度

一个村落的"文化空间"有丰富与薄弱之分，有多元与单一之别，也有传统与现代的融洽。丰富者，村落的民间文化拥有令人惊讶的遗存。如清新区的城（土国）村，拥有书塾六间，青砖瓦房一百八十三座，古井两个，古庙两个，宗祠两间，狮队一支，民间传说与故事数十个，古亭一个，民间祭祀场所一个，县级文物保护单位三个。一个一千多人的村落能拥有如此丰富的"文化空间"，在清远的古村落中是较为少见的。薄弱者，偌大一个村庄，竟然找不到一处可以让人感受村庄历史的东西。大凡这类村庄，要么是新建的"新农村"，要么是在战乱中曾被夷为平地，要么是"文革"中砸烂了"封资修"。所谓"文化空间"的多元，往往是群姓杂居的村落。如清新区三坑镇一个三百多户人家的村庄，竟然有十六个姓氏。清新区龙颈镇太平居，百户人家就有十姓，故村中有一独特的宗祠——"十姓祠"。这些村落，往往不同姓氏的人家就带来了不同民风民俗的村落文化，于长期的共生中，和谐相处，形成了丰富且多元的村落"文化空间"。谓单一者，通常是全村一姓，再如城（土国）古村，凤朗古村，全村男性皆姓黄。再

是，我们不可忽视现代文化元素与传统村落文化的融入。这主要是出生长大于改革开放的"70后""80后"甚至"90后"们，他们把在都市学习与体会到的文化元素带回村庄，或通过网络、手机等新媒体的传播，接受了一些新生事物的影响。这种改变，体现在更多的不再视民间信仰为"村规习俗"上。这种融入，令原来相对稳固的村落"文化空间"产生变异与变化。是好是坏，有待进一步观察。

一个村落的"文化空间"，其氛围，其厚度，其内容，由于长期的浸染，会直接影响到村民的生活态度甚至性格特征。笔者曾作村民文化特质与性格对比的调查，如下表。

"文化空间"与村民性格特征及从业选择调查表

村落	文化空间（好、一般、差）	年龄层（岁）	文化程度（平均方向）	性格描述（强悍、温和、懦弱）	行业类别（倾向性）
城（土国）村	好	60～40	文盲—中学	强悍→温和	农耕/个体经营/建筑/其他
城（土国）村	一般	39～30	中学—大专	温和→懦弱	政府部门/中小学教师/社会青年/其他
凤朗村	一般	60～40	文盲—中学	温和→懦弱	外出工作/商业经营者/农耕/其他
凤朗村	差	39～30	中学—大专	懦弱	外出打工/其他
上岳村	好	60～40	文盲—中学	强悍→温和	农耕/商业经营/政府部门/其他
上岳村	一般	39～30	中学—大专	温和→懦弱	政府部门/个体经营/教师/社会青年/其他
鸡屈寨	差	60～40	文盲—中学	懦弱	农耕/土地承包者/其他
鸡屈寨	差	39～30	中学—大专	懦弱	农耕/外出打工/社会青年/其他

上述所列调查表格并不具代表性，只是尝试从中找出一种对应关系。四个村庄中，前三个是评为省级古村落，第四个是常见的普通村落。在调查中，笔者发现，即便是同一个"文化空间"，但当处于强势时或弱势时，对村民的代际性格及生活态度、选择职业或所从事的行业，其影响仍然存在。当然，其中也有所受教育的程度的影响。

三、村落建筑与"文化空间"的互为

通过对清远市各区、县的古村落考察，村落建筑与村落"文化空间"是互为融洽的。尽管由不同的民系所组成，如少数民族、客家、广府，或客家与广府相兼相融，但他们的村落始祖在选择一个村落聚居与建筑时，具有我们今天仍无法达到的科学观点。当然也是村落一代一代人发展变化形成的。

村落建筑与"文化空间"的互为融入，体现在几个方向。首先是宗祠。通常宗祠会设计在村落中心位置来建造，一是体现它的"文化核心"地位，二是体现先人的至高无上。亦有部分会建造在村落的旁边，地点一般在村落的左或右或前，较少建造在村后的。这一点的主要原因并不是什么风水，而是为了预留村落的发展空间。习惯上村民要建造新房子，会选择在村后延伸，或左右横向扩展。如果一个保留完整的村落，我们常常能见到村落的"建筑年轮"。

其次是祭祀场所或地坪。村落的祭祀场所由于社会变化的原因已越来越稀少，像清新区城（土国）村保留着"社稷之

神"的祭祀场所已十分珍贵。地坪又叫地堂,如今改叫"文化广场",收割时可作稻粱的晒谷场,闲时则可作集会,看戏、打拳、舞狮或其他民俗活动之场所。地堂的大小,并没有统一规定,因视各村落自身的情况而定。此外,村前的水塘,村侧的村庙,或村中的古树(神树)皆是"文化空间"的重要组成。在其村落建筑中,通常能考察到它们刻意的设计与融入。譬如村前的水塘,除了风水所说"聚财"之外,更多具有实用功能,如储水、灌溉、防火等。

村落的"文化空间"是一个整体,如果将其中一部分剥出来,就像链条断开某一节而突然卡住了。这也造成在"文革"期间,村落被砸了"封资修"后,那种自然而然形成的"文化空间"后来再怎么恢复,也无法复原。剩下的村落建筑就像孤独的老人一样了无生趣。如连州个别古村落,可以找到颓败的村前巷道的门楼,可以看到老旧的房子,甚至可以见到存留于明清时代的村落戏台,但再也感受不到一丝一毫的生气,再也感受到不到历史背影后面那些丰富而多彩的汉文化的遗存。

四、保护古村落必须保护"文化空间"

当前民协系统在大力推进古村落保护工作中,遇到新一轮的社会认识障碍。小城镇化与"新农村"建设对古村落保护的影响将是破坏性的。政府方面在推动的"小城镇化"与"新农村"建设主因当然是为加快农村改革发展步伐,加快农民分享改革开放的成果,对改善民生,保障农民利益无疑是正确的。

然而，在基层政府的实际执行中，往往注重的是建筑形态，有些甚至是把村落全部推倒，然后按"小别墅"的形式整齐划一地建起了"新农村"。有些则是另觅地点新建村舍，而旧有的村庄土地则用于"征地"或"置换"。甚至可笑的是把宗祠建造也改成小洋楼的模式。为此我们呼吁，对已纳入古村落保护的村庄，省委宣传部、省级文联或要出台相关保护性文件，遏阻这种动态的进一步侵蚀。同时，我们在对古村落的实际保护工作中，特别是地市一级的文联、民协要发挥其好的作用，促请地方政府加大保护力度。

对古村落的保护，除了我们已十分注重的建筑形态的保护外，当更注重村落"文化空间"的保护，借助非物质文化遗保护条例，对一些具备非物质文化遗保护要求的项目，尽快纳入县、市级保护名录，通过有效的手段，稳固村落"文化空间"的存在形态，使古村落留给后人的不仅仅是老房子。

广东丰顺县古村落现状调查报告

陈其旭　程晓丹[1]

丰顺县位于粤东中部，北接梅州，南临潮汕，有"梅州南大门，潮汕后花园"之称，是著名的华侨之乡、温泉之乡、旅游胜地和革命老区。该县自然资源和人文资源奇特而丰富。境内温泉氤氲、飞瀑泻玉、峰峦连绵。这里民风淳朴、人文荟萃，潮客文化兼容并存，建筑风格独特。为全面了解和掌握丰顺县古村落的现状、特点和存在的问题，最近，该县文联组织县有关部门对全县的古村落进行调查摸底，通过召开座谈会、个别访谈、查看资料等方法开展调研，在综合分析的基础上提出了一些对应措施。

一、现状与特点

古村落的认定以村落还保存有明清时期的古建筑物为评判

---

[1] 陈其旭、程晓丹，广东梅州市丰顺县文联。

条件。目前，全县保存较完好的主要有四个古村落，即：建桥镇建桥围、丰良镇邹家围、汤南镇龙上古寨和上围古寨。

（一）建桥围

建桥围地处莲花山脉深处的建桥镇建桥村，始建于明崇祯十三年（1640年），至今已逾400多年。是布局严谨、结构完整的古客家民居，在闽、粤、湘、赣客家围屋中属罕见独特，保存完整的古建筑。"建桥围"总占地面积近100万平方米，城内建筑面积1.57万平方米，有三街十二巷二十四幢，至今保存完好。古城遵循外圆内方的理论，建造椭圆外廓，内围属方型，四周有护城河水环绕，远眺整座古城像浮在水面的一条大船。围内清一色的张姓居民，是粤东地区唯一典型传统客家聚落。2009年12月，被认定为"第二批广东省古村落"。

（二）邹家围

丰良镇邹家围，位于丰良镇以南8千米处206国道旁璜溪村，原名"上兴围"，是南宋名臣邹应龙后裔、邹氏丰顺开基祖肇松公11世孙、时任湖广德安府副总兵的骁骑大将军邹瑞（字辑侯）于康熙六年（1667年）创建的。据考证，邹家围与丰顺历史名人吴六奇的府邸"少师第"的选址、布局和结构，都是平南王尚可喜上奏顺治皇帝特派国师曾白明亲临实地勘察并定局的。邹家围枕山环水，环境优美，从高处俯瞰围屋，有如一个偌大的"蜂巢"，蔚为壮观。整个村落占地面积3万多平方米，建筑面积2.38万平方米，由三进二横三围龙的围龙布局，规模庞大，居民500多户，2000多人，以子午线为中轴对称营造，均为悬山顶结构。布局典型，结构独特，保存状况较完好。

（三）龙上古寨

龙上古寨位于汤南镇新铺园村。创建于南宋景炎年间，占地面积1.6万多平方米，至今已有700多年历史。古寨建筑规模宏大，地理位置优越，负阴抱阳，阴阳相济，世所罕见。古寨方位大体是从西向东，四周围墙近似圆形，墙高5.5米，墙厚0.5米，围墙中间有八个堡垒式的凸出的柜，传说那是按八卦方位而建的八柜。寨内建有三街六巷十二祠堂七十二合院，最多的时候曾居住过4000多人。寨内的龙上古祠建于明嘉靖三十一年（1552年），分为正厅、中厅、门厅。中厅建筑采用斗拱承重，悬山顶，有深远的屋檐，以防御风雨对屋身的破坏。大门嵌"罗氏宗祠"石匾，为清康熙甲子科举人罗万善题书，较完整地保存着明代建筑艺术特点。据《丰顺县志》载：这座宗祠曾出文进士两名、武进士两名、文举人九名、武举人十名。历代科甲蝉联，"一门三进士，两协一天官"的美誉一直流传下来。

（四）上围古寨

上围古寨坐落于汤南镇新楼村，古寨始建于清顺治十年（1652年），历经18个春秋，至清康熙八年（1670年）建成，至今有340多年历史，是汤南镇著名的城堡式古建筑。古寨面积

1.8万多平方米，城墙根据36天罡、72地煞排卦，以方位均衡，先营建108幅寨墙，构成卧蟹形古寨轮廓。墙体以贝灰、糯米泥、砂石子和红糖等原料混合夯成，每幅高、宽各6米，墙厚0.5米。至今坚固无损。古寨有三大门，正西门、北平门、南安门。正面西门匾额为"种玉上田"，南门匾额为"南安门"，北门匾额为"北平门"，字体苍劲有力。寨内环绕寨墙边留通巷两米，按南北走向留三条大街，每条宽六米，按东西走向留六条通巷，每条宽三米，构成三街六巷，八卦九宫格局，在北溪门所有的乡寨建筑中，可谓首屈一指。古寨历代人才辈出，授州司马有罗智锡，州同知罗际斯和文武举人近十人，太平天国的奋王罗大纲也出自该古寨。

二、存在问题

（一）损毁程度严重

一是残旧。我县古村落主要以明清民居建筑为主，由于年代久远，随着时间的流逝，风雨洗刷，再加上年久失修，这些建筑好多已成为断壁残墙，损毁严重，建筑上的精美砖雕、木雕很多也残缺不全。二是废弃。由于当地经济较落后，许多村民到外地打工，或迁到镇村所在地建了新房，许多古民居古村落长年累月无人照看，长满了杂草，坍塌残败，一些残缺的精美木雕被遗弃在屋角路旁，甚至一些明清年代的石碑也被用来盖机耕道上的水沟。三是损毁。村民缺乏文物保护意识，不知老祖宗留下来的财产有何珍贵价值，加上对改善居住条件的迫切愿望，老房子被一些村民拆掉盖成新房了，特别在"破四旧"的年代，一些古村落人为破坏的痕迹更是让人痛心。如邹家围古村落在"文革"期间，大量的祠堂门板、牌匾被拆下来做学生的课桌，甚至当废物一样丢弃。

（二）重视程度不一

自广东省文联、省民协2007年启动全省古村落的普查、认定、编纂专项工作后，各县对古村落的保护工作进入了黄金时期，如去年已被确认为省级古村落的建桥围，所在镇建桥镇党委、政府先后投入了300多万元，对建桥围四大围门的外部环境进行改造美化，完善了周边的交通条件和公共设施。去年5月，省文联、省民协组织专家前来考察，认为建桥围可定位为"古驿道旁的客家村落"。今年开始申报古村落的丰良镇璜溪村，在丰良镇委专门发文成立了丰良镇邹家围申报省级古村落工作领导小组的基础上，璜溪村又成立了有10多人参加的申报省级古村落办公室，并发动深圳、广州等各地的乡贤捐款约15万元，逐步完善照明、道路、公厕、停车场等公共设施，局部建筑维护和周边环境优化正在进行中。还聘请一名退休的中学校长协助搜集有关资料，大力宣传推介"邹家围"这一古朴将军府。最近，虽然在保护工作中取得了一些成绩，但仍存在如下几个方面的问题。一是归口问题。古民居和文物保护工作一直是由文化、博物部门负责，但古村落的申报工作却归口各级文联。文联本身就存在人手少，加上缺乏相应的专业指导人才，导致监管工作难以到位。二是意识问题。主要表现有一些镇村关系没有理顺。个别镇认为古村落的保护和申报是村里、县里的工作，村里却认为这是文化强镇的一项工作，因而出现镇村职责不清，思路不明，导致古村落的保护和申报工作不落实。三是人才问题。一些镇村对申报古村落的工作虽然目标明确，十分重视，但一涉及众多历史资料、照片的收集和编写，就因缺乏专业搜集整理古村落资料的人才束手无策，打退堂鼓，不敢接下这项工作。

（三）宣传意识淡薄

丰顺地处潮客交界，潮客文化交融的区域，反映在古村落中，其建筑特点也具有潮客融合的地方特色。由于缺乏宣传，外界不太了解。一方面观念陈旧，认识不足，认为没有宣传价值。由于古村落地处贫困山区，信息较为封闭，多数人不知道古村落的文物价值和历史价值，认为这些破旧、过时的民居已缺乏宣传亮点，没有多少宣传价值，即使千方百计加以宣传也派不上什么用场，收不到什么成效，不值得为之投入大量的人力物力。另一方面是不知道怎样宣传。一些镇村认为，古村落已存在几百年，尽管不时有人前来调研、拍照，搜集图片资料，但这是人家的事，好像与己无关，造成墙内开花墙外香；一些镇村想要宣传，却缺乏能够做好宣传工作的专业人才，只能简单地编写一些资料，收集些照片，派发给前来检查和调研的上级领导和有关人员，工作只是被动应付，谈不上取得什么宣传成效。

（四）保护资金不足

古村落数量多、建筑物年代久远，就丰顺的古村落来说，全部都在300年以上，经历了漫长的风吹雨打，破损严重，急需维修。从调查的四个古村落现状来看，若要给予最基本的维修保护，动辄需要几百万乃至上千万元的资金。由于县级经济基础薄弱，单凭各级政府拨款和镇村的集资捐派，无疑是杯水车薪。再加上一些建筑物产权复杂，有的原来一住一户的古建筑分配给了多户村民居住，成了私有财产，私人不愿花钱维修，或者根本就无钱维修。

三、思路与对策

古村落蕴藏着非常丰富的历史文化遗产，无论是物质文化遗产还是非物质文化遗产，都是人类文明的结晶，是社会得以延续的文化命脉。做好古村落的保护工作，时不我待。

（一）实施"古村落抢救工程"

一是领导重视。要把古村落的保护开发作为各级党政部门一项重要的工作列入议事日程，成立古村落保护开发机构，建立了县、镇、村三级保障机制，为古村落的保护开发工作提供领导和组织保证。二是要明确责任。要在前期开展调研的基础上，各相关部门要认真分析古村落的历史价值、文化价值和经济开发价值，明确单位责任，制定时间进度表，按照基础工程先行，先易后难，把保护古村落的工作抓好抓实。三是编纂资料。要借鉴各地镇村的经验，成立古村落申报工作办公室，聘请文化水平较高且热爱家乡公益事业的县镇退休领导、老师和乡贤担任办公室主任，负责古村落资料照片的搜集和整理，并编纂成册，尽可能全面地反映古村落的历史面貌。四是及时修复。充分利用新农村建设和文化名城建设这一宝贵机遇，积极推动古村落乡土建筑等农村文化遗产的保护工作，积极组织资质好的工程队对古村落的建筑有计划、有步骤地予以抢救修复。

（二）加大宣传力度

一是法规宣传。要制定古村落保护的乡规民约，大力宣传文化遗产保护相关法律法规，使农民群众认识到保护文化遗产的意义，培养广大农民群众尊重和保护文化遗产的意识，引导和鼓励、指导农民群众更好保护祖宗留下的珍贵遗产。二是媒体宣传。要充分发挥新闻媒体的作用，邀请电台、电视台、网络、报刊编辑前来采访，拍摄专题片，大力宣传古村落的建筑特点、人文风貌、历史掌故等，把古村落的历史价值、文化价值、开发价值和旅游价值广为告知，不断打造古村落的知名度。三是特色宣传。要找准古村落的定位，突出古村落的特色，对古村落进行形象包装，实现"一村一品"，做到人无我有，人有我好，打造古村落的亮点。四是节日宣传。充分利用古村落丰富的文化遗产优势，运用群众喜闻乐见的形式开展多层次的农村文化活动，如开展游园、灯会、庙会、民间音乐会等形式，既可以满足农民群众精神文化生活的需求，又可吸引专家学者、画家、摄影家等前来采风,从而扩大宣传面。

(三)切实解决资金缺乏的难题

一是列入财政预算。各级政府要将古村落保护工作经费作为文化名城建设的一项重要内容列入财政预算,使古村落的保护具有基本的维护经费。对一时产生不了经济效益且维护费用高的古村落,也要制定好保护规划和保护措施,尽可能使之不被拆除、烧毁或盗卖。二是上级拨款。建议省政府出台相关政策,对已被认定的省级古村落给予一定的资金支持,把维护好省级古村落作为一项经常性的工作。三是筹措资金。积极发动乡贤、热心人士和有识之士踊跃捐款,借助社会各界力量,共同做好古村落的保护工作。

浅谈对广东连州古村落的认识

曹春生[1]

一、连州古村落的形成及其特色

连州，是广东省历史文化名城，是中原通往岭南的水陆交通枢纽。当年，南越王赵佗把守岭南三关为王之时，"阳山""湟溪"两道关隘都在连州。汉武帝伏波将军路博德奉命率十万楼船水师"出桂阳，下湟水"一举粉碎南越国丞相吕嘉的叛乱，使西汉天下安定升平。东汉章帝时期（约公元76～82年）为将岭南的贡品送上京城，大司农郑宏奉命主持开凿了翻越骑田岭山脉的这条古道。"兹路一开，中原之声近矣，然后五岭以南人才出矣，财货通矣，遐陬之民俗变矣。"连州顺头岭古道的修筑，大大地促进了岭南的发展。

从秦汉至明清，连州一直都是中原进入岭南的门户、通衢

---

[1] 曹春生，广东省连州市文联主席。

和水陆中转枢纽。连州得中原先进文化技术之先声，较早地得到了开发。据史载，东汉建安元年（196年）沛相袁忠的子孙将中原使用铁犁耙田的先进农耕技术带到连州，在龙口一带修筑"龙腹陂"，灌溉良田五千多顷，开岭南先进农业之先声。先进的农业带来了经济的发展，在唐代连州成了"荒服之善部，而炎裔之凉墟"的富庶地区，和广州、韶州一起并列为"岭南三州"。据史料记载，唐朝中期连州就有三万多户口，人口之众仅次于广州而多于韶州（今韶关）。

唐宋时期连州又是朝廷"罪臣"的贬谪之处，许多著名的政治家、文学家、诗人如韩愈、刘禹锡、王宏中、张浚等都曾贬来连州，特别是刘禹锡还在连州为刺史近五年之久。这些历史文化名人的来到，为连州带来了中原的先进的思想和文化，连州较早地成了百越荒蛮的文化之城。唐、宋期间连州士子高中进士的竟有七十二人之众，当时就享有"连州科第甲通省"的美誉。

两宋时期，战乱频繁，许多中原人士和一些中下层官吏为避战乱而涌入岭南，连州成了他们最佳的安身之所。他们卜地而居，安村立寨，繁衍子孙，连州的许多古老村寨就这样形成了。这些古老的村子承载着千年中国传统的家族制度和民间文化理念，这些古老的房屋记叙了我们祖先的居住理想和生活的尊严。

连州古村落的建筑，既吸收了古代荆楚建筑艺术，又兼有南越之地的特色。每个古村落都有门楼，较小的村子多是只有一座门楼，大的村落则分别在东、南、西、北各有一座。

门楼是一个村子的门面，因此会集全村之物力和财力，将门楼建得高大雄伟。门楼高有两层，三层飞檐高翘，显得气势威严，拱形的门额上方还会镶嵌一块石刻匾额。匾额上有刻："紫气东来""西秀来朝"等吉祥语的，也有镶刻"儒林坊""金马世第"等显示家族荣耀的，如白鹤寨门楼的"金马世第"石匾，就是宋仁宗授予村中"公孙三进士"的。

据史载：白鹤寨始祖叫唐甫，雍熙二年（985年）唐甫的儿子唐元参加科举，高中进士。唐元中进士后，历任渝、韶、陕等四州知府，后累官至尚书，屯田员外郎。

20年后，宋大中祥符八年（1015年）唐元的儿子唐静又高中进士，后来官至大理寺评事。唐静为官清廉，执法严谨而且还很有学问，很受朝野的尊重。当时的名人晏殊、范仲淹等人都以兄长之礼待之。

又20年后宋景祐元年（1034年），唐静的儿子唐炎又一举进士及第，官至大子赞善。白鹤寨唐氏家族公孙三代蝉联进士，成为当时的朝野的佳话。为表彰这一盛事，宋仁宗特赐白鹤寨唐氏家族为"金马世第"。

还有不少的门楼石匾镶刻的是本村的世族源流的如"桂香里"来自于福建，"江夏堂"来自于湖北等。

连州地处粤北山区，自古多匪患，于是，许多的古村落都将四座门楼用围墙连起来，将村子形成一个小城堡，门楼就是御敌的城楼。建门楼砖全用特制的大青砖，每块青砖都用水磨过，砖缝之密连刀都难以插入。围墙上还有箭垛枪眼，近三米深的门洞，门洞里的两扇宽厚的大门用柏木做成，以铁皮包裹，坚固异常。

民居的建筑基本上是水磨青砖对缝，飞檐高高翘起，形状如翘首的凤凰或欲奔的马头，承受飞檐的木梁上雕刻着鳌鱼的图案，因为传说中的鳌鱼最能负重。屋檐下精雕细刻的装饰彩画和雕塑。彩绘的颜色有赤、青、蓝、三种，彩绘的内容有花虫鱼兽等祥瑞动物图案，有戏文典故等。浮雕图案则有造型优美的五只蝙蝠喻"五福临门"，有龙与凤喻龙凤呈祥，有麒麟献瑞等。门楣、窗檐、大门上也雕刻了各种图案。这些图案有的是为了避邪镇宅的，如"八卦图""兽面图"等，有的是代表祥瑞的如"寿字符""万字符"等等。

连州民居的基本布局是：大门、前厅、中门、天井、厅堂和厢房。建筑师根据房主人的居住意念和志趣，在住宅的"内装修"上表现得淋漓尽致。特别是厢房的木隔扇，最是建筑师施展才艺之处。木隔扇的顶板上是精美的镂空雕花图案，为的是通风透亮。裙板是实板，则用线刻，有梅花、菊花、兰花图，珍禽瑞兽图，也有文字线刻，内容全是诗礼传家、勤劳节俭之类的。中间横着的小腰板上雕刻的是石榴、葡萄、瓜、豆之类的吉祥果蔬。表达了屋主人耕读自娱、盼望多子多福、平安吉祥的居住理念。

用作书房的木隔扇上的雕刻就更为精美雅致了。每一块雕刻都是一幅优美的风景图：如"春游芳草地"，刻的是依依垂柳几只喜鹊昂首翘尾在啼叫；"夏赏绿荷池"，内容是绿荷连天，红花映日；"秋饮黄花酒"，金灿灿的黄菊花丛中衬着一个巨大的竹节酒樽；"冬吟白雪诗"，整个画面银装素裹，唯有几个雅士在围炉煮酒吟对，冷暖对衬，志趣盎然。每一幅雕刻都体现了虚实相间，远景近物颜色调配等方面的艺术。走进书房给人的是艺术的享受，融入的是文化的氛围。

厅堂的主要装饰全在那架神龛上。神龛全部由木雕图案组成。神龛分为五层，呈八字形向厅堂凸出，每一层都有不同的图案。大多数第一层为龙凤呈祥，或双龙戏珠，第二层为瑞兽献寿，第三层为花鸟虫鱼等。神龛由外向内层递收小，最后形成一个高80厘米宽40厘米的神龛。神龛里面置放着历代祖先的牌位。神龛以下分别摆设的是香几桌、高桌、八仙桌。充分体现了中国古代建村先建庙，建房先建龛的传统文化理念。

祠堂是连州古村的公共建筑，也是村民族人祭祖、聚会议事和办红白喜事等举行大型活动的地方。祠堂规模宏大，最少有二进，多的有三进。

祠堂的前厅由前檐、大门、中门组成。大门主要突出它的气势。两根巨大的方形石柱支撑着飞出近两米的前檐。在石柱与檩条之间是一条龙型斗拱，大拱是翘首奋须的龙头，然后逐层缩小，最后以龙尾顶住檩条，显得气势非凡。

中厅是议事厅。粗大的木柱支撑着宽敞的大厅，由于厅的跨度大，所以都用穿斗式抬梁结构。粗大的柱子上面放大梁，大梁上放短柱然后放次梁，如此逐层缩短若干层小梁，形成两面坡的层架，使大厅有了宽阔的空间。

祠堂的后厅也称享殿，是祭祀祖先的神圣地方。厅的正中是巨大的神龛，神龛里摆放着本氏族的列代祖先牌位。每到清明节全族人都要集中在这里举行祭祖仪式。

连州古村落十分讲究风水格局，如卿罡古村的村庄布局完全是按北斗星座来布局的。东、西、南、北四座门楼就是"天枢""天璇""天玑""天权"四星的位置。一座门楼，就是一个星座。一条青石板巷道，就像一条行星的轨道。走在深深的石板巷道里，你会觉得自己也变成了一颗行星在宇宙的轨道中运行。站在巍峨的门楼前，能感觉到这就是"天人合一"的理念。

　　夏炉村原名称铁炉村，因为村子四周高山，密不透风，一年四季闷如盛夏，因此将村名改为了"夏炉"村。还经风水高人指点，在门楼的门额上镌刻"水天一色"的石匾。"天一"为水，有水自然就凉快了。村中三座高耸的戍楼，就像给夏炉这座"大铁炉"上加了三只"鼎"足，通风透气了，在村头修筑的水渠就像给熔炉安上了风筒，从此后夏炉村便四季如春了。

　　黄村的巷道是按八卦图修建的，村中所有的大小巷道都按"八卦"的符号来排列。"八卦"图的正中央是一口大的水井，代表的"阴阳鱼"。由巷道和水井组成了一幅完整的"太极八卦图"。以太极八卦图广大神通，无比威力来震慑邪恶，免除来自自然界的天灾。许多古代星象风水学的现象在连州建筑中都有实物见证。

　　连州的每一处古老的村庄还都蕴藏着一段古老的故事，每一间古老的宅院，都遗留着历史的韵味。如丰阳村那高大的门楼和吴氏家庙中，就隐藏着南唐小王朝最后消失的凄婉；冲口村的双桂坊与崇德坊，居住的"两隐士""一名医"是儒家

"不为名相则为名医"思想的具体诠释。油田的老屋里则记载了旧知识分子中举之后,老死泉林的几多无奈与辛酸。湖江头村的胡君防却一反其道,置帝王的"三诏"而不顾,赢得了一个"荣邀三让"的清誉。

不少古村中还隐藏着与中国历史上大事与名人相关的千年之谜。如夏炉村就流传着当年黄巢大将鲁景仁在连州的传说。还有夏湟村的族谱,就披露了一段鲜为人知的秘史:北宋崇宁年间,黄庭坚谪居宜州,由于奸相蔡京等欲置黄庭坚于死地,宜州太守俞著,州人蒋讳素来与黄庭坚十分友好,经商议,对外诈称黄庭坚已病死,归葬宁州。而黄庭坚却悄悄埋名隐姓来到连州夏湟隐居。黄氏宗祠庭柱上的上联正是记载了黄庭坚由闽、赣、湘,最后隐居连州的过程。现在夏湟村还保留着黄庭坚的墓等。

连州大大小小的古村落,各式各样的民居建筑,精美绝伦的木雕石刻,林林总总的传说记载,垫足了连州历史文化的底蕴,让人品读不尽,余味无穷。

二、关于保护、开发、利用连州古村落、古建筑的几点建议

文物——即历史文化的遗存物,每个国家和民族,每一个地方都很重视它的存在和保护,它的存在将会把数百及至数千年前的历史信息完整地传递给后人,让这一民族与国家和这一地域的人民知道过去并如何去憧憬未来。文物作为历史和文明

的载体，它积淀着一个民族的文化底蕴，承载着人们的精神追求。可以说，文物是物化的历史，文明的见证。文物又是文化资源中含金量最高的资源之一，是一个地方历史文化与社会资源的集中体现。

连州的古村落、古建筑是连州数千年文化历史的实物载体，是连州最早把中原文化与岭南文化结合而形成独具特色的连州文化的物证，是中华文明在连州这一区域内的民间积淀，是连州历史文化名城的重要组成部分。连州古村落的居住理念、村落布局、外行意蕴、三雕艺术、家具陈设、画堂门联、祠堂构建等都蕴含丰富的历史、哲学、文学、天象、地理、宗教、艺术、民俗等文化内容。连州古村落、古建筑是连州最珍贵的文物。

（一）连州古村落的现状

据文物管理委员会办公室普查统计，我市具有文物保护价值和开发利用价值的古村就有30多处。古建筑、遗址130多座。这些古村落的布局、外行、水系、水源、园林等十分考究，居民大多遵循"枕山、环水、面屏"的居住理念；村内各种不同类型的建筑，反映了不同的功能，如有商人、官宦、塾师、财主、平民的住宅等，其建筑形式、体量及陈设都各具特色。祠堂（总祠、分祠、家祠）、门楼、更楼、社屋、牌坊、古塔及桥、亭等公共建筑，也应有尽有各具特色。

根据我国新修订的《中华人民共和国文物保护法》规定，连州的古村落完全可以作为"历史文化街区、村镇"的类型进行保护。但是由于各种原因的影响,连州的古村落不但没有得到应有的保护,而且还正在遭受着严重的毁坏。连州古村落现状如何呢?一是脏、乱、差、废,许多极具价值的古宅、庙宇、祠堂变成了猪圈牛栏,古民居内的居民乱堆柴草等现象普遍,火灾隐患严重。二是由于多年失修,不少古建筑只剩下断垣残壁,有的虽然梁柱还在,但也已濒临倒毁。三是由于居民毁旧建新和地方拆旧建新,破坏古村落的环境风貌日趋严重。四是许多门楼、祠堂等古村公共古建筑被"改造""维修"得面目全非,从根本上失去了文物的价值。五是不法分子盗窃古村的文物和倒卖古民居构件活动越来越猖獗,使本来保护不善的古建筑更加支离破碎,惨不忍睹。

造成连州古村落、古建筑这种现状的原因有如下几个方面:一是对古村落、古建筑的文物价值认识不够,缺乏对古村落、古建筑的保护意识。二是市里文管部门没有专职的文管人员,现有的相关(如博物部门)人员太少,而且专业素质不够,因此管理难以到位。三是还没有设立古村落、古建筑保护、修缮专项经费,这也是制约古村落、古民居保护的主要瓶颈。四是还没有建立一套保护古村落、修缮古建筑的报审制度和技术指导制度。五是对破坏文物的违法行为打击不力。

(二)连州古村落古建筑的保护和开发利用

据有关专家考察认为,连州的古村落不但分布较密集,而且具有时代的延续性。连州的古村落、古建筑上至秦汉下至明清都能找到实物。像这样的历史建筑链,在岭南已极为罕见,因此极具保护和开发、利用价值。如果保护、开发得当，申报国保不是没有可能。他们还认为，连州古村落除历史、人文价值外，旅游开发的价值要大大超过连州任何的自然风景点的价值，是极具潜力的新的旅游类型。但是，正如上面所提到的，这些古村落因年代久远，大多急待维修保护，许多古民居还正在毁坏之中。如何对这些古村落进行保护、修缮，已成当务之急。

如何对古村落进行保护、开发利用呢？我认为：第一要加强对干部群众的文物意识教育，使他们充分认识古村落、古建筑的重要价值，自觉地起来保护自己祖先留下的宝贵遗产。第二要制订一个整体保护连州古村落的规划，逐步实施。第三要遵照国家文物保护法中提出的"保护为主，抢救第一，合理利用、加强管理"的方针，将重点的、濒临倒毁的古村落、古建筑抢救出来。第四要加强对民间自发修缮古村落、古建筑的管理和修缮指导。第五要先修缮开发几个古村落作为典范，向国家和省申报为重点文物保护单位，以引起上级的支持，争取专项保护资金。第六是规划部门要在新农村规划中重视挖掘古村落独有的历史文化资源，努力打造村庄整体特征，突出古村落、古建筑的建筑特色，布局方便宜居的新型农村，走出一条保护古村落、古建筑，建设新农村的和谐发展之路。

最重要的一点是，对古村落的开发和利用。古村落的开发和利用前景是非常可观的。从世界旅游来看，以文物旅游为支撑和内核的人文旅游或文化旅游最具潜力。随着人们文化素质的提高，追求旅游的文化品位和情趣，在充满文化的氛围中深受熏陶，在怡情适趣中提升自己的文化修养，已成为日益明显的趋势。就是说文化旅游会随着人们受教育程度的提高而提高，较之其他旅游门类来说，文化旅游的发展将是最有前途的。从近两年每个黄金周旅游人的统计看，文化古迹游要比自然风景游的人多，而且还呈递增的趋势。连州距广州、珠三角、港澳地区不足三百公里，是他们真正的"后花园"。随着交通条件的改善，连州古村游将是人们休闲度假、增长知识的最佳选择。我们要抓住机遇，成功地推出几个古村落，让当地群众看到古村落保护、开发的真正价值，引导群众自发保护古村落、古建筑。

　　古村落和古建筑承载着我们祖先数千年传统的家族制度和文化理念，这些古老的房屋记录了我们祖先居住的理想和生活的尊严。每一处古老的村庄都蕴藏着一段古老的故事，每一间古老的宅院，都遗留着历史的韵味。连州的古村落和古建筑实在是历史对连州的赐予，是祖先留给我们的宝贵财富，如果我们现在还不对这些珍贵的文物和古村落、古建筑加以重视，保护和利用，那我们真是会愧对历史和祖先的。

浅议花都古村落保护的特殊意义

李　远[1]

　　古村落是中华民族数千年农耕时代遗留下来的聚落景观和民俗景观的结合体。广州市花都区有17个古村落，其中有塱头、茶塘、藏书院、三华、高溪、港头、缠岗、蓝田、莲塘、马溪、洛场11个广东省命名的古村落，这在经济发达的珠江三角洲地区极为罕见。古村落文化遗产的认定对于研究粤中广府文化和岭南民居极具特殊意义。本文拟就从以下几个方面对花都区的古村落进行梳理，并探讨其特殊意义。

一、代表性：诠释了广府民居的内涵和广府文化的深厚底蕴

　　什么是广府文化？广府民居又有怎样的内涵？广府文化是

---

[1] 李远，广州市花都区人大常委会教科文卫工委原主任，广州市花都区民协主席。

指以广州为核心、以珠江三角洲为通行范围的粤语文化，它从属于岭南文化，在岭南文化中个性最鲜明、影响力也最大。广府文化以珠江三角洲为地缘代表，它既有古南越的遗传，又受中原汉文化的哺育，还有西方文化及海洋文化的影响，具有多元的层次和构成因素，开放、包容、创新、务实、重商、敢为天下先的宝贵精神，都是值得继续弘扬和继承的。

广府民居，实则为狭义上的岭南民居，指的是广府地区民居，即珠江三角洲地区的民居。广府民居在农村的反映，为三间两廊，村落布局为坐北向南，村中一般有五条纵巷，村前为池塘，村后是小山丘，河流、小溪环抱村子。这种布局就像一把梳子，故称梳子式布局。布局整齐的梳式布局村落、三间两廊式的三合院、村前的池塘、村中的祠堂，还有锅耳式的山墙、灰塑的艺术，这些都成了广府文化、广府民居的代表形式。花都的古村落民居大多是这种格局，为解剖和研究广府民居提供了丰富的内容和鲜活的标本。

另外，花都区的古村落民居，大多为天井式民居。天井，在民居平面和空间中，都处于核心部位，由过厅壁、堂屋、厨房与外墙壁围合而成，一般约2.5至3.5米见方。天井有几大好处：一是解决用水问题。那时候，珠江三角洲地区还没有自来水，几乎每家都凿有一口水井，用于洗涤、沐浴。二是具备向上拔风、调节气候的功能。因为珠江三角洲属于亚热带气候，太阳辐射强烈，炎热的季节持续时间较长。而夏季，居室内的热空气顺着天井垂直上升并散发到空中，透过"横趟拢"自外而进的自然气流也通过天井浸润到整个宅子。所以，闷热时节，觉得凉爽、舒适；阴雨天气，由于通风，不觉得潮湿；如逢大雨，雨水不会往家里灌。三是解决厨房、堂屋和部分卧室的采光问题。四是保证了家庭成员之间的生活秘密性，因为天井与堂屋，构成了各私密空间的过渡与媒介。五是增添了家庭的生活情趣。

这种天井式民居，普遍采用三层组合进房门：外层是约1.5米高的双扇木门（脚门），以遮挡视线；中层门为"横趟拢"，与进房门内框等高，由若干条直径约10厘米的圆木平行横排构成，圆木与圆木之间的间隙25厘米，整体可横向推动，在屋内可上锁，作用是挡人不挡风；里层是高约3米、厚约10厘米的实木大门，此门一般是在晚上才关。在"脚门"与"横趟拢"之间，设有一道约30厘米高的石门。这是广府民居显著特点之一。

二、多样性：反映了广府文化的多元化和广府民居的外延

古村落是由各种文化要素相互作用构成的一种文化景观，也具有文化景观的时空变化的特点。其文化景观一方面体现在外在空间意象的表征上，不同地域文化景观的背景环境和构成要素不同，所体现的空间意象也就存在差异，这也造就了文化景观的多种多样。广府民居为岭南民居的主要代表之一，广府文化也是岭南文化的主要部分。花都的古村落，最能深刻地反映广府文化的多元化和广府民居含义的外延。

一是房屋朝向，广府民居基本上坐北向南。但就花都的情况看，则有些不同。除了坐北向南的外，还有坐东朝西、坐西朝东和坐南朝北的。17个古村落，属于坐北向南朝向的有九个，占总数的52.94%，塱头村、高溪村为其代表；属于坐东朝西的有三个，占总数的17.65%，茶塘村是其代表；属于坐西朝东的有四个，占总数的23.53%，三华村为代表；属于坐南朝北的有一个，就是藏书院村，占总数的5.89%。

二是村落布局，花都除了梳式外，还有棋盘式、不规则式（凌乱）。而广府民居基本上为梳式，花都就有11个村，占总数的64.71%，藏书院村、茶塘村为代表；棋盘式的有四个，高溪村为代表，占总数的23.53%；不规则式（凌乱）的有二个，占总数的11.76%，三华村为代表。

三是村前装饰，花都古村落呈现姿态各异，村前有大榕树的，有茶塘、三华、塱头等八个村；村两边有碉楼的、有高溪等五个村。

四是围墙碉楼。岭南本土的古村落一般不设围墙，也没有碉楼，展示出一种主人翁式的自信，并与土地及周边环境融为一体，防御功能相对弱化，从而呈现出一种雍容大度的姿态。客家人有大围屋，这是不争的事实，但在珠江三角洲和粤西地区，以墙体围村却实属少见。在广东省首批认定的27条古村落中，只有广州花都的朗头古村、江门市的良溪古村和阳西县的大洲村是这种格局。前者是以青砖墙围村，中者用土墙体围村，后者则以城墙围村炮楼护村。这种建筑风格，别具一格。遗憾的是，塱头古村的围墙在"大跃进"时已被拆除。

白石、塱头、藏书院、蓝田等村都建有炮楼（或更楼），高溪村田心庄不惜血本，居然在村子的两边，建起炮楼。建炮楼不是为了防匪，而是用作宗族械斗的屏障，这在广府农村实属罕有。

三、特殊性：是研究广府文化和广府民居的"活化石"

许多古村落专家在考察中都认为，越是经济发达的地区，比如珠江三角洲地区，破坏就越严重；而越是相对封闭、经济不发达的地方，古村落保留得就越好。而村落建筑的保存、民俗风情的传承，面临着巨大的生存压力，也面临诸多困难和问题，那就是工业化进程的推进，农村经济的发展，到处大拆大建，大量农村人口流失，加之年久失修、缺乏维修资金。没有人住，古建筑就会倒塌；人口的流失，民间风俗就会失传；没有资金，古村落就会消失。难怪有人大呼："以后，很难再产生广东省第三批古村落了。"古村落正在逐渐消失，而都可喜的是，广州花都不仅有第三批，而且申报了第四、第五批，这是奇迹。

由于珠江三角洲为全国经济发达地区之一，工业化和城乡一体化进程正在不断加快，大量农村人口流失，古建筑年久失修，所以说古村落和民间文化遗产的保护、抢救尤显重要。以前三批为例，从全省64个古村落情况看，珠江三角洲地区才19个村，占总数的29.69%。值得庆幸的是，地处珠江三角洲发达地区的花都，竟然有17个古村落，其中还有5个广东省古村落。而整个广州市才九个，花都差不多占了55.56%。

这在发达的珠江三角洲地区的确罕见，可能在发达的长三角、渤海湾地区也不多见。这是我们研究珠江三角洲地区古村落的"活化石"。

花都一方面具备了发达的现代化产业，有航空运输的白云机场，有风闻全国的东风日产汽车，有远销神州的珠宝产品，有世界闻名的"中国皮具之都"，还有新兴的空港经济和房地产业。另一方面，花都还有古老的古村落文化、盘古王文化。两者之间，好像构成了一静一动的画面。这种格局，在发达地区或许难以再现了。

所幸的是，这些古村落不是空的，且还有人居住。用全国文联主席冯骥才先生的话说："无度的旅游开发和金钱欲面前，原生态的东西正在退出我们的视野，幸而还有一些很有历史文化价值的古村落，可以说是我们民族的精神家园。但这些古村落里，不少房子是空的，实际上是一个'文化空巢'，没有了血肉和灵魂，只是一个旅游区，而不是一个生命。"

四、价值性：凸显了广府文化和广府民居的艺术瑰宝

花都区古村落较好地体现了广府传统文化、建筑艺术、审美情趣等精华，并表现了文化多样性，具有多方面的价值。

（一）具有科学研究价值

古村落是人类历史文明的产物，有人称之为"传统文化的明珠"和"民间收藏的国宝"。它是一笔珍贵的历史文化遗

产，蕴含着丰富的哲学思想和意境追求，是人类文明的"活化石"，具有小空间、大社会的特点，涉及社会文化的方方面面，对于科学研究具有很大的价值。[1]

笔者认为，目前学术界对古村落的研究，仅仅注重建筑学、地理学、规划与设计、开发与保护等方面。其实，它的科学价值不仅仅于此，它是一个庞大的民俗博物馆，是人类古老文明的见证，同时也是地域文化研究的范本。可以说，花都的古村落，以其特有的村落布局、建筑特色、风水理论以及雕刻、灰塑艺术，为各类文化艺术的研究人员提供了珍贵的实物资料和研究基地。花都古村落，就是一座民间文化富矿。

（二）具有人文旅游价值

文化古村落"是在特殊历史条件下形成，并遗存至今的，可以全息、完美体现中国传统文化的，宝贵的，具有垄断性和可创新性的人类生态旅游资源。"[2]人类旅游活动的本质，是人的全面发展的本质力量驱动下对丰富、自由的社会关系的追求，而文化古村落正是可以满足这种需求的旅游资源。

一是体会中国注重风水的意象。古村落选址、布局和建设，遵循周易风水理论，强调"天人合一"的理想境界和对自然环境的充分尊重，注重自然与精神的和谐，有科学的基础和很高的审美观念。花都的17个古村落多为聚居形态，沿山势、

---

[1] 王振忠《古村落不只是老建筑——以徽州历史文化脉络下的婺源古村落为例》，载《今日国土》2006年第4期。
[2] 曹国新《文化古村落：一类独立的旅游资源》，江西师范大学，2004年。

水势，布局灵活多样，整个村落的整体轮廓与所在的地形、地貌、山水等自然风光取得和谐统一，体现了广府古村落特有的风貌。也反映了当时的先民受农耕文化的影响，以人丁兴旺、财源茂盛、人文发达为追求目标，于是在农业聚落建筑文化方面，力图与风水学说所标榜的如何适应自然，以期保证人的好运气这一原理相吻合，风水也就成了聚落选址的依据和空间模式。即村落应"枕山、环水、面屏"[1]就是说，村落所倚靠之山，被视为龙脉，有生气，会发达；而无山之平原地区，则视水为龙脉，作为村落保护神，四面环水，乃村落外部空间的另一种模式，故曰"山地观脉，脉气重于水；平地观脉，水神旺于脉。"岭南尤其是珠江三角洲地区的农村大多按照这套模式进行，山水成为古村落环境不可或缺的组成部分。

如以塱头古村落为例，元朝时代的黄宗善对塱头村拓展建村作了长远且有成效的规划：一是沿袭立村时的意向，纵向利用北高南低，靠岗临水的地形，合理用地，宜居宜耕。这里北面土岗用作居住区，向北有扩展余地，不必占用周边平坦的耕地。横向岗面、水面开阔，分西、中、东三个社区，既利于分房族管理，又紧连在一起，利于家庭团结交流。二是纵向有二十多条巷道，成梳式布局，利于村内交通；横向有东西主道出入，利于外出耕作和对外交流。加上纵向北高南低，有利于居屋排水和夏季空气流通。三是村面临水有地堂，前排"黄氏祖祠"大体居中，东西一字排开均是各房宗祠、书院、书屋，

---

[1] 司徒尚纪《广东文化地理》，第138页，广东人民出版社，1993年。

后面才是住宅,含有崇祖重教的儒家传统。同时也利于北面住宅族人通过巷道到达村面参加祭祖和上学读书等活动。[1]对于不理想的地形,采取"引水成塘"(或挖塘蓄水),以"荫地脉,养真气"。池塘呈月牙形,人称"风水塘"。花都17个古村落都有这种"风水塘"。

二是观光广府古村落的美丽景观。花都的古村落大多依山傍水,村落内整齐的青石板街巷,深巷相连;高过屋顶的火山墙,高低起伏的镬耳墙壮观、生动;质朴的石凳、石墩,散落于街头巷尾;规模宏伟的古庙、祠堂、书院和门楼,三进两廊的民居,广场、水井、池塘、小溪、壁画等诸多物质文化景观,还有小桥、流水、人家、炊烟,白云缭绕,为整个古村落增添了几分的凝重之气,构成了一幅绝妙的乡村美景。

三是欣赏珠江三角洲农村的自然风光。花都地处亚热带季风地带,气候温和,光热、雨水充沛,平原、丘陵、山地交错分布,总体上依山建屋、傍水结村,远山近村,粉墙黛瓦,蓝天白云,小溪池塘,古榕芭林,广阔的田野,古香古色的民居古巷与风光旖旎的湖光田野交相辉映,动静相宜,空灵蕴藉,处处是景,步步如画。村庄与自然的和谐、统一,无一不是最佳的人居环境。还真有点"山深人不觉,全村同在画中居"的感觉。

(三)具有文化遗产价值

花都古村落文化景观,可谓丰富多彩。有祠堂文化、建

---

[1] 陈棣生《塱头古风犹飘香》,第5页,花都区炭步镇党委、政府编印本。

筑文化、雕塑文化、科举文化、宗教文化、民俗文化、儒家文化等，其要素则为宗法、亲缘、政治、经济、宗教、音乐、民俗、道德观和价值观等。

一是风水文化。如村落布局讲究风水。风水，实乃人们生活所必需的空气和水源。中国风水学认为，山不能无水，无水则气散，无水则地不能养万物。花都17个古村落在选址、建筑与居住环境营造方面，运用了古代堪舆学的理论，创造出"天人合一"的境界，这是古村落的一个重要标志和文化符号。

二是农耕文化。古村落是文化的主要载体之一，花都区古村落的生活空间是"天人合一"的境界，精神空间为"凡立宫室，宗庙为先"。追求的境界乃"田园山水与耕读文化"。茶塘村、塱头村、藏书院村、高溪村田心庄不仅为花都地区，同时也是珠江三角洲地区保存最完好、最有代表性的清代民居建筑群落，采用岭南民居典型的梳式布局，带有特色的"锅耳式"（镬耳墙）龙船脊屋顶。茶塘村古建筑气势恢宏，为花都区西南地区比较突出的古村落之一。村面阔336米，巷深200米，古建筑占地6.7万平方米，现在较为完整的古建筑120座，其中庙宇、公祠、书室、书舍20多座，古巷16条，体现了原生的岭南文化和乡土景观及岭南水乡韵味。

三是宗祠文化。宗祠是整个村落的精神核心，为村落重要的民间文化传播场所，茶塘、三华村的宗教文化最为突出。

四是池塘文化。村前的水塘，是所有村落的共同特点，水池边种上大榕树也是惯例，榕树之下的空地是仅次于宗祠的重要民间文化传播场所。

五是科举文化。塱头、茶塘、黄沙塘村的书香味十分浓厚,尊师重教,崇尚科举,产生诸多科班出身的举人、进士,出现不少名人。

六是丰富的非物质文化遗产。如灰塑,又叫灰批,俗称墙身画,是岭南独具特色的建筑装饰艺术之一。广府先民建筑都喜欢用墙身画作建筑装饰,在门额、窗框、山墙顶端、屋檐瓦脊塑上灰塑墙身画,内容多是山水、花卉、鸟兽、人物、书法等。除民居外,花都等地还非常注重祠堂、寺庙的灰塑工艺,常以神话、历史或戏曲故事、人物、动物为题材,也有以鸟兽为题材的"五麟",如凤、孔雀、雉、虎、狮、麒麟等。民间灰塑和墙身画工艺,反映了人们对美的追求和祈求吉祥纳福的朴素感情,成为花都一带民居民间建筑艺术风格和十分富有特色的民间民俗。还有藏书院村、茶塘村的洪圣诞,藏书院村、茶塘村、塱头村的武术,茶塘村、塱头村的抢炮会、舞狮、投灯,塱头村的做寿等风习民俗。还有藏书院等村的习武文化等。

(四)具有艺术价值

一是强调园林特色。在建筑形式上较为鲜明,追求自然化、艺术化园居生活,孕育了岭南园林的独特风格:兼蓄秀茂,精巧秀丽。广府农村的民居,园林特色比较鲜明,表现在体型轻盈、通透,体量较小。花都古村落大多具有这些特点。这是士儒文化对岭南园林文化最精辟的解释。江南园林和北方园林的儒家意味较浓,而岭南园林的儒家意味较淡,因为岭南人远离政治中心的忤逆和反叛表现于古典园林建筑梁架不规范和现代园林文联匾对的不重视。

二是追求实用美观。主要体现在实用与艺术的结合，结构与审美的结合。如镬耳屋，即我们所说的"镬耳风火墙"。这种像瓦顶的龙船脊和镬耳，上面不仅装饰了花、草、虫、鱼寓意吉祥的图案，而且在屋两边墙上用青砖垒起两个像镬耳一样的挡风墙而得名。镬耳墙呈锅耳形，讲究对称，象征古代的官帽，取意前程远大，有"独占鳌头"之意，是古代官宦世家追求达官显宦的象征。所以，有钱人家就会建造一座镬耳屋，来显示其富有和气量。这种镬耳屋，是广府民居的主要特征之一。这种镬耳屋，不仅较之一般的瓦屋墙要坚固，而且其优点在于既可以阻止火灾时火势的蔓延和侵入，又能遮阳、调节风流进入屋子。还有天井、屏风，如前所述，这既有利于遮阳避雨，吸收阳光，净化空气，吸纳好的气体，使住宅达到冬暖夏凉的效果，还具有防震、防灾的意识。

三是讲究民间工艺。花都古村落建筑的工艺特征和造型风格，主要体现在民居、宗祠、古庙、牌坊、书院（舍）天井、屏风、雕楼等建筑实物中。它集广府山川风水之灵气，融民俗文化之精华，布局得体，风格独特，结构严谨，工艺精湛，不论是村落的谋篇布局，还是民居的规划处理，还有建筑雕刻艺术的综合运用都体现了鲜明的地方特色，这就是岭南的痕迹，广府的印象。这种自然景观与人文景观的和谐相处，使之成为当今世界文化遗产的一大奇迹。

保护汕头古村落的应对

鄞镇凯[1]

抢救认定"古村落",是"中国民间文化遗产抢救工程"于2007年启动的一个重点实施项目。广东省是全国率先启动的省份,汕头市文联、汕头市民间文艺家协会积极响应这一动议,做了很多卓有成效的工作,其中主要的有:第一,通过会议、走访等形式,将抢救古村落的重要意义传达到全市每一个民间文艺家、全市各区县的文联组织以及一些重要街道(镇)的文化或文物机构。第二,开展了深入细致的调查工作,向省推荐了汕头市澄海区程洋冈村和前美村两个村落为广东省首批认定的古村落;汕头市潮阳区南阳古村和澄海区龙美寨为省第二批认定的古村落。第三,通过媒体广泛宣传抢救古村落的重要意义,三年来,发表深度报道的文章20多篇。第四,把保护古村落的工作当作一项长期任务,根据群众提供的线索和资

---

[1] 鄞镇凯,广东省汕头市民协副主席,《汕头日报》编辑。

料，坚持调查全市古村落的现状，并对已被省认定的四个古村落的保护状况一直跟踪关注。

在抢救、保护汕头古村落这项重要工程中，我一直身居工作前沿，坚持田野调查，积数年之经验，认为这项工程要持续发展下去，同时须调整原来的思路，做好下述几个方面的具体工作：第一，携手整合开发，打造旅游品牌；第二，淡化经济观念，强化文化价值；第三，开拓工作思路，抢救古村角落。

一、携手整合开发，打造旅游品牌

（一）"携手整合开发"的具体构想

"携手整合开发"的具体构想就是把澄海区莲下的程洋冈村、澄海隆都的前美村、龙美寨三个省认定的古村落联合起来创建"澄海古村落文化游"，联票经营，也即是旅客一票游三地，至于成本分摊，利润分配等细则，进入务实阶段时再议，只要产品能上市，其他问题的解决不在话下。日后澄海再有省级认定古村落，可以加盟这个团体，扩大这项旅游产品的内容。

（二）联手开发的优势

提倡这三个古村落联手开发，创建"澄海古村落文化游"的动议，是有一定的客观道理支撑。第一，地利。这三个古村落都位于231省道安澄公路路段的两侧。从澄海方向出发，程洋冈最先到，前美村次到，龙美寨后到。从程洋冈到龙美寨约15千米路程，乘旅游车约15分钟可抵达。231省道，绿化环保尚可，犹如一条绿色的彩带，把古老美丽的程洋冈、前美、龙美串在一起。第二，人和。这三个古村落同属澄海区，其中的前美、龙美还同属隆都镇，都是"邻近乡里三分亲"。联合开发应由区、镇政府牵头组织，"同一个政府"做同一件事，会减去诸如"协商"等诸多麻烦。第三，这三个古村落风光各有特色，文化含义有所不同。换言之，有不同的旅游视点：

程洋冈古文化积淀深厚凝固可观。程洋冈村历史古老，原为唐宋时期的古港口，后来因为地理变动，港塞寨立，远离繁华。这里的居民从商品经济运作转化为小农经济运作，创造农业社会的文明，同时也保存着商品经济社会的文明。这个村寨的文化保护工作尚好，古文化凝固可观，古榕参天遮地，有700年树龄的连理古榕，有古时航海者作为航标的公鸡古榕……更有令人心旷神怡的古榕长廊。古寺庙古祠堂多而有看头，其中有清雍正年间重建的古葵庵，内有多帧庙堂壁画精品和宋帝昺饮水的古葵泉井；有明代成化年间建成的丹砂古寺，寺中有清初澄海知县王岱手植的凤竹，有抗倭寇练武厅。此外，更有凤岭古港摩崖石刻、陈遂临江寨等名胜古迹。流连其间，宛如进入历史的隧道。这里的一砖一石，都刻着历史的烙印。

前美村村居中西合璧，富丽堂皇。前美村最吸引参观者眼球的是永宁寨和陈慈黉宅第。永宁寨是陈慈黉家族的先祖陈廷光于清康熙年间筑建的。寨呈四方形，约1万平方米，寨墙保护完好。墙厚0.8米，东西南三面墙高8米，北面墙高不足4米（凤水需要）。寨外北面有一口池，昔年池阔水清，风光秀丽。该寨坚固实用，若厚重的寨门一关，乱兵攻不进，洪水涌不入。寨内有一口井，井水清冽，晴日可窥见莲花山倒影。前美村的陈慈黉宅第已经闻名遐迩，其中已开发为旅游点的一座是善居室，其宅第组成部分还有"寿康里""郎中第""三庐"三座华屋，四座宅第共有厅房506间，占地面积2万多平方米，规模宏大，基本格局为潮汕"驷马拖车"建筑的组合，又巧妙融合了西方建筑风格，古朴典雅，是中国早期典型的中西合璧建筑。

龙美古寨袖珍府城。龙美寨建于明朝成化年间，是一座压缩面积的潮州府城，当年的创建者是有意识仿照潮州府城来施工的。该寨仿潮州府城开四大门三小门。有护寨河，有桥，有"西湖"（寨外西畔一口大池塘），池塘水满，鹅鸭嬉戏其中，池畔古榕参天，竹叶婆娑，不乏诗情画意。寨墙保护完好。寨内面积约1.5万平方米，建筑物分为明、清、民国三个时期，唯独没有现代，古韵浓郁。古寨内最富文化含量的标志性建筑物是"状元先生第"，是明代状元林大钦的先生黄石庵的三进大宅第，据说门联"状元先生第，进士世宦家"这十个字出自林大钦之手。这座宅第以及宅第的原主人黄石庵，充满了传奇故事。

（三）精心包装 打造品牌

这三个古村落的旅游硬资源和软资源都很丰富，希望当地政府和民众要懂得保护和开发。

保护古村落和开发旅游区的工作是不同的两码事，但并不矛盾。保护是为了开发，开发要注意保护。除此，还要有开发主题，定位要准确。简言之，这三个古村落的开发要根据各自的文化优势和地利优势有所侧重选择经营项目。细化来说，我的建议是：

程洋冈的经营定位是"古迹游"。古老的程洋冈保存许多宝贵的历史遗迹，这些历史遗迹就是旅游内容，但有6000多人口的程洋冈太大了，应该精心研究，规划出一条既经济又内容丰富的旅游路线。这条线路，除了展示风景、文物之外，还要展示活态的民间文化，当地特色的大锣鼓、灯谜、木偶戏等，都可以粉墨登场，成为重要的旅游内容。

前美村经营定位是"娱乐游"。前美村从前是"绿水绕村郭"的水乡，后来由于种种原因，溪道被填了。建议重凿河道引水，让清流环绕前美四个小村，前美将更美，是一个"舍南舍北皆春水"的人间胜境，游客可以荡舟赏景，泛舟品茗，放舟浮钓，其乐融融。陈慈黉宅第厅房很多，应充分开发利用，可引进澄海动漫，也可成为澄海玩具展览平台。

龙美寨的经营定位是"生态游"。龙美寨在澄海的北边，与潮安县官塘镇交接，盛产水果。对龙美寨的环保实施长效管理，确保水清景活。村寨四周广植林檎、番石榴、荔枝、龙眼等四季瓜果。特地制作古府城图和龙美寨图，让游客比照，领略"袖珍府城"的风光韵致。然后，让游客到果林里自由活动，品尝瓜果，享受大自然的温馨。如果允许，在修旧如旧的前提下，寨内房屋可改造为"农家旅店"，最大化利用旅资源。

开发"古村落文化游",极其具有挑战性。程洋冈,龙美寨的干部和民众都强烈有此希望,但一筹莫展。诚然,以一村一镇之力是难以成事的。如果这项工作能够成为区级以上的政府行为,由政府来牵头组织资金,协调方方面面的关系,那么,什么矛盾都会迎刃而解,成功的概率必会大大增加。

二、先保护后开发,强化文化价值

汕头古村落是汕头的文化资源,不仅是一个村庄的村民之财富,而且是整个汕头人民的财富;古村落认定的意义重大,是要让优秀的传统文化和农村经济与社会建设相融合,让优秀民间文化在新农村建设中代代流传。

汕头有保护价值的古村落已不多,去年9月,我陪同广东省第二批古村落考察专家组赴潮阳区贵屿镇南阳古村和澄海区隆都镇龙美寨考察时,广州大学建筑学教授、广州大学岭南建筑研究所所长汤国华先生问我:"汕头还有多少像南阳古村、龙美寨这样有抢救和保护价值的古村落?"我答:"我听说过的有四五个,我已经调查过认为有保护价值的有两个。但我相信不止这些。"

我调查过并觉得有保护价值的这两个古村落是金平区的蓬洲古村和潮南陇田镇的东里寨。

蓬洲古村,位于桑浦山的南麓,原为明代洪武年间建造的千户所城(千户,官名,明朝设卫所兵制,千户所统兵1120

员，分为10个百户所），作为驻兵防守御寇要塞，该城城墙原为土灰构造，后改砌为石墙，十分坚固。城周长2133.33米，设东、西、南、北四门，城门上各有月楼。明嘉靖年间，经兵部尚书翁万达奏准皇帝，四乡民众入住置业，形成兵民同城格局。几度风雨，几度春秋，几经兴废，城墙已被拆除，城基辟为环村道，唯存三两处残垣，被古榕树根紧紧盘缠；还有那古色古香的民居建筑群，众多的庙宇、宗祠、小桥、雨亭、牌坊、古树，更是令人发出"昔人已乘黄鹤去""白云千载空悠悠"的怀古浩叹。我于今年元宵节期间带领广东省民间文艺家协会主席罗学光等专家参观了这个古村落的一角，他们对此大加赞叹，认为是不可多得的历史文化遗产。

东里寨，是著名泰籍华侨领袖郑午楼的故乡，潮南区陇田镇东仙社区的一个古建筑群。该寨近似四方形，土木结构，总面积1.2万多平方米。寨中有三街六巷，共有大房108间，厝手小房66间，厅51个。方形寨四角设置更楼，作报时辰和治安防范之用。寨内还有防火安全的建筑设施。该寨的建筑物整体保存完好。作为标志性建筑物的寨墙，高5米多，厚0.6米，虽然曾受过日寇炮轰，但除了刻上岁月的沧桑感，没有破败现象。它是潮汕古建筑砌墙法——"舂坯"的经典物证，历200多年而依然坚固笔挺。东里寨是潮汕古民居建筑的活化石，其中的建筑物无一不渗透堪舆学和易理。有专家认为，这个建筑群从定位、规划、设计、格局各方面，都能看出当时潮汕地区建筑技术的高超。东里寨具有较高的建筑研究价值和文物保护价值。

除了上述两个村寨，还有没有值得抢救和保护的古村落？

因为忙,我还来不及再作进一步的调查,相信还有,但不多。偌大的汕头市,村落有上千,有抢救和保护价值的才这么寥寥数个,可见弥足珍贵。但是,从整个社会环境来说,保护的意识并不强烈。

(一) 申报古村落反应不热烈的原因

参与广东省古村落认定工作的专家问我:"汕头那几个具备条件的古村落为什么不申报上来?"我答:"一是不感兴趣,二是无从报起。"

所谓不感兴趣,是当地的职能部门和村干部对"申报古村落"一事根本就不感兴趣,甚至有抵触情绪,这些同志功利目的较强,认为被认定了"古村落",政府就应该拨款投资建设,开发为旅游区,"大把大把地入钞"这才有价值,否则,免提。我到某村去调查,是以访友的名义进行暗访的,村主任热情邀请我喝茶。言谈中,同行的朋友泄露了我此行的目的,村主任立即变脸,把茶具收起,恨恨地对我说:"政府不拿钱给我们,甭想搞什么古村落!搞古村落有什么好处?几幢破房子想要拆都不能拆!"村主任的这番话,很能代表一些当事人的想法。

所谓"无从报起",是指原来的村寨建制变迁,现建制与村民的旧生活圈和旧文化圈不吻合。诸如上述的金平区鮀江街道蓬洲古村,现在分为蓬东、蓬西、蓬南、蓬北四个居委会,区域分割,资源分散,如果要把蓬洲古村作为一个申报单位,哪个居委会来负责这件事呢?申报之后的后续工作又由谁来做呢？

上述存在的两个问题，如果不解决好，持续发展"保护古村落"工作只能是一句空话。

（二）以南阳古村模式开展宣传申报工作

申报南阳古村的古村落认定工作，让我们积累了保护古村落工作的一些经验，其要点是：第一，淡化经济目的，强化文化价值；第二，区镇领导支持，村居联手打造。

南阳古村地处潮阳区西南角，自宋代创乡至新中国成立之前一直称为"南阳乡"，区域面积约30平方千米。新中国成立后，"南阳乡"被划分为联堤等11个行政村落，均属贵屿镇管辖。该村落的行政区划变了，但村民们的文化圈和生活圈一直没有变。"南阳"这个文化符号一直保存在这11个村子四万多人以及海外四万多游子的生活中。走出村子，他们就说："我是南阳人。"古南阳的景观今犹在。走进这片土地，举目可见参天的古树，古朴的民居，肃穆的庙宇，豪壮的官宅……它们闪耀着历史的瑰丽和文明的辉煌。古南阳，具备"古村落"申报条件。

以南阳籍港商郭峰先生为首的一班有识之士，走到一起，将原南阳乡划分出来的11个村联合起来，以"南阳古村"的名义申报省级认定"古村落"，潮阳区文联和贵屿镇党政均支持他们，此事终获成功。他们申报的目的很明确："保护祖宗传给我们的文化遗产。"除此没有一点经济目的。我在该村进行过随机调查，发现不少村民都有这种高境界。我参观了该古村落最有特色的古民居建筑"大厅内"。该建筑物位于现在的联堤村，建于明嘉靖二十八年（1549年），贵溪县令郭廷序的宅第，占地3000多平方米，有99个门，大小天井26个，居住人数最多时达500多，整座建筑物像一座迷宫，引人入胜。这座建筑物破败了，虽然业主们绝大多数不用在此居住了，但他们还是决定筹钱修缮，他们对此目的明确：祖宗传给我们的宝贝不能在我们手上毁了。

我认为，以南阳古村为例子，我们在宣传保护古村落，申报古村落时，不能强化古村落开发为旅游区的话题，不能给人造成古村落约等于旅游区的错误认识。我们应该强化古村落的文化价值。我们应该让古村落里的同志知道，汕头古村落是汕头的文化资源，不仅是一个村庄的村民之财富，而且是整个汕头人民的财富；古村落认定的意义重大，是要让传统的优秀文化和农村经济与社会建设相融合，让优秀民间文化在新农村建设中代代流传。宋代的相爷陈尧佐称誉古潮州是"海滨邹鲁"，这可让千余年来的一代代潮人激动不已。因而，凡潮人必须记住：我们不该在古潮州这片土地上，让"海滨邹鲁"的载体——古村落在地球上被抹掉。申报"认定古村落"，就是为了更好地保护古村落。

话说回来，我并不反对将古村落开发为旅游区，相反，我十分赞成这项工作，在上一篇文章对此已有阐述，只是认为：并不是一座村庄有了一块"古村落"的牌子，开发旅游区就一蹴而就。古村落开发为旅游区，必须有天时、地利、人和。古村落应该先抢救保护，然后待天利，创造地利及人和，其中细节，此处不赘。

南阳古村整合资源，联合申报的做法，值得蓬洲古村等村落仿效。

三、扩大保护范围 关注古村角落

汕头市的古村落抢救、认定工作取得了一定的成效，越来越多的人认识到抢救古村落的重要性，以科学发展观将其视作推进生态文明的重要工作来对待。但是，摆在我们面前的问题，除了上述"古村落的同志对申报保护漠不关心"之外，就是古村落存在不多了。当然，这里指的古村落，是指严格意义上的古村落，也即有条件申报、保护的古村落。古村落是历史文化遗产，不可再生。没有了工作对象，一切的工作思路都是一句废话。如何拓宽古村落保护工作的思路？我在调查研究中发现以下几点：

（一）古村角落也承载着人文历史

众所周知，近年来古村落受到了极其严重的破坏。走进很多历史悠久的村庄，举目所见是钢筋水泥、瓷砖、马赛克，百年古榕枯死了，清澈的小溪成了臭水沟了，稻花香味换成了塑料臭气……不过，在这些说不上名堂的居住区（不少是工业、居住混合区）里逛逛，却也常有使你眼前一亮的景光。

在龙湖区古蓬洲都蔡社区有一座佘翰林的祠堂。这座祠堂建构宏大，占地约1200平方米，含主座、双火巷、门前埕。这座祠堂昔日十分辉煌,皇宫模式建造。目前文化景观破坏较严重,但主体结构保护完好,质地坚固,材质价值较高,建筑技术高,配套工艺精细。这座祠堂的兴建者是佘艳雪。佘艳雪,又名佘志祯,清康熙二十五年(1686年)进士,曾任翰林院编修,曾代表皇帝祭五岳,名显一时,其人其诗载入《澄海县志》。佘艳雪后代还有16个考中举人,祠堂埕上原本立了一排排的旗杆。祠堂周围的民居虽破旧,但有古潮汕民居的韵味。这个角落离江边不过百米。韩江支流的梅溪河水绕着村寨而过,江水是碧玉色的,江面宽广,飞鸥帆樯竞渡。堤岸上古榕几十步一棵,树杈相接,营造出一片绿色的世界。这是一个古韵隽永而风光清丽的古村角落。

在濠江区马窖街道马窖居委民居群中,有一座100多年历史的盐栈,是古潮州盐业生产的标志性建筑物。这座古盐栈总面积约600平方米(宽48米,深12米)。盐栈门前是一片开阔地,开阔地连着村道,村道下面是一大片旧盐田。盐栈后面是村居,四周是绿化。在旧时代,这座盐栈是朝廷政府的金库,所以也是一处军事禁地,官府派兵把守,24小时站岗放哨,盐栈前原来有一个岗亭。还有一座盐土宅。盐,是中国古今十分重要的生活资源和生产资源。马窖是古潮州重要的产盐基地之一,这座古盐栈很有保护和开发价值,应该修缮、恢复盐栈的外观。盐栈内开辟为盐业展览馆,陈列、展览制盐工具,介绍潮汕盐业史,等等。盐栈对面保留几块盐田,置设几部水车、几架吊窝等制盐晒盐工具,让参观者互动,亲自实践制盐。这是一处具有历史文化价值和旅游资源价值的古村角落。

古村角落，同样承载着一方土地数百年甚至上千年的人文历史，积淀着多少形形色色的文化和生活，留下了多少思索和记忆。我们应给予关注，加以保护。

（二）修缮古村角落　改善居住环境

抢救、保护古村落，就是保护文化资源，促进生态文明，改善生存环境。汕头的古村落不多，但古村角落很多，旧的文化圈和生活圈保存得很好，于是，汕头市民间文艺家协会在抢救、保护古村落的工作中，根据汕头的客观实际情况，不厌其烦地向村民们宣传：保护好自己居住的角落，修旧如旧，综合治理，改善居住环境。这个动议已被越来越多的人接受。其中的金平区鮀江街道木坑居委的庄氏祠堂修缮工作可说是一个示范工程。主事人将主体工程周围的废弃厕所、闲置荒地进行确权、购买，统一规划改造。修缮后的主体工程前面是村老人活动中心、村民健身小广场，小广场前面的一口池塘，以前是集纳生活污水的臭池，秽气冲天，现在，这个小片区埋设了污水地下管道，臭水池整治为清水池。夏天，孩子们在其中嬉戏玩水，是村中儿童至爱的乐园。至于主体建筑，遵循"修旧如旧"的原则，依据潮汕古民居的建筑风格而改建修葺，古色古香。这一工程的成功，带"活"了周边一片古民居，这个角落，是该村亮丽的风景线。住在这个角落的老人自豪地对我说："我们这里环境好，空气好，潮汕古式民居依旧在，农村的样子俨然。我们这里不叫古村落叫什么？"不错，这里的古村落的韵味浓浓，但是，整个村子其他地方的瓷砖和马赛克太多了。这里的状况，启迪了我提议"保护古村角落"的思路。

（三）古村角落的申报和保护工作

我想，古村角落的认定也与古村落的认定一样，把关要严。申报工作应在古村角落的拥有者自愿要求的前提下进行。申报者目的要明确：保护文化遗产，提升居住质量。

有关专家应该主动指导古村角落的修缮和保护工作。古村角落的修缮工作非遵循"修旧如旧"的原则不可。修旧如旧的第一个方法是收集其他地方旧建筑物拆下来丢弃的旧建材作为修缮的建材；第二个方法是"拆东墙补西墙"，把非保护片区残破严重没有保护价值的旧建筑物拆掉，把这些旧建材用到保护片区的建筑物上。第三个方法就是绿化。平整坍塌的旧楼宇宅基地，种上树木，美化环境。古村角落的群众应该收集有关古村角落的人文历史资料，增添古村角落的文化含量。

四、结语

第一，开发"古村落文化游"极具挑战性，保护古村落和开发旅游区的工作是性质不同的两码事，但并不矛盾，保护是为了开发，开发要注意保护。

第二，我们在宣传"保护古村落，申报古村落"时，不能强化古村落开发为旅游区的话题，不能给人造成古村落约等于旅游区的错误认识，我们应该强化古村落的文化价值第三，严格意义的古村落在汕头剩下不多了，但还剩下不少古村角落，它们也承载着一方土地数百年甚至上千年的人文历史，积淀着多少形形色色的文化和生活，我们应对它们给予关注，扩大保护范围。

浅谈广东省古村落的保护工作

陈周起[1]

广东省历史悠久，人文鼎盛，山、地、海自然资源丰富，境内保留有大量古村落，这些古村落都曾保留有精美的古建筑群，丰富多样的民俗活动，优美的自然生态环境。然而，随着城镇现代化进程的急速发展，这些古村落面临着极大的存亡危机，如村内古民居日趋遭受破损，居民与民俗活动越来越少，生态环境亦日渐衰败等，如何保护这些先辈们遗留下来宝贵遗产，不仅是学术研究范围内的思考，也是现实中农村建设、传统文化保护等范畴的需要。

当前广东省古村落的保护工作在全国古村落的保护工作中独具特色，笔者认为集中表现在三方面，一是由广东省民间文艺家协会主持的"广东省古村落认定专项工作"（以下简称专项工作），二是古村落的理论研究，三是各级党委、政府开

---

[1] 陈周起，广东省民协民间文化遗产抢救与保护中心主任。

展的古村落开发利用工作。其主体主要为专家学者、政府、广东省民间文艺家协会。专家学者主要为各级高校、社会研究机构的老师、研究员等人员，研究方向主要为民俗学、建筑学、历史学、人类学、旅游学等方面，他们通过调研、撰写论文、出版专著等方式对古村落的历史、建筑、民俗保护等方面进行探讨研究；广东省民间文艺家协会为人民团体，于2007年开展"广东省古村落认定专项工作"。各级党委、政府包括有宣传、文化、旅游等部门机构，通过挖掘辖区内古村落、古民居群等资源，结合旅游推广、文化推广等方式，对古村落资源进行保护性的开发利用。

笔者从以下三点对广东省古村落的保护工作进行浅析。

一、推动全局的广东省古村落专项工作

早在20世纪八九十年代，已有不少学者在对我国古村落进行了研究，并且呼吁要关注与重视我国古村落的抢救与保护，但是这种现象并不多，也没有获得社会的较大关注，大多数集中在学术团体的研究范畴内。直到2005年，中国民协主席冯骥才先生对许多省份的古村落进行了调研，同时向媒体告急我国古村落现状的危机，此时的古村落才开始正式和广泛地走进了我国社会公众的视野，关于古村落危机的消息一时覆盖在全国各大媒体的主要版面，成为公众关心的热点话题。与以往个体式、学术式的方式不同，这一年开始的古村落保护话题，是有团队、有组织的大规模行动，在专家发言、媒体宣传、官方表

态等方面也是史无前例的。广东省民协于2007年5月组织了相关专家进行讨论，经过实地调研、考察，制定了广东省古村落认定标准及调查纲要，从定义、指标、调查纲要等方面都做出了结合广东省较合理的科学规范要求。经申报至省委宣传部、省文联后研究决定由广东省文联、广东省民协联合开展这个项目，由广东省民协具体执行。10月，广东省文联和省民协联合向全省基层文联、民协发出了"关于开展广东省古村落专项工作的通知"，正式启动了广东省古村落的保护专项工作。

广东省是全国率先开展专项工作的省份，作为这项工作具体执行主体的广东省民协，在六年的工作中，以高度的责任心、勤劳苦干的精神，团结诸多热爱传统文化的热心人士与学者，积极主动打造联络基层政府部门、村民、学者的平台，以"抢救与保护广东省古村落"为旗帜，科学地提出了"广东省古村落"的定义："在广东范围内，清代以前形成的，现存历史文化实物和非物质文化遗产比较丰富和集中，能较完整地反映某一历史时期的传统风貌、地方特色、民俗风情，具有较高的历史、文化、艺术和科学价值的村落。"专项工作得到了社会各个阶层的广泛赞誉，掀起了广东省保护古村落的热潮，推动了广东省古村落保护全局的发展。"世界文化遗产"江门开平碉楼所在地自力村、孙中山故里——中山翠亨村和东莞的南社村、塘尾村等拥有全国重点文保单位称号的村落都纷纷申报为广东省古村落。中国民协对专项工作给予了高度评价："当古村落是作为最大的非物质文化遗产还是最大的物质遗产尚无明确归属的情况下，广东省文联和民协以高度的文化自觉，在古村落保护工作中率先行动，领跑全国。"[1]

　　回顾当时及如今，笔者认为专项工作有两点很值得大家关注，一是确定以"认定"为主体，推动全省的古村落抢救与保护局面。二是组建了合理的专家考察团队，规整了古村村落档案。从后来开展的工作中事实证明，这种思路非常正确。一是广东省民协是联络各地民间传统文化的人民团体，有着50年的悠久历史和极好的声望及平台，各地基层单位通过申报古村落，与广东省民协有了极为广泛而密切的联络，在开展本地古村落的保护工作中得到了较好的宣传平台与保护思路。而以前广东省民协的工作主要集中在联络会员、举办民间艺术表演、展览等方面，只与部分基层单位有联络，通过专项工作，足迹遍及广东省21个地市100多个县，这样也拓宽了省民协的社会联络资源，对协会的其他工作也有着较大的推动作用。"认定"字样既有权威性，也有竞争性，对宣传本地村落、地区文化有着很好的帮助，极大地拉动了各地申报古村落的热情，也进一步促进了村民们对自己家乡的热爱及保护意识。二是在开展专项工作中，在广东省民协两任驻会主席罗学光、李丽娜的努力和带领下，广东省民协组建起一支合理而专业的专家考察团队，这批专家来自中山大学、暨南大学、华南理工大学、华南师范大学、广州大学等高等学府的学者，他们学术知识扎实，对村落、古建筑有着深入的研究。在考察和认定古村落过程中，他们向各地提供了许多有建设性的意见及解决方案。而在

---

[1] 中国民间艺术网："广东古村落保护工作领跑全国"http：//www.cflas.com.cn/_d274364187.htm.

规整古村落申报资料方面，现任驻会专职副主席李丽娜提出了长远而科学的规划，如按照广东三大文化板块分批次进行考察认定，邀请了职业档案员对各地古村落的申报材料进行科学的整理归档。在这些丰厚的档案基础上，积极主动与出版社及媒体合作利用资料，出版了旅游类书籍——《岭南古村落系列丛书——走进古村落》，举办了"广东十大最美古村落"评选活动，积极与相关单位协作提交"大数据古村落资源平台建设"的国家项目申报等工作。可以见到，这些认识及举措无疑为古村落保护工作提供了很好的基础。

广东省古村落专项工作中，无论是获取的成绩，还是留下的诸多不足，这都是广东省民协在开展专项工作所获得的经验，为当前我国古村落的保护工作提供了一个鲜明而典型的案例，很值得从事古村落研究的专家对专项工作进行进一步研究与分析。

二、提供学术支持的古村落理论研究

虽然关于古村落保护的概念、理论研究及行动等直到2005年前后才得以全面铺开，实际上，在2000年以前，在村落概念下的古民居研究、村落历史研究、民俗研究等一直是学术范畴内的热点。广东也不例外。从1949年新中国成立至今数十年，已有许多学者对广东省内的古民居研究、村落历史研究、民俗研究进行过许多理论研究，这些学术范畴内的研究及取得的成果，给当前广东古村落的保护工作打下了很好的学术根基与指明了方向。

在民居建筑研究方面，1949年以后，华南工学院（华南理工大学前身）建筑系教授龙庆忠率领系里的青年教师与学生，对潮汕地区的古民居群进行了大量的调研与系统的研究，这是中华人民共和国成立初期学界最早关注广东古民居群方面的学术研究，调研的这些古民居既有保存在村落内，也有保存在城市内的。至1982年，华南理工大学建筑学院陆元鼎教授等人在当年的成果上作了进一步的调研，1990年编纂成《广东民居》一书。这本书堪称研究广东古民居群的学术里程碑，里面全面地介绍与分析了广东各地的古民居群体，其中不乏当前许多古村落的名字，如潮州的象埔寨。正是华南理工大学建筑学院龙庆忠、陆元鼎等前辈学者在广东民居研究上的筚路蓝缕，20世纪八九十年代，关于广东古民居群的研究在广东的建筑学界十分兴盛，涌现出许多优秀的学术论文与书籍。此时主要的研究机构及成员为华南理工大学建筑学院及各个学段的学生。此外，中山大学、广州大学、广东工业大学、江门五邑大学等设立有城市规划或者建筑学科专业的大学陆续也在这方面开始了许多深入的研究。回顾这些论著，不难发现，当时的研究重点主要是在民居样式及规划等方面，只有少数与"村落""文化"等字样挂钩的论著，如在中国建筑工业出版社编辑出版的专业刊物——《中国传统民居与文化》一至四期（1991~1996）中，仅有《广东南海民居与乡土文化》《传统文化与潮汕民居》《粤北瑶族民居与文化》等不多的几篇文章。笔者认为是与当时建筑学科的研究思路和方向有很大关系，通过纯建筑的研究，附带阐述其他学科，这在《广东民居》的绪言中说得很清楚："民居是建筑的主要类型之一，它具有悠久的历史渊源，与广大人民群众的生活也最密切相关。从民居的发展变化中，可以看出人们生活中的风俗习惯、传统文化、审美观念、技术成就以及地方特色等等。"

在村落的历史、民俗、聚落地理等研究上面，一直是比较热门的关注点，但是集中在古村落范畴内的研究则比较少，广东进行这方面研究的主要为高校的人文学科或者机构，如中山大学中文系、人类学系，华南农业大学、梅州嘉应大学客家研究院、潮州韩山师范学院潮学研究所等。

2005年前后，随着社会对古村落的关注程度越来越高，学术界陆续出现了对古民居群及其载体——古村落的综合研究。如陆元鼎教授在其主编的《中国民居建筑》（2003年）中关于"广东民居"的内容中，明显比之前他主编的《广东民居》一书增加了更多关于村落概况、布局、内部组织等方面的内容。在许多重要的民居研讨会上，如2000年后由中国民族建筑研究会民居建筑专业委员会主持举办的"中国民居学术会议""客家民居国际学术研讨会""华南地区古村古镇保护与发展（广州）研讨会"等，出现了不少与古村落、聚落、民居三者相关的论文，如《进入粤中地区的客家聚落——东莞三个客家围村的考察》《广东古村落的文化精神》《广东始兴县清代客家民居地理建筑家庭概念》《广州泮塘村古村落的保护规划》《中国历史文化名村——大岭村的景点介绍及规划保护》等。此外，还出现了《梅县三村》《中国古村落·南社村》《桥溪·华南乡土建筑研究报告》等书籍，此时的研究一般就古村落建筑、历史、民俗研究、旅游、规划、保护等方面进行综合性探讨与研究，研究方法主要为定点研究与田野调查等方式，参与者申报的项目也愈加有分量，如中文核心期刊《华中建筑》2012年第6期刊登的一篇论文《基于场所重建的岭南古村落更新策略——南湾古村案例探索》，便是由华南理工大学亚热带建筑科学国家重点实验室自主研究课题资助的项目。

三、站在保护第一线的主体与实践

古村落的保护工作最主要的主体人员必然是当地的政府及村民。生活在其中的他们，是站在古村落保护第一线的主体与实践者，他们对古村落的认识与意识与采取的实际保护措施正确与否，将直接影响到古村落的存亡。近年来，广东各级政府官员或者村民在这方面的认识均有了较大的提高，也有了很多实际行动。如2007年11月潮州饶平县人民政府就专项工作的文件专门给各镇政府下发通知，要求他们要："认真组织开展辖区内古村落普查专项工作，对现存具有较高历史文化艺术和科学价值的古村落进行普查登记，并按照《广东省古村落》申报要求填写《广东省古村落申报表》及拍摄基本图片、照片。"[1] 2012年8月民进广东省委提交至广东省政协十届五次会议的第20120011号提案《加强我省古村落保护刻不容缓》，

---

[1] 饶平新闻网站："关于开展古村落普查专项工作的通知" http://www.rpew.com/News_View.asp? NewsID=772

该提案是省政协主席会议督办提案，广东省住建厅"经会省文化厅、省农业厅、省财政厅、省政府法制办，重点对以下几方面问题进行了答复：一、传统村落保护工作已引起国务院和各级政府的高度重视；二、近年来我省开展传统村落保护的相关工作；三、结合提案的相关建议，进一步做好传统村落保护的工作思路。"[1]此外广东不少村落里自发组织的保护工作小组的消息不时见诸媒体，如"2008年，由政府支持、外出乡贤投资、村民管理的梅州市茶山古村落保护开发有限公司成立，积极探索古村落保护市场化模式。公司配备了五名专业管理人员，对重点民居实行挂牌保护；成立了夜间巡逻队，加强了对历史文化遗产的保护与抢救；同时，着力整治村庄卫生环境、控制乱搭乱建等行为……"[2]"本报曾报道花都区炭步镇塱头村的黄显标老人，15年如一日，致力于保护塱头古村落。作为广东省首批认定的27个古村落之一，塱头村正式揭牌为'广东省古村落'，老人15年梦终圆。"[3]

这种现象出现的原因，除了因为国家的农业政策、文物保护及村落宗族力量、村落精英文化等方面的影响，前面所述的专项工作及诸多理论研究的持续开展，起到极其重要的作用。

---

[1] 广东民进网 "广东省住房和城乡建设厅对民进广东省委《加强我省古村落保护刻不容缓》提案做出答复"http：//www.gdmj.org.cn/plus/view.php？aid=6800

[2] 梅县政府网："政府重视乡贤投资村民自发保护茶山古村落——守一方净土 护山村古韵"http：//www.gdmx.gov.cn/index.php？a=show&c=index&catid=27&id=3721&m=content

[3] 广州日报："乾隆朝贞节牌坊现花都"http：//news.hexun.com/2008-12-20/112593651.html

在更让人欣慰的是，既有由上而下的政府的高度认识，也有由下而上的村民自发行为。

当前地方政府的主要做法是对当地古村落思索古村落文化资源进行梳理、规划，大多以对古村落资源进行旅游开发为主。广东最早开展这方面尝试的地方不在少数，如广州从化市的钱岗村、广州花都区塱头村、肇庆德庆县金林水乡、江门蓬江区良溪村、潮州潮安县龙湖古寨，梅州梅县侨乡村等，早已通过募资及申请经费，做保护规划，成立旅游开发公司等方式，对古村落文化资源进行开发性的保护与利用。其中肇庆市在古村落保护和开发上取得较多经验，早在2008年，肇庆市政府已印发《肇庆市文化古村落保护利用规划工作方案的通知》，提出了明确要求："从文化传承、建筑艺术、生活形态、生态文化等方面对我市古村落的历史文化内涵加以保护并使之得到合理的利用。""把文化古村落的保护利用与建设'文化名市''旅游经济强市'相结合，积极做好文化古村落的规划建设、项目论证和招商引资工作，开发一批历史文化内涵浓厚、旅游价值较高的文化古村落。"值得关注的是，肇庆古村落保护的组织机构是综合性的："由市政府主要领导任组长、分管领导为副组长，市委宣传部、市发改局、市财政局、市国土资源局、市建设局、市交通局、市文广新局、市法制局、市城乡规划局、市旅游发展局、市文联等单位有关领导为成员的文化古村落保护利用工作领导小组。"

诚如冯骥才先生所言："古村落是中华民族最大的文化遗产，其价值不比万里长城低，'万里长城是一条线，古村落遍布中国'。"[1]保护这么庞大而有价值的文化遗产，并非一朝一夕、单枪匹马可以完成的，而应该充分认识到这是整个时代与民族的共同使命，需要各个阶层共同参与与共同行动。从前面所述知道，广东省在这方面做了许多较好的尝试和实践，各级政府部门、广东省民协等人民团体、学术界的学者们为广东省古村落的保护工作做了许多工作，既有相互影响，也有各自专长。在下一步的保护工作中，笔者认为应当综合运用多方的力量，同时调动村民以及各界热心人士的积极性与参与性，这样才能对广东省古村落的保护与发展起到积极的推动作用，亦将对我国各地古村落的保护工作模式起到良好的示范作用。

---

[1] 人民日报："古村落是最大文化遗产 传承文化保护先行"，http：//www.ccrpf.org.cn/tabid/73/InfoID/1817/Default.aspx

广州古村落保护和开发利用的几点建议

黄淼章[1]

广州市是一座历史悠久的文化名城,又是岭南文化的重要发祥地,地上不仅保留有大量的文物建筑,而且还保存有不少蕴含丰富历史文化内涵的古村落,是承载岭南千年历史文化的"活化石"。但是,随着我国城市化进程的加快,广州的古村落也毫无例外地受到了城市化和现代化的冲击,古村落的生存、保护和开发利用遇到很多新情况和新问题。按照中央关于建设社会主义新农村和广东建设文化强省的要求,以广州市打造世界文化名城建设为契机,深入挖掘和开发利用凝聚岭南人民历史智慧、散发着浓郁岭南乡土气息的古村落,精心打造集生态、文化、旅游为一体的广州古村落文化品牌,对落实科学发展观,全面建设小康社会,保护历史文化资源,实现经济社会全面、协调、可持续发展具有重要意义。

---

[1] 黄淼章,广东省文史研究馆史学院院长。

一、广州是广东省古村落保存较多的地区

古村落是岭南农村乡土建筑的聚居地,是岭南乡土文化、风俗和建筑的结晶。广州古村落建筑风格独特古朴、乡土人文气息浓厚、民风淳朴、自然环境优雅、山明水秀、自然与人文交相融合,且因历史、自然、地理、民俗等不同,广州各区古村落呈现出多样化的人文特色,这些都构成了古村落的基础条件。

广州是广东省古村落保存较多的地区之一。以花都区为例,目前已发现有17个古村落,其中炭步镇塱头村、炭步镇茶塘村、炭步镇藏书院村、新华街三华村、花东镇高溪村是省级古村落,这在经济发达的珠江三角洲地区极为罕见。另外,增城市和从化市以及番禺、白云、天河、黄埔、萝岗、南沙、海珠等区也都保存了不少古村落。但是,随着近年广州经济的高速发展和城市化进程的加快,广州的古村落也毫无例外地受到了城市化和现代化的冲击,积淀了岭南文化基因的古村落正在急剧减少、而且面临迅速消失或濒临绝迹的严峻形势。古村落这种稀缺性历史资源与现代化建筑景观、生活方式形成强烈差异,如何保存好、保护好这些弥足珍贵的古村落,近年来成了社会各界探讨的热点话题。

二、广州市古村落保护存在的主要问题

广州的古村落文化,丰富多彩,包涵了农耕文化、建筑文

化、祠堂庙宇以及雕刻艺术、科举、宗族、民俗、风水等方面的内容。现存的古村落有些是宋代建造的，而大多数是明清时期的。广州不少古村落的布局都讲究风水，在当年开村建设之时，大多数都运用了堪舆学的理论，使古村落能达到"天人合一"的境界，这也是岭南古村落的一个重要标志和文化符号。广州市的古村落文化资源丰富，但除几处被定为省级古村落的保护工作做得较好外，大多数古村落尚处在没有规划，缺乏管理，自生自灭的状态。广州市古村落保护工作不容乐观，加强古村落保护和开发刻不容缓。

（一）保护意识淡薄，缺乏保护的规章制度。广州市对古村落的保护工作还没有引起足够的重视，一些职能部门对古村落所具有的历史文化价值认识模糊，还未能从历史传承、文化沉淀的战略高度去认识古村落的宝贵价值，未能以长远发展的眼光依法加以保护利用，缺乏古村落保护的规章制度，加上一些村民对古村落自觉保护不够，以致古村落在近十多年来遭人为破坏比较严重。

（二）历史性自然老化造成古村落老房子的自然颓败和无力修复。古村落老房子包括以前的有钱人的大宅、祠堂、庙宇等，由于年代的久远，再加上"十年浩劫"的破坏，古村老屋被遗弃，不少古宅已经老旧破败得灰头土脸、墙体开裂，有的祠堂庙宇也残破不堪，同时，在古村落中出现了与乡土环境、历史风貌不和谐的各类现代建筑，严重破坏了古村落的古风古貌。

（三）现代化生活与传统文化的矛盾使广州古村落受到

越来越大的冲击。村民对现代城市生活方式和品质的合理追求，对原有居住环境的不满意构成了古村落保护的内部矛盾。由于现代生活观念和方式的改变，广州地区古村落原有的基础设施、房屋格局和居住环境已不能满足当地村民日益增长的现代生活需要。事实上，越是经济发达的地区，如广州、深圳等珠江三角洲城市，古村落的破坏就越严重，相反，越是相对封闭、经济不发达的地区，古村落反而保存较好。近十多年来，广州地区大量有历史、文化价值的古村与宝贵的历史资料遭到毁弃或流失，年轻人离开古村走向城市，许多古村老屋被遗弃，古村落大量空心化的现象时有发生。譬如三华村是广东省公布的古村落，但又是花都17个古村落的保护最极端和最具矛盾的。三华村建于北宋，至今有900多年历史，最古老也最有价值。由于地处花都闹市区，三华村正在被城市化浪潮吞噬，有沦为"握手楼"林立的城中村的危险。"如果现在不保护，10年后这个古村就完了。"广州民俗博物馆的一位负责人如是说。因此，加强广州市古村落的保护和抢救已经刻不容缓。

（四）农村人口不断增长与古村落保护的矛盾。古村落因古代经济、人口、地形所限，空间一般不大，容量有限。随着农村人口的不断增加，农村居住的环境矛盾日益突出，老屋人口拥挤，环境污染日益加剧，垃圾污水遍地，直接影响了古村落原来特有的人与自然和谐的居住环境和村民日常生活质量。不少村民都搬到离古村不远的新建小区居住，古宅都出租给外地人，因此古村落的基础设施也就更缺乏保护和管理。村民外出务工造成的空巢现象加速村落的颓败和老房子的倒塌。

（五）公路和高速公路的建设对古村落景观的破坏。在建设公路和高速公路时没有考虑到要保护古村落，新建道路在村中穿膛破肚、拆迁古建筑、砍伐古木等，一些古村落因此被拆移迁址或破坏景观。

（六）缺乏保护利用经费。古村落是岭南农村乡土建筑的聚居地，是岭南乡土文化，风俗和建筑的结晶，承载着我们的历史和文化，是重要的历史文化遗产。但是，由于受到目前农村经济条件的制约，大多数古村落缺少保护和发展发资金，不少古村落只能任自然摧残和人为破坏而日趋破败。同时，由于村民大量搬离，古村落面临"空巢化"，随之而来还有严重的古村落建筑构件和文物被盗窃的问题。

三、加强广州市古村落保护的几点建议

（一）切实提高广州古村落保护意识。广州古村落是历史的产物，是历史的沉淀，有着深厚的文化内涵。因此，它既是一种不可再生的历史文化资源，也是一种珍贵的民族遗产。要强化保护意识，坚持保护为主的方针，将古村落的保护纳入到各级政府和有关部门的重要议事日程。尤其要加强对广州古村落保护的宣传，提高全社会的保护意识。

（二）要发挥政府的主导作用，建议成立广州市古村落保护工作委员会，统一协调解决我市古村落保护工作中的重大问题。开展古村落文化保护是各级政府的职责，政府要切实担负起责任，制定规划、落实经费、组织协调、督促检查，动员社

会各界参与保护工作。

成立广州市古村落保护中心。其主要职责是承担广州市古村落申报工作，负责全市古村落保护工作的具体组织、业务指导、项目论证和宣传联络等工作。促进广州农村的经济文化建设，充分利用建设社会主义新农村的大好时机，进一步加快保护和开发广州古村落的步伐和力度。

（三）要认真抓好广州古村落保护的全面规划。目前，广州市大多数古村落的原貌还基本保存，村中建筑风格独特、民风民俗淳朴、乡土人文气息浓厚、自然环境优雅，自然与人文交相融合，是极为难得的文化遗产。因此，要保护和开发古村落，首先要邀请有关专家，制订广州古村落开发建设规划，要有长远的规划和发展目标，划定古村落的保护范围，树立古村落的保护标志，做好古村落的保护档案，控制好古村的用地，在保护好古村原貌的基础上对其进行合理的开发和利用，并按计划分步骤抓好实施。规划要高起点、高品位。要在广州和有关区市政府部门的大力支持下，建立各方面有效的开发机制，全面规划，保护古村落。

（四）保护古村落与发展文化旅游相结合。以发展促保护，以保护促发展是广州古村落保护工作的基本原则。古村落被称之为"传统文化的明珠""民间收藏的国宝"，近年来备受世人瞩目。因此，从现代旅游来看，古代村落也是旅游业一个重要依托，同时，旅游业的发展对古村落也有积极的保护和促进作用。但是，目前到广州古村落参观，最明显的感觉就是古村的配套设施跟不上，可观性较差。事实上，广州古村落的旅游开发还处于规划准备阶段。因此，我们一定要保持古村落的原味。要加强古村管理，改善服务，进一步完善古村落的各项旅游配套设施和加强包装策划与宣传推介。把古村落的开发建设列入广州文化旅游招商项目，大力发展文化旅游业，不断提高古村落的知名度和影响力。

（五）设立广州市古村落文化保护专项资金，用于广州市古村落文化保护和开发利用。通过政策引导等措施，鼓励个人、企业和社会团体对古村落文化保护工作进行资助。要多方筹集资金，积极拓宽开发利用古村落的筹资渠道。开发古村落不只涉及村镇、文化部门和旅游局，还涉及社会各个方面，需要协调解决问题较多，因此，不能仅仅局限于村镇、文化旅游部门的投入。必须争取社会各界的支持，多方筹集资金，不断完善古村落基础设施，改善古村落人居环境；采取市场运作方法，按照互惠互利原则，扩大对外合作，吸引社会民间资本参与开发建设古村落。要开拓以政府投入，文化部门、旅游部门及古村自筹经费及社会各方面投入相结合的多元化融资渠道。

（六）要加强对古村落文化保护重要性、紧迫性的宣传力度，真正使古村落文化保护理念深入人心，提高全社会的文化自觉，增强全民族的文化保护意识和能力。邀请有关专家对古村落保存的古建筑进行一次全面的普查，了解古村的家底，编写古村落的文化旅游说明。村中的明清建筑和古庙宇要尽量保护和恢复古貌，门前要挂说明牌，让游人可以了解古建筑的历史和故事，增加古村落的文化气息。要进一步向社会各阶层宣传，扩大广州古村落在岭南及全国的影响力。在对广州市古村落进行全面普查、确认、立档的基础上，进行整理、研究、出版广州市古村落丛书。

广州的古村落文化保护工作不会一蹴而就，也不是仅凭热情就可以做好的。广州同其他城市相比，古村落保护工作启动较晚，存在不少问题，这一切说明广州市古村落保护工作任重道远，因此，广州市必须扎扎实实地做好古村落的保护和开发利用的工作。当地政府应加大对古村落保护的宣传力度，让村民和民众自觉珍惜和保护自己的文化。保护古村落，最重要的是靠当地村民对乡土文化的热爱，靠民间的力量，才是最根本最有效的保护手段。因此，要加快广州市古村落保护体系建设，推动古村落保护的社会化进程。同时，要加强报纸、电台、电视台等对古村落文化、民俗、旅游方面的宣传报道，从各方面提高广州古村落的知名度。这对于保护当地的历史文化资源，发展广州市的第三产业，促进社会经济发展，推动广州建设世界文化名城有重大意义。

新型城镇化背景下广东古村落保护与新村建设研究

朱雪梅[1]

众所周知,古村落作为历史文化遗产的集中呈现地,在历史、科学、艺术和旅游开发等方面具有重要的价值,是不可再生的文化资源。笔者曾对广东省130多个古村落进行走访调研,发现虽历经百年沧桑,很多古村古宅仍保存完好,是广东不同地区乡土建筑的典范和传统工艺的优秀代表,显示了当地工匠高超的技术工艺水平。其蕴含的历史价值、科学价值和文化内涵,是研究广东地区特别是明清时期建筑发展脉络的实物资料。但随着快速城镇化推进,将可能带来对古村落潜在破坏。为此,应落实科学发展观,认清理解当前新型城镇化内涵,协调古村保护与新村建设关系,才能更好地统筹城乡发展过程中对历史文化遗产的保护与利用,促进新农村建设中地方历史文

---

[1] 朱雪梅,广东工业大学建筑与城市规划学院院长。

化的传承。

一、正确理解新型城镇化

城镇化是指人口向城镇集中的过程。这个过程表现为两种形式，一是城镇数目的增多，二是各城市内人口规模不断扩大。城镇化伴随农业活动的比重逐渐下降、非农业活动的比重逐步上升，以及人口从农村向城市逐渐转移这一结构性变动。

李克强总理指出未来几十年最大发展潜力在城镇化，城镇化是提高内需的最大潜力。未来要工业化、信息化、城镇化、农业现代化同步发展，走更加注重绿色发展、集约精细、人文生态、特色彰显的新型城镇化之路。可见，我国城镇化已是不可逆转的趋势。然而，过去我们的城镇化往往缺乏统筹规划和整体考虑，主要依靠中心城市带动粗放式发展，加大了城乡和区域之间的差距，导致土地利用低下，古居遗弃、古村荒芜、生态破坏、环境恶化和特色消失，这显然不是未来我们所要进行的城镇化。为此，在新的时期，对有价值的古村落加以保护和利用，有利于地方文化和生态环境的建设，也将促进城镇化内涵和品质的提升。

二、摸清家底、评估价值、建立保护体系

广东地方文化丰富多彩，地域特色明显，广府、客家和

潮汕等民系众多，古村落量大面广，其历史价值和现状千差万别。在新型城镇化过程中，显然不可能保留所有的古村落。为此，就应开展各地区范围的普查，建立评估和保护体系。首先，应分区域进行全面普查调研、梳理整理，从多个层面分析评价，逐步建立和完善古村落及其优秀历史建筑的登录制度。根据古村落的保存、管理现状和价值评估提出针对各村落的具体保护建议与指引，以利于有组织地开展村落历史文化遗产保护工作，如对保持完好、特色明显、价值较高的古村落积极组织历史文化名镇名村、历史街区和各级重点文物保护单位的申报工作；积极组织村落非物质文化遗产的整理与保护等。同时，建立村落保护预警体系，对特色明显、保护价值较高，但破坏严重，或存在较为严重的潜在破坏因素的村落进行分级预警，以利于突出保护性干预的重点，及时进行抢救性保护，避免更大的破坏。保护建议与指引包括：古村落历史文化资源保护与利用的优势、弱势和挑战等方面的分析；提出核心保护区域和重点保护对象及其保护指引；对村落建设管理、土地利用和发展方向等提出建议。

如韶关市政府非常重视这项工作，2008年委托我们普查了韶关各市、县、区保存较完好的古村落共52处。在普查的基础上，分析现状问题，对村落特色、价值和保护利用模式提出建议，建立预警机制，同时，系统开展古村保护规划、申报历史文化名村工作，现已取得国家级历史文化名村一个，省级三个，后续申报也在继续推进。

表1 普查内容

普查项目	调研具体内容	工作方式
保存现状记录	村落历史文化遗产管理现状、对村落整体风貌和传统结构产生较大影响的现代建筑、重要历史风貌片区破损情况等	拍照记录
村落传统格局	村落的山水大格局、村落及其历史环境的主要构成要素、重要公共节点、主要历史街巷结构、历史水系	村民访谈、草图和拍照记录
历史风貌	山—水—田—村的整体风貌和重点历史风貌片区的记录 风貌特色要素的记录	拍照记录
村落历史建筑	村落及其邻近的各级重点文物保护单位村落、优秀历史建筑和近代优秀建筑的外观、类型、建造工艺和材料	村民访谈、测绘表格和拍照记录
重要历史构筑物	古井、古树、古桥和牌坊	测绘、表格和拍照记录
非物质文化遗产	地方传统工艺、曲艺	部门走访、村民访谈记录
历史信息收集	县志、族谱、乡镇热心人士整理的资料、历史典故等。 基础数据：村落规模、人口及其构成、主要姓氏及流源	部门走访、村民访谈 拍照等

三、新农村建设

新村规划和农居建设，应特别注重对当地自然环境和特色风貌的保护和传承。根据自身的地理位置、交通条件、经济状况、自然资源以及文化习俗和社会环境等因素，因地制宜，量力而行科学规划。同时，广泛征求民意，加强宣传引导，建立奖励激励机制，提高服务水平。

（一）规划应因地制宜

规划应注重对原有村落格局的尊重、保护和延续，并注意与村落周边山水环境的关系，营造良好的生态环境。首先完善基础设施配套，干净卫生，环境美化。其次，应依山就水组织建设，做到尽可能少地对自然产生破坏，防止挖山、填池和砍树等做法，特别应注重对村落原有水系的保护。三是户型组合在其规模、组合方式等方面应与原有村落相协调，注重交往休闲的公共场所空间营造，在有效组织交通空间的前提下，应考虑尽可能节约用地，尽量不占或少占良田好土。

（二）建筑设计应体现地方特色

基于已开展的普查研究，充分尊重广大农民群众的意愿，结合不同地区农村生产生活的实际需求和风俗习惯，一是设计多种户型供村民建房或改造时参考和选择。平面布局和建筑形式可以灵活多样不拘一格，并通过前后院、小天井、坡屋顶、山墙面和门窗构件等方面的具体做法有效地将传统民居特色和当代生活需求有机结合，在体现出传统建筑文化的区域共性和时代性的同时，彰显各地区建筑的地方特色。

二是针对传统民居的改造加固，如对屋面、墙面和门窗等的翻新和更换，增加细部构件的处理等，在保持民居传统风貌的基础上，翻新立面、改善内部环境以适应当代生活的需求，不仅经济省地，还有利于对传统民居的保护和保存。

三是在农村的新建住宅中，存在体量过大、风格上追求都市形式和"西洋"建筑样式的现象。这些房屋往往突兀地耸立在传统村落中，与村落的整体风貌格格不入，甚至造成较大的破坏。结合地方民居风格和做法，在屋面形式、山墙样式、立面色彩和材质、门窗样式和细部装饰处理等方面对上述新建住宅的整饬与改造，可在一定程度上改善上述的冲突现象。

同时，设计应注重在建设过程中节能、节水、节地和节材，建筑主材尽量使用当地地方材料，体现新农村住宅的地方建筑特色，并降低建设成本，以减轻农民的经济负担。

（三）建设管理重在宣传、引导和激励

第一，规划先行、健全管理，设立规划管理机构和出台规划建设管理办法，乡镇设立规划建设管理所并配有工作人员，制定了村镇建设管理办法。发挥村民自治作用，村建立理事会，制定健全《村规民约》，实现管理工作的正常化、制度化、规范化。严格执行规划。

第二，在新农村建设中，农民是主体，想要更好地发挥农民的主体作用，就必须提高农民的综合素质，要加强宣传，通过培训提高农民认识水平和积极性。同时，加强引导，免费实行现场指导，做好对农民建房的技术服务，组织力量编制出符合农民生产生活要求、体现当地农村传统文化与风貌的民居建筑图集，免费提供给农民，以提高农民自主建房及进行房屋整治的质量和安全。

第三，政策支持激励，凡对选用民居建筑图集进行建设的农户，建设局无偿提供房屋建设图纸和建设单位资质审核、

建筑材料质量鉴定、建筑施工监管等服务，施工期间，县建设局派技术员现场指导；国土、城管、林业等手续按照规定，由镇乡协调办理，且免收除耕地占用税以外的任何费用。同时，出台补助政策，即农民按照市县提供当地民居建筑图集进行建设，根据实际情况给予补助奖励，以激发农民按提供图纸建房的积极性。

结 语

古村保护是一项任重道远的系统工程，特别在新型城镇化背景下，更需要政府、村民和社会各界通力合作和积极努力。政府要发挥主导和引领作用，搭建好平台，做好服务。村民是主体，通过宣传培训激发他们的认同感、自豪感，自觉参与到古村保护和新村建设中来。同时，还要积极调动社会力量，请专家学者开展普查研究，挖掘特色价值，为文化传承、个性设计和精细化建设提供技术支持。广泛吸引企业和有识之士参与，增加古村保护资金来源渠道，共同推动古村保护和新村建设等。只有这样，才能避免在城镇化进程中对古村落历史文化遗产的建设性破坏，实现农村建设中对村落历史传统格局的保护和整体风貌的有效控制，形成地方传统特色保护和当代新农村建设和谐共存的良好局面，打造具有浓厚本土文化气息的新农村。

借鉴吸收与探索创新
——广东古村落旅游开发模式研究

庄伟光[1]

广东古村落作为岭南文化的载体之一，犹如珍珠般地散落在南粤大地。它们融自然山水、道德传统、民俗民风、建筑美学于一体，具有重要的历史、文化、建筑、艺术、旅游等价值。近年来，随着乡村旅游的兴起，以访古探幽为主要目的的古村落旅游日趋流行，成为繁荣旅游市场中的一支奇兵。虽然广东古村落旅游开发已取得了一定进展，但是仍落后于浙江、安徽、云南等省，缺乏集古村落文化、生态、旅游开发三位一体的综合整体规划，旅游开发盲目性大，古村落文化形象模糊，产品缺乏吸引力，加之利益多元，管理多头，村民对古村落旅游开发前景预期不高，主动开发意识不强，制约着古村落旅游开发与保护合力的形成，服务水平较低，急需治理发展模

---

[1] 庄伟光，广东省社会科学院旅游研究所所长。

式的创新。

《中共中央关于全面深化改革若干重大问题的决定》提出，要"建立健全现代文化市场体系""鼓励非公有制文化企业发展""推动文化企业跨地区、跨行业、跨所有制兼并重组，提高文化产业规模化、集约化、专业化水平"。这为古村落文化旅游的开发与可持续发展指明了方向，是古村落乡村生态休闲旅游业发展的新契机。本文力图在学习和借鉴国内外的成功、成熟的经验的基础上，探索广东古村落保护与旅游开发的共生新模式。

一、借鉴本国模式，因地制宜，找准岭南古村落文化生态旅游的定位

目前，就全国范围而言，通过专家学者和各古村落旅游目的地的共同努力探索，古村落旅游的开发已取得了一些较为成熟的经验，并在完善过程中。按照保护方式来分类，中国古村落的旅游开发模式主要有三类：

（一）晋中地区的博物馆式

如乔家大院、王家大院等，这些已经没有人居住的古村落被改造成了古村落博物馆，成为传播古村落文化的一个重要载体。已经成为世界文化遗产的开平碉楼、汕头市澄海区隆都镇前美村、河源市和平县林寨镇的客家围屋、肇庆市高要市回龙镇黎槎村（八卦村）、揭阳市揭西县五云镇龙江村的"进士

第"（九厅十八井）等可列入这类保护开发类型，而且，广东这些古村落民居里还有一定的村民居住生活，有成为"活的博物馆"的可能。

（二）江西婺源的多样式保护

婺源县古村落的建筑主要是徽派建筑，在保护中保留了建筑和村落的多样性。梅州市梅县水车镇茶山村、汕尾陆河县水唇镇墩仔寨、清远市连南瑶族自治县三排镇南岗村、云浮市新兴县六祖镇水湄村、韶关市新丰县马头镇潭石村兴昌围九栋十八井大宅院、雷州半岛的古村落整体串联多线路旅游开发可以考虑这一类型。

（三）丽江古城与新城交相辉映的一种模式

还有江苏、浙江等地原始的、具有诗意的环境栖居模式，如嘉兴西塘，人们仍在古老的、人文的、诗意的环境中生活。梅州市梅县雁洋镇桥溪村、河源市东源县义合镇的苏家围、潮州市潮安县龙湖镇龙湖古寨等，以及广东多数尚未开发且有人居住的古村落可以考虑这一类型。

表1　三种古村镇旅游开发模式的比较

	基本情况	优势	不足
晋中地区以乔家大院为代表的博物馆式	乔家堡民俗博物馆，是在原来山西屈指可数的商业资本家乔致庸"在中堂"旧院（也叫乔家大院）的基础上收集具有汉民族习俗，代表晋中地区民俗风情的陈列品建设起来的。民俗博物馆内，馆藏文物甚多，反映了晋中地区浓郁的乡土风俗人情	完整地保存和延续独特的古代文化传统	易受资金等经济条件的限制

续表

	基本情况	优势	不足
江西婺源为代表的多样式保护模式	出台《婺源县古民居保护暂行办法》，对具有历史、艺术价值的民宅、牌坊、书院、楼台亭阁等进行妥善保护。发布《关于进一步加强古建筑保护的公告》，要求文物、公安、林业等多部门联动，对擅自迁移、拆除古建筑，走私、盗窃、非法买卖古建筑及其构件和附属文物等行为进行约束和规范，更好地保护古建筑资源，彰显古建筑鲜明地域特色。出台了《婺源县主要公路沿线、历史文化名村建筑管理暂行办法》，同时还积极引导村民成立古村落保护协会等民间组织，配合村委会对古村落保护进行监督、管理。	便于统一规划、统一保护	管理要求高，容易造成僵化
丽江古城古今风情交相辉映模式	一边是古色古香似乎凝固在时光怀抱深处的小桥流水人家古城，客栈酒吧茶楼石板路提供给世界各地的游人无限的柔美时光，那种古典、怀旧、洁净的诗意氛围迷住了所有身心疲惫的现代人。另一边，仅仅横跨过一条街道，就投入了现代都市的怀抱。这座新生的城市玲珑剔透，很少高层建筑，街道整洁别致，功能齐全，便于赏景，同样让人流连忘返。	便于管理、协调	在把握不好度的情况下，易与古城的传统风貌造成冲突
嘉兴西塘"原汁原味"的古镇模式	它既包括了以物质形式凝固下来的"躯体"部分，也包含了大量靠人的言行传承下来的"灵魂"部分，比如生活的民俗、信仰的民俗、节日的民俗、婚丧嫁娶的民俗，还有各种各样的民族艺术，这些共同形成了一整套的地方风情。	真实地展现和延续了独特的古代文化传统	保持难度大，承载能力有限，易受冲击

按照不同开发主体来分类，中国古村落的旅游开发模式主要三类：

（一）政府主导经营模式

以江苏周庄、云南旅游古（城）镇为代表。其旅游开发从一开始就在当地政府主导下进行，政府不仅运用规划审批和行政管理等手段对古镇旅游开发进行宏观管理，负责古镇内的公共设施、公共服务和社会事务，而且在一定程度上参与旅游开发、经营。所不同的是，随着时代的发展，政府参与旅游开发、经营的方式和程度有所变化。广东开平的自力村就是政府独资开发的。

（二）社区自主经营模式

以安徽西递村为代表。自1986年开始商业性旅游开发以来，西递的旅游经营权始终掌握在村委会手中，其间数次拒绝了县旅游局令其上缴经营权的要求。村委会成立了"西递旅游服务总公司"，由村支书担任旅游公司总经理。这种村办公司的形式一直沿用至今。浙江的诸葛村等也属于这种模式。深圳布吉的大芬油画村（客家人聚居的古村落）就是自己自然发展起来的，可以归为这一类型。

（三）外来企业开发经营模式

此种模式有两种不同具体形式：其一是由外来企业全部承包经营；其二是由外来企业控股，与当地政府或相关企业合作经营。安徽宏村、浙江南浔和浙江乌镇是此种模式的典型代表。广东河源的东源苏家围、梅县的桥溪古韵、德庆的金林水乡都属这一开发类型。

表2　三种古村镇旅游开发模式的比较

	特点	优势	不足	发展趋势	代表古村落
政府主导经营模式	初期主要的开发模式：政府投入，统一规划、开发、管理	规划整体性强，注重古村镇开发的综合效益，风险较低，适合大规模项目	对政府资金的要求高；管理容易僵化	逐步企业化、市场化	江苏周庄、云南旅游小镇

续表

	特点	优势	不足	发展趋势	代表古村落
社区自主经营模式	村民自行开发经营，自负盈亏	自主性强，灵活管理；能有效解决当地就业	资金投入、运营管理经验有限，不适于大规模的开发	企业化的程度提高，竞争力增强	安徽西递村
外来企业开发经营模式	市场化程度高，要求企业具备较强的实力	引入外部先进的运营开发理念，资金来源更为广泛	利益分配容易产生矛盾；容易造成过度开发	未来主要的开发模式	安徽宏村、浙江南浔、浙江乌镇

广东全省东西南北地理人文环境各不相同，有三角洲水乡平原农耕区域、山区丘陵林地区域、江河海湖滨区域。散落其中的广府古村落、潮汕古村落、客家古村落、粤北古村落、雷州古村落分别呈现出水乡文化、山居文化、侨乡文化、海洋文化的特点。因此，以古村落为依托的乡村生态旅游产品及游憩方式亦呈现多样化和综合化的特点，可以选择的保护开发模式也应因地制宜多元化。具体旅游产品可包括观光、休闲、度假、会展、康体、娱乐、科普等不同功能，涵盖山、水、林、田、村、镇、文等不同环境，自然生态、人工生态、古镇民居、田园乡村、历史文化、民俗风情等不同层次的旅游产品结构。具体来说，根据农业产业细分的五大产业——农、林、牧、副、渔，每一个产业都可以与古村落生态休闲旅游进行结合，形成不同的乡村旅游形态。无论是田园山野休闲、温泉度假休闲，还是江海渔家休闲，都可以与古村落为据点，留住游客。

二、借鉴域外模式，拓宽视域，迎接"第三次工业革命"的挑战

聚落与旅游的内在联系日益明显，旅游开发带来的经济效益、社会效益、环境效益对古村落文化、居住等各方面都有着很大的影响。传统聚落旅游也是国外旅游发展的一种重要现象，成功经验值得借鉴。按照驱动方式来分类，域外古村落的旅游开发模式主要有以下三类。

（一）保护驱动（Conservation-Driven）模式

这种模式的产生是因为古村落所在地自然环境脆弱，通过资源环境保护区的建立，引入生态旅游者，使保护区内的古村落旅游可持续发展。Grande Riviere是加勒比地区特立尼达岛的一个古村落，是保护驱动旅游发展模式的典型案例。1992年设立的旨在保护Grande Riviere保护生态环境的"环境认知托拉斯"（Environmental Awareness Trust），其初衷并不在发展旅游业，但受保护区驱动因素的影响，该古村落产业结构由可生产地转化为生态保护区，最后成为重要的旅游地[1]。

（二）国家发展战略（National Development Strategy）驱动模式

国家为了平衡区域发展，往往制定区域整合发展的战略，

---

[1] HARRISON D. Cocoa, conservation and tourism：Grande Riviere, Trinidad．*Annals of Tourism Research*，2007，34（4）：919-942.

通过国家发展战略带动传统村落旅游。20世纪六七十年代，韩国政府大力提倡新村运动，初衷旨在美化乡村、刺激内需、稳定政局，但客观上，为90年代韩流文化兴起后，韩国旅游对海外吸引力的提高打下坚实基础。斯洛文尼亚于1991年制定了关于农村的国家发展战略，意在整合农村地区的发展和促使村落革新，使古村落旅游在经历了政治动荡之后得到大的提高[1]。英国为了促进乡村小规模社区在国家范围内的旅游营销，政府旅游管理部门构建了"乡村周末休闲概念"（The country village weekend break），并在符合条件的地区推广，由此形成的古村落旅游发展形式，在20世纪90年代获得成功。[2]

（三）乡村旅游（RuralTourism）驱动模式

二战后，在德国和法国海滨地区为休闲和娱乐而产生的农场旅馆诱发了流行于欧美发达国家的乡村旅游[3]，这种完全受市场导向的旅游形式促进了传统村落旅游的发展。日本由于多年追随欧美国家的生活，导致国家身份认同受到威胁；而乡村对于日本是历史文化宝库，并视乡村为生活之源，国内乡村旅游被看作都市人生活"逆转的仪式（ritual of reversal）"，在乡村旅游背景下的日本古村落旅游更多的是由国家身份认同驱

---

[1] KOSCAK M . Integral development of rural areas, tourism and village renovation, Trebnje, Slovenia. *Tourism Management*, 1998, 19（1）：81-86.

[2] M CMANUS P, SWEENEY A E, GEEN A G. Country village weekend breaks：Experience in Wales . *Tourism Management.*, 1995, 16（2）：139-142.

[3] T H OM PSON C S . H os t produced rural tourism-T ow a. s Tokyo ant en na sh op. *Annals of Tourism Research*, 2004, 31（3）：580-600.

动[1]。此外还有依托名胜发展的传统村落旅游，如印度尼西亚的巴厘岛古村落。台湾地区受日本文化影响较大，但因其有山地少数民族的风情特色，并有成功的土地改革基础，其古村落旅游也走出了自己的成功之路。其特点和成功点是创建实力企业、村落农户与旅行社既分散又合作的"3+1"模式，一庄一品，一村一奇，推广清洁能源，保持农产品原始生态风格，不搞转基因农作物，发展有机农产品，培育出一批具有山地或海洋特色的古村落文化生态休闲旅游产品。

三、更新发展观念，创扁平、分散、合作之古村文化生态旅游产业模式

实际上，上述三种域外模式很多时候是混同驱动的。比如，市场自由化程度较高的美国，也有30个州制定了明确针对农村区域的旅游政策，其中14个州的旅游总体发展规划包含乡村旅游规范。南加州有200多年历史的"丹麦村"，就是在政府推动和市场竞争的双重驱动中成为大受欢迎的古村落休闲旅游目的地的。另外，发达国家和地区的以乡村驱动的古村落旅游，都十分强调保持古村自然人文环境的原真性，旅游者能够在大自然中享受既无喧嚣又无污染的田园诗般的古村生活。旅游方式的选择则向多样性和自助化方向发展。发达国家的旅游者愿意选择更加自助的方式开展古村落旅游，自助的方式包括

[1] REA M H. A turusat o away from home . *Annal s of Tourism Research*，2000，27（3）：638-660.

交通出行的自助化，自驾车、单车或徒步出行，很少依赖旅行社团队旅行。由于各种信息包括旅游交通信息和其他数千种共享网络早已十分普及，旅行事务走向自助化，订房、订票、订餐均自助化，不再满足于一般的乡村旅游服务，更加愿意选择利用古村落周边环境和资源开展自娱自乐体验式休闲活动。而这一趋势与网络时代的合作经济模式十分契合。

大型网络扁平化搜索引擎和共享网络的普及，已经改变了人们的工作和休闲方式。拥有成千上万参与者的数以万计的社交网络如雨后春笋般涌现出来，为知识的共享、创新和发展提供了一个新型的分配、合作平台，这一新兴的、扁平式的智能机制为由此衍生出来的所有经济活动提供了一个崭新的组织模式。一个更加分散、合作的商业模式也使其所创造的财富得到更加平均的分配。

"活着是为了游乐"，享誉全球的未来预测大师杰里米·里夫金（Jeremy Rifkin）在其《第三次工业革命——新经济模式如何改变世界》一书中宣称，这是"第三次工业革命带来的机会"[1]。与此不谋而合，广东省第十一届党代会报告中提出："大力发展健康服务、节能环保、休闲旅游、文化创意等幸福导向型产业，引导转型升级的方向。"通过对广东古村落旅游文化资源的梳理分析，以古村落为主导的乡村生态休闲旅游产业十分契合"第三次工业革命"的新兴、扁平、分散、合作之经济模式，是广东古村落旅游发展模式之首选。

---

[1] 杰里米·里夫金（Jeremy Rifkin）《第三次工业革命——新经济模式如何改变世界》，第279页，中信出版社，2012年。

根据广东古村落的自然和文化资源情况、广东经济发达程度及省内城市人口以乡村休闲旅游的需求旺盛程度，以乡村旅游为驱动的发展模式，最为适合广东因地制宜的借鉴。这种模式集扁平、分散、合作于一体，可以暂时避开国内古村落旅游中最为头痛且一时难以解决的土地（宅基地）二元制度导致的产权不清问题，部分解决各相关方的利益分配问题。在这个模式中，相关方可以针对各个分散项目的特色，开展产品研发规划和市场开发推广，加强指导，解决发展瓶颈，统筹协调特色乡村旅游点的建设，分步骤、全方位、多层次、立体化地推进特色乡村旅游点的发展。

具体来说就是政府负责建设用地指标，实施以农为本、保护开发的总体规划控制；投资人负责具体创意策划、规划设计，实现古村落、人文历史、农业观光、农业生产、风土风物风情等优势资源的有效整合；旅行社负责发挥其宣传营销网络优势，宣传推广特色乡村旅游点，组织客源，与政府、企业联合主办节庆活动，并参与部分生态特色乡村旅游点的建设与经营。

古村落作为农耕文明演绎变迁的见证，不仅是祖先馈赠给我们的丰厚遗产，也是岭南大地上民族优秀传统文化得以流传的血脉以及给我们留下美好记忆的精神家园。在经济高速发展、城市化进程汹涌而来的今天，守护和保护好每一处古村落就意味着守护好我们的精神家园，这是民族赋予我们的历史责任。因此，通过旅游开发对古村落进行保护与传承，不仅不是对古村落的摧残和侵蚀，而是更积极主动地对抗岁月的磨蚀，同时又是对古村落人文生命的挖掘与扬弃。科学适度的广东古村旅游开发与发展，将成功地融优秀岭南民间文化于古韵乡村的可持续发展中，使南粤文明渗透到改革开放的律动中，诠释出岭南传统与现代活力的和谐之美。

保护中求发展

——广东古村落保护与开发的双赢策略

黄晓慧[1]

古村落旅游开发与发展带来的经济效益、社会效益、环境效益，对古村落文化的传承和可持续发展无疑具有促进作用。但是，古村落作为旅游资源来开发利用也表现出明显的脆弱性（不可再生性），古村落旅游开发与保护矛盾并存。随着城市化进程的加快，古村落的资源稀缺性日益凸显，保护传承问题不解决，古村落旅游最终将涸泽而渔。皮之不存，毛将焉附。如何守住村落文化的"根"，在保护中促进旅游开发，在开发中寻求保护，进而持续发展，这是古村落旅游开发与发展政策制定中必须要研究解决的重大问题。

---

[1] 黄晓慧，广东省社会科学院法学研究所研究员。

一、"先行先试",地方立法应发挥主动作用,将古村落保护开发纳入法制轨道

鉴于我国现行的《文物保护法》及其《实施条例》不能完全涵盖和适应中国古村落及其文化的保护,广东省人大应加大法制研究步伐,在全省传统村落专项普查的基础上,深入考察调研,借鉴外国相关立法经验,制定相关法规。党的十八大报告中强调,要优化国土空间开发格局。这对古村落保护具有重要意义。2012年公布的《全国土地整治规划(2011~2015年)》里,"加强乡村景观特色保护"业已写进统筹规划乡村土地利用一节,要"注意避让和保护特色村庄,控制周边建筑类型、高度、风格和色彩,使之与旧址建筑相协调"。根据此精神,广东在古村落保护的地方立法应充分体现"先行先试"的精神,加紧制定出台《广东省古村落保护条例》《广东省村庄建设管理条例》,并注重法规之间的内容衔接与协调。古村旅游资源的保护涉及的政府部门较多,省级旅游管理部门因为对相关资源情况比较了解,通过与省人大的积极沟通,主动提出立法建议,有助提高相关立法对涉古村落保护与开发的条款的有效性。

(一)积极主动协调和建议,将古村落的保护开发纳入各种科学规划和责任体系中

古村落旅游要由政府主导,规划先行。具体而言,就是通过地方立法将古村落的保护开发纳入当地经济社会发展规划、

城乡建设规划、美丽乡村建设总体规划，以及财政预算、体制改革、各级领导责任制中。应当以正在开展的土地整治和美丽乡村建设为契机，制定对古村落"在保护中开发，在开发中保护"的具体政策措施，杜绝不加选择地大拆大建。以全新的思维，创建一个全新的古村落保护、旅游开发与发展模版，实现全省地方旅游业的升级。通过旅游扶助专项资金的投放，鼓励地方因地制宜制定古村落保护的整治规划。如纯农区和城乡接合部的古村落的整治，人烟稀少与人丁旺盛的古村落整治，空心和非空心的古村落的整治，"一户一宅"管理制度的调整等一系列无法"一刀切"的问题，都应在统筹规划乡村土地利用的基础上区别对待，使古村落得以保护，各项生活基础设施得到改造，田水路林村得到协调布局，最终促使古村落土地利用稳定性得到提升，人居环境与自然环境相得益彰。

（二）积极督促古村集中地区的地方旅游管理部门向所在地的人大提交相关立法建议

古村落集中的地区如珠三角、梅州、潮汕等可先行制定《古村落保护管理规定》（或历史文化名城名镇名村保护规定），和《农村居民私有住房建设规划暂行规定》等，规定的内容包括：立法规范传统村落的界定标准，包括传统村落的建筑年代下限标准、民族文化形态标准、社会形态标准等。同时，建议参照文物保护经验，分别建立起省级、县（市）级标准和保护模式。规范各类涉及古村保护发展的政府扶持资金，建立专项古村落保护开发基金。同时，制定出台相关配套的政府规章和规范性文件。各地的《古村落保护办法》应当规定，古村落所在地县级市、区人民政府应当在古村落公布后两年内，组织编制完成保护规划，经批准后纳入城镇总体规划，并在财政预算中安排专项资金，旅游开发收入和土地拍卖所得也要安排一定比例用于古村落保护，以使古村落的保护规划得到应有的重视。完善旅游商业开发行政审批制度，建立起有关传统村落作为商业旅游开发项目的综合评估标准体系。通过提高门槛，严格禁止因旅游开发需要而破坏传统村落原有的生态、景观、环境、规划与建筑。引导消费型旅游向保护型旅游方向发展。

（三）积极与同级土地、建设部门沟通协调，将古村落的旅游开发纳入农村土地资源的调整政策中

鉴于我国现行农村土地政策、农村民居权属政策与古村落及其文化保护不相适应，旅游管理部门应当积极与土地、建设部门沟通协调，借土地、建设部门正在开展农村土地资源政策、农村民居产权转换方面的探索的契机，提出适合广东省古村落旅游开发与发展的政策建议。在《广东省古村落保护条例》中明确规定广东省古村落的认定保护标准，对因古村落保护需要迁出古建筑的村民，可以参照房屋拆迁补偿或者征地拆迁补偿的有关规定执行。对因无力维修而自愿把古建筑转让给村民委员会的村民，可以另行安置。适当放宽或者允许集体、个人"认养"或购买受保护古村落建筑，鼓励"村有人居、以

人护村",进而及时调整、修正现行土地法规中对保护古村落及其文化不相适应的部分。适当调整农村现行民居新建土地政策,加紧制定古村落宅基地管理规章制度,整理并提升当地保护古村落古民居的民俗,从根本上解决古村落居民因新建住房拆旧建新而造成整个古村落风貌被破坏的问题,化解受保护古村落与农民新建民居需求间的矛盾。省级的古村落保护条例应设专门章节规定古村落、古民居宅基地管理制度和修缮制度,具体规定古村落、古民居的宅基地使用、流转及其土地增值收益分配和权属调整,加快农村土地产权制度改革的步伐,理顺农村土地流转机制,辅以古宅评估、补偿机制等办法。同时,调整现行文物古建筑维修资质资格准入制度(因部门条块分割,这点或要可向文物管理部门提出建议,由其提出具体立法条款建议),打破行业垄断,对建于乡土、传承于乡土、遗存于乡土的传统村落建筑的维修保护,充分利用传统民间建筑营造的维修工艺与技术力量,制定出适用于地方传统村落维修的工艺技术标准与维修质量控制体制,解决受保护传统村落原住民"看着房子烂,没有资质不准修、没有资格不能修"的难题。

二、政府牵头,积极探索尝试多元化投资结构,鼓励民间资本进入和村民参与

广东保存一定历史风貌的古村落面广量大,每年国家所拨用于保护文物古迹的资金,国家级省级文物保护单位占了绝大

部分，落到古建筑、古村落保护上的资金很少，旅游开发的资金只能自筹。资金的短缺，是古村落保护与开发的瓶颈，是现在乃至将来都要面对的长期困扰。要对这些百年古村老宅进行维修，需要巨额资金，否则根本修不好，况且古建筑修复是一个长效项目，不是一朝一夕就可以完成的。目前，以一些古村落所在地的地方政府的财政能力看，古村落的抢救和修复全靠地方财力也是不现实的。应当制定政策鼓励古村落所在当地政府尝试用多元化的投资结构来解决资金问题。而古村落保护开发投资结构多元化的核心，就是打破民间资本投资保护、开发古村落的政策瓶颈。

（一）盘活保护和开发资金，立法允许、鼓励国内外组织和个人购买或租用古民居

在古村落保护和发展的模式上，利用经济杠杆实施旅游开发是一条常规性的路径。可以研究探索通过发行股票、债券等融资方式吸纳社会资金。允许条件成熟的古村落通过出让经营权、项目特许经营权、转让股份、合资合作等方式融资，让有实力的民营企业"认养"或买下古民居，以实现更长久的保护和稳定的收益，但法律、法规禁止的除外。在《广东省古村落保护条例》中设置专门条款，对古村落保护开发项目，鼓励国有资产、国有控股公司优先投资，对于社会资金参与古村落保护的，制定与《广东省古村落保护条例》配套的《广东省古建筑抢修贷款贴息和奖励办法》进行奖励。在这个奖励办法中，政府的贴息最高可达100万元人民币，奖励金额的最高标准是

工程维修总额的10%。在古村落集中的县市，专门成立古村落保护开发工作班子和古村落旅游开发有限公司，对古村落、古建筑实施统一规划、统一筹资、统一保护和统一管理，各县市可制定出台具体《古村落保护贷款贴息和经费补助办法（暂行）》和相关奖励、激励政策，专门安排资金设立古村落保护基金，用于对古村落、古建筑保护维修的先进单位和个人的补助奖励。以奖代补、补奖结合，有效地调动基层单位和个人的积极性，最大限度地发挥了维护资金的价值和作用。

（二）引入市场机制，吸引民资介入，探索"古建筑古村落入股"模式

一些地区的古村落、古建筑的产权较为复杂，给吸引民资带来了一定的阻力。在相关立法修改或制定之前，引入市场机制的试点仍可进行。可以将村落中的古建筑由政府或国企打包回收，转宅基地为国有土地，改变产权人后，古建筑的修复可以吸引民间资本进入。也可以探索"古建筑古村落入股"经济合作，让民资参与保护、经营和收益的模式。当然，从依法治省和长远保障的角度看，应在《广东省古村落保护办法》中设置专门条款，鼓励引入市场运作机制保护开发古村落。古村落可以采取股份制的形式，村民以其所有的古建筑租赁或入股，同时吸收社会资金入股，发动社会力量"认养"，参与古村落的保护、经营和收益。可以由政府相关管理部门选中几幢古建筑，对这些老房子按古宅完好率、文物价值等由相关部门进行评估并作价入股，政府以修缮费和公共设施的建设费用入股，

然后成立旅游股份公司，村民以评估所得的股份加入，年终分红。同时为解决农民的眼前利益，还可规定如果旅游公司没有盈利，就按照房子面积每年进行补贴，以平均每月某元/平方米实行保底分红，待赢利后，实行按股分红的经营机制，使古村的保护和旅游开发得到村民的支持。

（三）鼓励村民小成本分散直接参与经营，协调提高各种专项扶持资金的使用效益

村落的保护开发已经迫在眉睫，如何让村民意识到这是一笔宝贵的财富，光靠行政指令是完全行不通的，必须要与之在多项认识上达成一致，尤其是利益上达成一致，这也是古村落旅游开发与发展能否获得村民的支持从而取得成功的关键。因此，发展以广东古村落为依托的乡村生态休闲旅游，鼓励村民以及其他旅游经营者在保护生态环境、耕地的前提下，利用民居、田园、民俗风情等自然生态、人文景观资源，开展乡村旅游经营活动。制定小额贷款贴息、规费减免、资金奖励、补贴等奖励扶持的政策措施。倡导形式多样的主题活动，以分享改革发展红利、增加农民收入致富为核心，以保护乡村的自然生态环境与民俗风情文化为前提，维护古村落原真性和地方特色，将具有岭南文化特色的绘画、泥塑、木雕等工艺产业化，开拓古村落旅游的财富路径。同时，设立专项资金，资助古村落保护开发规划设计和修缮，通过规划设计的资助评审标准的制定，整合调配各项扶贫资金的使用。在认真普查认定与梳理分类的基础上，通过古村落旅游扶贫资金公开招标竞投的方

式，鼓励各地政府、民间进一步积极深入地发掘古村落文化内涵，不断加深和加大其文化含量，并引入现代旅游的体验性、参与性元素，加强其与美丽乡村精神文明建设、生态文明建设的相融互动，提高古村落旅游的吸引力。

三、立足长远，重视科研寓教于商，实现古村落的保护与旅游开发的可持续发展

要实现古村落的可持续发展，就要处理好发展和保护两者之间的关系。如何保护古村落这一日益被看好的人文旅游资源，使之能够可持续地开发利用，是摆在人们面前的一个重要课题。古村落与城市的差别在于它独特的景观和文化背景，优越的自然生态环境，这是深受城市居民青睐的原因所在。因此，在旅游大开发的背景下，要保护好、传承好、利用好这些古村落，必须自觉遵循文化遗产保护的自身规律，正确处理好保护与利用、传承与发展的关系，努力构建保护与利用的长效机制。古村落的开发和利用应遵循"保护第一，开发第二"，"保护为主、抢救第一、合理利用、加强管理"以及"抽疏保旧、完善配套、适度开发、商业运作"的原则。

古村落旅游资源价值在于有形的建筑景观及其居民构成的统一体，传统文化是其内核，古村落旅游的出现，必将导致传统文化的变迁，只有加强古村落文化理论研究，吸纳古村落普查认定成果，摸清变迁规律，才能提高决策水平，使出台的政策对古村落旅游经营管理和发展做到有的放矢；才能科学制定

古村落的保护规划，做到规划有序、措施得当，从而在保护的基础上合理利用，达成科学保护、科学利用和科学发展。

（一）相关管理部门在制定古村落旅游招标课题时，应重点支助多学科多视角交叉研究

从国内外的成功经验看，政府的推动作用主要体现在通过制定相关政策、制度，支持、鼓励创新古村落旅游发展模式。因此，有必要全面、系统、深入开展广东古村落文化学术研究，在省级的社科研究中，设置相当数量的一般、重点、重大研究课题项目，并充分整合、利用省内相关学科以及边缘交叉学科的科研资源与力量，开拓广东古村落文化遗产研究新领域，尽快推出一批优秀成果，为古村落优秀文化研究和保护性开发利用提供政策依据与理论支持，扎实政策制定依据。

古村落的保护传承与旅游开发研究涉及的学科门类很多，主要有人类学、历史学、文化生态学、地理学、建筑学、民俗学等。广东古村落旅游可持续发展研究应当是多学科、多视角的交叉研究。具体选题范围包括：在旅游开发背景下，探讨广东古村落居民主体的人口迁移与生活方式的变迁规律、古村落旅游资源原真性的保持机制与古村落旅游资源本体的可持续性、古村落社会资本的运行机制、古村落旅游开发与发展的利益协调、古村落旅游资源在新形势下的再创造性和再造机制，以及古村落游客体验、游客感知研究等，这些选题未来将能为宏观政策和微观设计提供理论支持。

（二）编制旅游业十二五发展规划信息化专项规划，吸纳古村落普查成果，完善认定标准

在编制旅游业十二五发展规划信息化专项规划的同时，积极吸纳现有的古村落普查认定成果，并制定出更科学、更符合岭南特色的古村落认定标准。全面推进我省旅游业转型升级发展，依靠现代科技尤其是以信息化带动旅游现代化的发展，加快旅游支柱产业和旅游强省建设。2007年，广东省文联、广东省民间文艺家协会在全国率先发起了省级古村落抢救计划——"广东省古村落保护专项工作"。六年来，他们组建的涵盖民俗学家、历史学家、建筑学家、美学家等在内的专家学者队伍，深入到乡村开展田野调查，普查梳理认定201个具有保护和开发价值的古村落，已大致摸清了广东古村落的分布与数量家底，掌握了遗存状况。吸纳这些成果，并根据广东省情完善古村落认定标准，将广东省古村落认定标准中的时限推后，改为"古村落"是指在广东范围内，民国（抗日战争）以前形成的，现存历史文化实物和非物质文化遗产比较丰富和集中，能较完整地反映某一历史时期的传统风貌、地方特色、民俗风情，具有较高的历史、文化、艺术和科学价值的村落。同时，跟踪指导协调具体民间协会的继续认定工作，建议有关政府文化管理部门落实建立古村落古民居记录档案，以利制定具体有效保护法规政策与措施，科学划定保护范围和建设控制地带，树立保护标志，成立保护管理机构，明确保护职责。通过全面加强普查和认定工作，挖掘内涵，丰富内容，以命名促保护，

提升古村落的名誉度和知名度。

（三）通过全省各地旅游管理部门，倡议发起"我的村庄我的家"等形式多样的主题活动

古村落及其文化得以传承并可持续发展，原住村民的自觉非常关键。因此，在组织专家及当地民俗文化传人深度挖掘古村文化旅游资源的同时，有必要开展美丽乡村建设中古村落及其文化保护的宣传教育，制定以及授予古村落相关荣誉和奖励的政策措施，鼓励村民参与保护，从而编织一张保护古村落可持续发展的安全网。各级旅游管理部门应制定相关培训教育目标责任制，以多种多样的形式，对基层相关人员及村民进行地域文化历史教育培训，增加其主体意识及保护传承的责任感和使命感。让古村落的村民真正参与进来，并在科学规划的基础上合理安置原住居民，保证原村落及村屋外貌不变的同时，保留村落的人气，使文化遗产保护与新农村经济发展进入良性循环，使古村落科学开发利用，及其文化的传承与可持续发展真正融入美丽乡村建设中。

四、明确目标，深度挖掘整合文化资源，打造突出岭南古村落风貌的创意精品

以古村落为依托的乡村生态休闲旅游，主要指以农耕文化为基础的区域内，以古村落民居和田园山水风光、民俗风情为依托开展的休闲旅游活动。新型城镇化建设中，这是一个非

常有效的文化与旅游融合模式。通过挖掘岭南特色的明清古建筑文化渊源，配合"弘扬岭南文化，打造美丽广东"的主题，将美丽乡村的发展，与城市休闲功能建设相结合，成为城市休闲板块的重要组成部分，拉动当地经济发展，带动村民增收，分享发展红利。在这些方面，旅游管理部门政策促进的空间很大，具体工作主要考虑下列几个方面：

（一）牵头整合、打造广东古村落旅游文化资源的保护、挖掘、开发的动力机制

该机制蕴含着乡村经济发展、美丽乡村建设、创新社会管理、传统文化传承、多样化旅游需求、生态环境保护等要素。旅游管理部门可以通过与其他相关政府部门的协调，联合制定相关鼓励倾斜政策，将上述要素与其他旅游资源开发相结合，与"规划到户、责任到人"的农村旅游扶贫相结合，与小城镇化建设和管理相结合，与清洁能源的推广和生态环境保护协调相结合，与传统文化的延续相结合，与分享幸福果实、分享发展红利相结合等，以确保农村经济，社会和环境的协调发展。这一动力机制的核心是要走生态旅游的道路，以自然生态环境为依托，以乡村景观和文化为主体，突显乡村意象，保护生态环境和乡村风貌，通过发展生态农业、林业，营造良好的生态小气候，发展经果林，形成郁郁葱葱的绿化地带。既能调节小气候，又能让游客品尝到绿色食品，还可以结合古村落的特点，发展有古村落特色的产业，如花卉、编织、园艺、盆景、木雕、泥塑、农产品和水产品等，使古村落文化旅游可持

续发展。

（二）按照"古村—生态—文化"模式，协调各专项资金的使用，形成对古村落旅游文化开发的合力

目前，广东省政府旅游、文化、宣传、土地、建设、农林业等管理部门已经设有多种涉及旅游的专项资金和技术专项资金，在继续加大诸如旅游扶贫专项资金、旅游产业园区专项资金、旅游系统的营销专项资金投入，帮助网络新兴产业的发展，如强化广东旅游网的建设，设古村落旅游线路推介专栏，注册微博、博客，制作微电影，发布广东古村落自助游攻略，出版导游图和旅游画册、书籍。可以考虑以市场招标筹措资金的方式，聘请青春偶像演员，以松散、跳跃、炫动的故事情节串联，拍一部大型的以广东古村落旅游为主题的唯美宣传片。大力支持策划与规划经费，在形成示范效应等的政策扶持和支持力度的同时，通过旅游开发规划整合各项资金的使用，是提高资金使用效率的最佳举措。旅游管理部门可通过制定旅游扶助资金公开招标的标准，体现政府资金扶持导向。如根据不同的地域风情，以农业为载体、以古村为民宿，将古村落文化、饮食文化、温泉文化、民俗文化、乡土文化、侨乡文化、海洋文化、宗教文化，重商文化有机地融为一体，凸显特色化、规范化、规模化、品牌化和精品化，以分享幸福为终极目标，达成乡村旅游与文化的最佳融合，创新社会管理，让更多的民众分享改革发展红利，分享幸福成果，建设美丽乡村。

（三）将广东古村落的文化旅游开发目标具体化，加快实现"十个一"工程

发展以古村落为依托的乡村生态休闲旅游产业，打造"岭南古村，美丽广东"的整体形象，要有总体性、全局性的思路、原则和目标。所谓"十个一"，即一个总体规划、一个运营机构、一个游客中心、一套标识说明系统、一张导游图、一个网站、一条观光线路、一个整体形象、一个主题博物馆或民俗主题公园、一系列土特产品。有条件的古村落，按照现代旅游发展六要素，发展餐馆、酒吧、茶馆、客栈、精品酒店、演出。具体运作可以"创意改变农业，休闲引领时尚"为宗旨，围绕"古村、生态、文化、休闲、快乐、活力"等旅游主题，重点扶持，重点突破，打造创意精品，形成示范效应。为此，我们制定广东古村落开发价值评定标准，第一，旅游资源。包括的具体指标是：物质文化遗产，建筑遗产数量，历史街区规模，自然环境和景观质量，非物质文化遗产，历史悠久度，历史事件和名人影响度，民俗文化、音乐、舞蹈、喜剧、曲艺、传统节日、手工艺的丰富度，原住民比例，传统生活习俗的延续性等。第二，开发潜力。包括的具体指标是：市场条件、基础设施、区位条件等，并据此标准考虑挑选文化特色鲜明、具有一定基础和规模，有雄厚实力的民间资本进入并参与，并且对于开发旅游积极性高的古村落作为特色古村落旅游创建试点，围绕"渔、樵、耕、读、泉、花、果、蜜、叶、文"等不同主题，发展为以古村落闲居、农业田园观光、乡村文化与民

俗风情体验、乡村休闲和农产品美食、乡村度假为主体的功能设施完善的，面向所在城市的古村落旅游休闲集聚区，面向"珠三角"地区的高品质古村落旅游目的地。把古村落保护、旅游开发与发展纳入"民生工程"，增加民俗及文化氛围，"活态"保护与发展古村落，动态保护不能封成"死村"，促使古村落这一"历史活页"重焕新生。试点过程中，省旅游管理部门主要是履行前文所述的法规政策指导扶持，具体营运交给市场。争取2015年初见成效，建成一批特色乡村旅游创意精品，2016年在全省逐步推广，形成广东省乃至全国的休闲农业和生态旅游示范基地，确有成效地建设广东美丽乡村，推动广东旅游业转型升级。

浅谈媒体古村落报道的负面效应

卜松竹[1]

人类学家列维-斯特劳斯在《忧郁的热带》中这样写道："文明已不再是在整块长有各种各样野生植物的肥沃土壤里一两个不受保护的地区中，精心辛苦培育出来的细致易摧的花朵。人类选择只种一种植物，目前正在创建一个大众文明，就如同大批大批地种植甜菜那样——从今以后，人每天享受的就只有这么一样东西。"就媒体而言，对于古村落的关注，面临的也是这样一种局面。在目前看似繁荣的古村落宣传推广热潮背后，隐藏着主流话语和商业文明对乡村生活和传统文化的"标准化"阐释，以及"外来者"的任意定义，是一种"村外人"对古村的"内部殖民"。相应地，是古村落"原生态"的逐渐衰减、变异，乃至消失。而这一切，恰恰是多数媒体怀着真挚感情和充沛热情在很短的时间内促成的。尤为奇怪的是，

---

[1] 卜松竹，《广州日报》记者。

媒体对自己扮演的这个并不光彩的角色,似乎缺乏足够的认识和自省,对于自己的行为可能带来的不当后果,也缺乏必要的纠偏和修复的机制。更有甚者,一些媒体与商业机构合作,利用自己的平台优势,为资本站台,为企业的短期行为唱颂歌,让一些本应被禁止的破坏性"文化项目"占据了舆论和道德的高地。

一、媒体古村落报道的几个重要阶段

根据广州大学丁邦友、夏建国的统计,从全国范围来说,"古村落的研究始于20世纪80年代,但真正开始重视古村落的研究,还是在20世纪90年代。关于广州古村落研究,也始于20世纪80年代,1986年,赵立人、黄伟撰写文章《黄埔港的变迁》,文章论证了历史上的黄埔港在明代以前位于扶胥镇(在今黄埔区),到明代则转移到今海珠区琶洲的黄埔村,鸦片战争后又转移到今黄浦区的历程。次年,赵立人又撰写《三地一名话黄埔》一文,对海珠区黄埔村村名的由来与变迁做了介绍。1990年,许肇琳发表《黄埔先生与黄埔古港、新港》一文,再次对黄埔村的历史、文化以及出身黄埔村的历史名人'黄埔先生'胡璇泽的事迹做了阐述。但在此后的10年时间里,广州古村落的研究没有引起足够的重视,研究成果不多。直到进入新世纪以后,随着城市化进程的加快和古村落旅游的快速发展,广州古村落研究才迅速受到各界的重视,推出了一批重要的研究成果,出现了一股研究与推介的热潮。"

广东的媒体开始深入关注古村落，主要是伴随着2005年左右启动的广州市第四次文物普查的推进而展开的。这次文物普查在广州乃至全国的文化遗产保护历史上具有重要作用，是因为它首次将古村落、工业遗产、非物质文化遗产等纳入了普查视野。翻查当时的报章资料，可以发现主动、有目的地对古村落进行关注的报道，均首次出现于这一时期。这些报道包括但不限于樊克宁、张演钦、王倩、陈辉、颜长江、阙道华的系列报道《广州古村落寻踪》，欧阳晨、黎亮等《广州花都古村落媲美苏州周庄》《老伯痴守古村15载》，吴重庆、吴莆田、周翠玲的《华南古村落系列》，庄兆声、吴明峰、曾志等的《广东古村落》系列报道，黄小飞的《花都古村落的现代启示》等。

可以看出，广东媒体对于古村落的关注，是远迟于学术界的专业研究的。但是与学术界的研究相比，媒体报道也存在一些鲜明的特点：

首先，在当时，学术界对海珠区黄埔村、从化市钱岗村、花都塱头村、番禺大岭村等少数村落的研究成果较多，对其他村落的研究较少；而媒体的"一般性报道"则涉及面更加广泛。

其次，学术界的研究成果多以专业报告或论文的形式在专业圈子和决策圈子内部流行，很少流入社会，使公众难以了解到其实离我们并不遥远的古村落的真实面目；而媒体的报道则首次将广东的古村落大规模地推送到社会公众面前，引起了极大的震动。

在古村落领域，另一件具有代表性的媒体事件是2010年10月《中国国家地理》"选美中国"特辑的出版。这部后来被众多旅游爱好者视为必读手册的特辑，评选出了"中国最美的六大乡村古镇"，包括丽江、婺源、丹巴等地的古村、古镇入选。之后，各地媒体纷纷效仿，"××省十大最美古村"等纷纷出炉，此举打破了中国人传统上出游集中在大城市的习惯，使乡村旅游成为一个新的热点，古村落的审美和人文价值开始被公众广泛认知。

到2008年，伴随广东省民协等对广东古村落开始全面的梳理和记录，媒体对广东古村落的关注和报道也进入高潮期。

二、古村落报道存在的若干问题

媒体的报道，对于古村落的宣传和推广起到了很大的作用，对于帮助公众建立新的审美观，对于唤醒人们心中埋藏的乡土情结和传统情怀，都有促进。但是应当看到，在当下媒体的古村落报道中，存在着一些并不十分恰当，甚至是消极的倾向。这无论就新闻产品本身的质量要求来说，还是就经由媒体平台放大后造成的不好后果来说，都是值得注意和改进的。

（一）不算称职的"意见领袖"

"在信息时代，拥有全方位话语权的大众传媒引领着公众的文化兴奋点，在非物质文化遗产保护领域也是如此。不过公众看到的很可能是经过媒体过滤的看似客观的报道。因此，传媒本身的素质决定着公众对非物质文化遗产保护的认识和理解。"刘壮、谭宏在《传媒在非物质文化遗产保护中的作用》一文中做出的这一论断,移植到古村落的报道上同样适用。

由于"古村落"的理论体系和保护的操作策略都是新生事物,在学界都还没有形成统一的认识,"非专业"的传媒从业人员也就难以对其做出准确的判断。这一现状在学术界完成学术梳理之前无法得到改变,传媒无法对古村落进行深刻而明晰的理解,也就无法"在学理的高度"达到对古村落的理性认识。这也是众多的报道停留在表面化、感性化的表层,缺乏有深度的反思和追问的原因所在。

现实中的古村落是一个有机的生态组织,包括它所处的自然地理环境,承载和流传的历史,经济和社会生活,传统的风俗习惯等,最重要的,是其中的每一位居住者。只有将所有这一切融汇一体,才有可能较为完整地呈现一座古村落在今天这个时代的"活动"。但分析大多数的媒体报道可以发现,其关注点往往放在了具有冲击效果的表层样式,如"秘闻""逸事""名人"之上,放在了具有强烈视觉效果的民俗活动和非物质文化遗产的现场描绘和其所谓"新""奇"的介绍上,并往往通过醒目的标题、夸张的描述加以放大。这种描述方式对于吸引读者眼球、促进报纸销量是有作用的,但是对于不知情公众的误导也是明显的。

传统传播学中"意见领袖"的概念现在已经为公众所熟悉,但媒体的这一定位,实际上是一把双刃剑。

例如,广州"非物质文化遗产"中的飘色、剪纸、牙雕

(骨雕)等，是与传统的农村生活方式和特定的民俗有机结合为一体的，过去仅在某些特定的节日、庆典中使用。将之放到古村落的大背景下看，它们只是某一地方、某些村民在一年中的某一段时间内，生活的一部分内容，不同地区有不同的特色，甚至此地有而彼地无。但现在举凡充分开发的古村落，大多能见到雷同的手工艺产品，看到类似的表演形态。造成这种现象的原因有很多，其中也有媒体的原因：媒体对于某些保存较好、研究较多的非物质文化遗产的不精确描述，很多时候在无意间扩大了其原本生存土壤的边界。而在媒体从业者将目光投向他们认为的非物质文化遗产生存的"原生态"土壤——古村落的时候，往往存在着一种"善意"的"嫁接冲动"。在没有充分了解这些非物质文化遗产和古村落的"个性"之时，以一种宽泛的、模糊的描述方式，将之在"纸面上"合成为一体。经由媒体平台的传播，在受众当中建立起并不准确的期待，反过来影响到古村本身生态的改变。

（二）村民：被忽视的"新印第安人"

在当下媒体对古村落的报道中，古村落生态的核心——村民，并未被给予足够的重视。

从表面上看，无论是平面媒体的报道还是电视、广播媒体的报道，都给予了村民们相当多的"出镜"机会。但若仔细分析，可以发现这些"镜头"通常仍停留在简单的"采访—被采访"层面，采访者和被采访者通过最简单的问答形式就某个具体的"事件"进行叙述，并无真正的"交流"。而对于被采访者的讲述，也极少见到有多角度验证的做法。这导致采访成为一种简单的"导览"，报道文字成了导游词。这种报道方式，是以"外来者"之身，行"土著"之分，与一般的旅游者并无两样，根本无法深入古村落的核心。

暨南大学历史系教授王元林在谈到目前古村中各姓家族修撰的族谱时曾言：存在着乱拉祖先、缺少严肃的历史考证的问题。但类似族谱这样的可信度存疑的资料，恰恰是媒体在采访中很乐于采录的"原始"资料。其他诸如村中耆老的回忆、年轻人口中的传说，都可以成为在报章杂志或电视广播中呈现的内容。

从新闻写作的"技巧"角度说，这些资料只要注明出处，记者是可以在相当程度上免责的。但这涉及一个传播心理的问题：即受众通常不会关心新闻"事实"的出处，而只关心"事实"本身。于是，这些并不完全可靠的说法，就很容易被视为"事实"而被广泛接受了。

一般而言，对于某一对象的较为准确的描述，需要综合参考口碑资料、文献资料、实物资料，并在同一类型资料的不同版本间进行比对、筛选，一步步地逼近"事实"。在实际的新闻操作中，由于"抢新闻"的需要，记者很难有充足的时间按照上述全过程完成案头准备和采访，这是可以理解的，但新闻写作有一条原则，即未经充分考察的内容不应出现在报道之中。要做到这一点，需要记者放下身段，摆脱先入为主的成见，真正深入到古村村民的生活中去，以尽量小的干扰，做尽量详细的记录。记录多少，写出多少。不捏造，不臆测，不含糊其辞。要做到这一点，其实还是不难的。以上问题的出现，在于无论是简单的对人采访，还是翻查文献资料，实质上都是一种"从文本到文本"的做法，缺乏对描绘对象本身贴身的了解，缺乏对"人"的真正关注。

古村落是自然和人的结合体，而其区别于自然景观的本质特点，在于它的"人气"。土生土长的村民，才是古村真正的灵魂。即使在一些看上去已经凋败，只剩一些老人、孩童聚居的古村也是如此。

有趣的是，这一点似乎总是被忘却。在媒体上，类似"××古村藏在深山人未识""失落的秘境""文物普查发现大批古村落"、"××古村终掀盖头"之类的标题时时可见，仿佛一个个有着几百上千年历史，至今仍有人居住的古村，是从远古蛮荒之中突然蹦出来的怪兽。"未识"是由于媒体的无知，是信息来源的闭塞，或者是习惯性的忽略，对于村中人来说，根本没有什么"发现""掀盖头"之类的问题。媒体的这种描述方式，让人想起所谓的"哥伦布发现新大陆"：都是一种基于外来者的生活经验和知识结构，利用强势的传播手段和工具，对一个自己未曾接触过的全新世界进行粗暴的描述和定义。

萨伊德在《东方学》中这样写道："东方仅仅是一本模式化了的书，西方人可以从中挑选各种各样的情节，并将之塑造成适合于西方时代的趋势。"这种武断的态度和实用主义方法正是今天媒体在古村落报道中存在的普遍现象。纵观这些报道，有村民对"我的"古村的自主描述吗？几乎没有。对古的迷恋作为一种时尚的心理需求和思维方式，经由媒体（包括部分面向大众的专业人士）的不甚严肃的传播，成了与村民们没有什么关联的一种城市人的浪漫想象。

三、慢了几拍的"守望者"

通常意义上的大众媒体——报纸、杂志、电视、广播、新媒体——介入古村落领域的时间之晚，反应之迟钝，与它们一向标榜的"时代的守望者"的身份并不相称。即使不考虑早在20世纪80年代就已经开始古村落专门研究的专业学者们，也是如此。

1998年12月，由成立于1993年的中国民俗摄影协会主导的以民俗文化为主题的国际大型影赛——人类的记忆：国际民俗摄影"人类贡献奖"年赛（简称华赛）在北京首次举办。第二年，协会就被联合国教科文组织接纳为正式合作伙伴。"华赛"以一种独立传播渠道的形式，开始进入包括古村落在内的中国民俗记录领域。这比大众媒体的全面启动早了大约7年。进入21世纪后，"华赛"以在广东美术馆举行的两次展览，以及大量摄影作品被美术馆收藏（这一时期广东美术馆对现当代纪实摄影的收藏开始启动，开国内美术馆之先河），在公众中的认知度达到了一个高点。协会会长沈澈从早年的"天涯孤旅"一变而为公众人物。虽然接下来民俗摄影协会因为膨胀过快等原因招致不少批评，此外多数"华赛"的作品也仍未能摆脱"旁观者"的弊病，并没有成功开启一条全新的叙述路径，但都不能抹杀它在世纪之交将古村落等"民俗"初步推进到公众视野中的贡献。

2013年关于成龙和十栋徽州老房子的事情成为热点话题。成龙的老房子是从歙县、休宁等地的几个徽州古村中收购来的。这是中国古村落被大规模盗卖的一个缩影。这种盗卖从20世纪90年代初现端倪，在21世纪的第一个十年间达到近乎疯狂的程度。大量古村中的建筑构件、生活用品、工艺美术品等遭到洗劫，甚至整栋整栋的古建筑被拆除后打包运走，异地重建。涉及地域也远不止徽州。

2000年11月，安徽黟县宏村等作为中国第一批古村落类型被列入世界文化遗产名录，填补了中国"世界遗产"中没有村镇的空白。其实早在1987年，宏村就开始进行旅游开发，由于管理体制不顺等问题，1997年以前，宏村游客接待量处于停滞状态。后来宏村的30年经营权被北京中坤集团买断，古村进入企业治理阶段。到2005年，游客已经达到61万人次。

对于古村生活的"空心化"问题，媒体的介入相对较早，但也是在近年报道密度大大增加。

可以看出，大众媒体无论在对古村落价值的认知能力上（与学术界和收藏界相比），还是在对公众口味及产业趋势的把握上（与民俗摄影和旅游界相比），都难称领先。

四、搭上关注古村落的末班车

为什么古村落在媒体上突然热起来，是因为"我们的社会在快要毁灭他们的时候就假装他们具有高贵性质，可是如果他们真的有能力成为对手的时候，却又对他们充满恐惧与厌恶"。一位本土人类学者在考察广东古村落的途中曾经表示：当一千个古村落只剩下一百个的时候，古村落的保护可能才能进入比较好的阶段。今天媒体上的喧嚣，有热情，有沉痛，有反思，也有大量的盲点。这并非媒体本身能够解决的问题——"几百年以后，就在目前这个地点，会有另外一个旅行者，其绝望的程度和我不相上下，会对那些我应该可以看见却没有能看见的现象的消失，而深深哀悼。"

岭南民间工艺的传承与创新

塑绘装饰与祠堂文化

——基于开平灰塑匠人的经验和观察

李铭建　李达维[1]

灰塑与壁画，合称"塑绘"，是祠堂文化功能的重要载体。通过观察省级非遗项目"开平灰塑"匠人在祠堂建设过程中决策参与、工作流程和工艺传承等情况，有助于了解祠堂在乡村社会建设过程中的文化作用。

一、宗族祠堂的社会功能

宋代以后，特别是明清两代，珠江三角洲地区经历了大规模的移民、土地开发和经济拓展。在地方社会的发展过程中，宗族的建构和认同起了重要的作用。宗族祠堂是这一建构中不

---

[1] 李铭建，中山大学新华学院中文系副主任，广东省民间文艺家协会会员；李达维，开平第一中学人力资源干事，开平市民间文艺家协会副主席，广东省非物质文化遗产项目"开平灰塑制作技艺"传承人。

可或缺的环节。[1]与族谱的撰修和祖坟的寻龙点穴等相比，祠堂不仅成为宗族的精神文化地标，更具有社区公共空间的功能。

祠堂作为一个社区体量最大的公共建筑，往往兼具以下功能：[2]

（一）信仰空间

依照礼仪制度，以典型的一路三进祠堂为例，从门外的地堂、门、庭，族人行礼的祭堂和供奉列祖列宗牌位的寝堂，空间递进和礼仪体现了宗祠的首要功能——慎终追远，崇宗拜祖。重要年节，这里是族人必到之处。

（二）行政空间

在国家政治法律管制能力尚未到达基层的时期，祠堂是族中长老议事、修谱、奖赏（如俗称"太公分猪肉"的分胙）、议罚，乃至施刑之处，成为基层社会自治的重要行政场所。

（三）社交空间

现在祠堂作为行政空间的功能已经基本消失，更多成为村民社交场所。虽按传统礼制，族人私事不能在祠堂举办，但现在村民经常到宗祠打麻将。只要交少许费用（亦多有免费者），祠堂也提供场地给族人办婚宴、寿宴、满月酒等。

---

[1] 科大卫著，卜永坚译《皇帝与祖宗——华南的国家与宗族》，第210~228页，江苏人民出版社，2009年。

[2] 冯江《祖先之翼——明清广州府的开垦、聚族而居与宗族祠堂的衍变》，第226~228页，中国建筑工业出版社，2010年。

（四）教育空间

明清时期，许多祠堂也兼做学校，为族内子弟提供教育。而当乾隆年间广东抚院禁毁合族祠时，许多宗祠乃纷纷改称书院、书室、家塾等。[1]

二、祠堂装饰中的塑绘

理查德·泰勒在谈论如何"阅读"基督教堂中的绘画、雕塑、装饰图形时，首先强调："教堂的精髓，还是在于其精神力量。没有精神力量，教堂就会变成空荡荡的房子。"[2] 在中国传统社会，祖先崇拜有着准宗教的作用。而作为宗族最重要的公共空间，我们也应该这样来观察祠堂及其中的建筑装饰。

祠堂建筑装饰主要由砖雕、木雕、石雕、陶塑和灰塑及壁画等组成。历来研究者多从工艺角度，重视"三雕"、灰塑和壁画（包括书法）的价值，尤其是壁画，有的研究忽略不提[3]，有些则置于各种工艺之末[4]。我们认为，相比木雕、砖雕和石雕，祠堂中灰塑、壁画的整体面积更大，色彩更加丰富，题材故事表现更完整，对观众视觉冲击更强烈，文化功能（精

---

[1] 方志钦、蒋祖缘主编《广东通史·古代下册》，第1166页，广东高等教育出版社，1996年。

[2] [英]理查德·泰勒著，李毓昭译《发现教堂的艺术》，第9页，生活·读书·新知三联书店，2010年。

[3] 肖海明《中枢与象征——佛山祖庙的历史、艺术与社会》，文物出版社，2009年。

[4] 广东民间工艺博物馆编《陈氏书院建筑装饰中的故事和传说》，岭南美术出版社，2010年。即将壁画列于铜铁铸等杂项之后。

神力量）的表达更加直接！

　　灰塑与壁画，研究者有些分称之[1]，有些统称之[2]。本文将两者统称为塑绘。我们认为，灰塑与彩绘相关性强。除了上述的文化功能表达的相近，两者又都是彩色的视觉传达。灰塑也要画，要上彩。更重要的是，灰塑匠人往往兼事壁画。塑绘匠人常常是在建筑的不同部位，因应功能和装饰需要，能塑须塑则塑，不能塑的地方用画补白。或塑或绘，其文化意义的表达是整体性的。互相呼应，一气呵成。

三、开平塑绘的匠人及工艺

　　2015年列入"广东省第六批省级非物质文化遗产代表性名录项目"的"开平灰塑制作技艺"，与开平悠久的建筑工艺传统一脉相承。尤其是20世纪上半叶蓬勃的建筑热潮，造就了众多的工匠。四邑传统建筑工匠被称为"泥水佬"。[3]他们往往是由家族父子兄弟组成，在四乡走街串巷揽活。他们没有正式的公司，施工时常常是雇请临时人员，但从预算、备料、施工、装修装饰往往"一脚踢"（全包）。其中基本的装饰往往就是塑绘。

　　塑绘匠人多兼工灰塑与壁画。现在著名的胡均凑、余植、

---

[1] 谭金花《开平碉楼与村落的建筑装饰研究》，第183页，中国华侨出版社，2013年。谭金花分称之为灰塑和壁画。
[2] 陆琦《广东民居》，第238页，中国建筑工业出版社，2008年。陆琦统称之为灰塑，再细分为"彩描"和"灰批"。
[3] 张国雄《开平碉楼》，第39页，广东人民出版社，2005年。

谢健扶、谢祯、关永健等塑绘匠人亦均如此。[1]而金鸡镇锦湖乡的李氏灰塑世家更是比较典型的家族传承：第一代李希阜（1887～1966），自幼喜爱绘画，擅长灰雕岭南风格的山水、花鸟、瑞兽等图案，尤以灰塑狮子为拿手。20世纪20年代已经成为有名的泥水佬。主要活跃于开平南部的金鸡、蚬岗、赤水及恩平的圣堂、东成一带。作品遍布当地的祠堂、民居建筑、碉楼等。

其子李桂怡（1930～2007）十几岁即随父辈从事建筑行业。他承接建筑并负责提供塑绘设计。除了传统灰雕的山水、花鸟、瑞兽，亦擅西洋花纹，图案多样且色彩更加亮丽。在当地有"泥水怡"美誉。即使在以粮为纲的20世纪60年代，他也一直从事建筑修建，只不过以生产队员身份由生产队按工分计酬，并成为20世纪60年代成立的金鸡建筑队的创始人。20世纪80年代初，金鸡建筑队并入开平二建十六队，20世纪80年代后期建筑队改为承包经营后，他成为公司经理。

第三代李进壬（1950～），20世纪70年代进入金鸡建筑队。因市场需要，他更多转向建设实用型建筑，例如厂房、灰窑、烟囱，以及现代住宅楼宇。

其子李达维（1972～）为李氏灰雕第四代传承人。他从小学时便利用假期去父亲的工地实习。师范美术系毕业后，先后在当地中小学任美术、语文教师，书法、绘画均有造诣。由于20世纪90年代华侨回乡捐建村落牌坊、凉亭较多，李达维还应

---

[1] 谭金花《开平碉楼与村落的建筑装饰研究》，第178—209页，中国华侨出版社，2013年。

需创灰雕书法工艺。近年，乡村祠堂修建渐多，李达维也参与其中塑绘项目的创作。除了注意培养儿子李超颖（1999~）学习美术和灰雕技艺，他还收徒传艺（广州花都区灰塑文化产业研究院刘娟院长已正式拜李达维为师）。

可以看出，"泥水佬"的施工范围向民居、传统文化建筑（如祠堂、寺观）、公共功能建筑（例如厂房、礼堂）、商业建筑（骑楼、酒店）、地标建筑（牌坊、凉亭）等各方面不断扩展和分化。而随着市场需求的分化和建筑施工过程的分工细化（例如可能由不同的专业施工团队分别承担基础结构、土建、装修），塑绘工艺与建筑施工（土建）逐渐分离。加上匠人本身受教育的程度提高，塑绘工艺总的趋势是更加专业化和艺术化。

四、祠堂修建中的决策

"泥水佬"广泛参与开平城乡建设，匠人与业主方常常有良好的互信关系。传统上，匠人甚至可以按海外华侨业主的设计要求，先包工包料建好，等业主几年后从国外回乡时再收工钱。

除了华侨的民居、村落的碉楼等，他们也经常介入村落祠堂的建设。由于其专业经验和知识水平，他们常常是祠堂修建决策团队的重要成员。乡村修建宗祠一般都有数位德高望重的长老，在动议筹建时成立"某某宗祠筹建委员会"等临时协调机构，负责倡议、动员、筹款，物色承建方。按照财务公开透明的原则，还有招标和议标的要求。据学者考察，在开平，这种公司化运作的招标方式，在民国初年就很流行。[1]根据我们的了解，近期的情况大致是，投资超过100万元以上的项目，或者业主方觉得数额较大的，通过公开招标或邀标的形式；100万元以下的，或者业主方觉得数额较小的项目，则采取议标方式，即同有意向的一个或几个承建方对象进行一对一的谈判。

传统上的宗祠（以及民居）建筑和装饰很多是由一班泥水佬一脚踢，从头跟到尾。现在的房屋建设施工分工较细化，土建施工队一般没有专门的塑绘工匠。进入到装饰装修阶段前，塑绘的设计施工一般需要另请塑绘工匠。对于塑绘的设计施工，塑绘工匠会以自己的专业经验，将需要塑绘的部位、工艺要求（灰塑或彩绘）信息告诉业主方。相关的设计图案以及寓意，也以匠人的提议为先，业主方一般不会有太多的反对意见。

祠堂塑绘的造价方面，目前灰塑造价约为5000元/平方米，包工包料。壁画则按长度，约500元/平方米。这是因为宗祠墙面留出可供彩绘空间一般都在60~70厘米。如偶尔有大幅的彩绘，则价格另议。至于灰雕书法，由于是李氏灰塑第四代较有特色的独创，造价以2000元/平方米计。另外，有些施工部位如果超过三层楼（9米以上），需要高空作业的，施工价会相应上调一些。

---

[1] 《开平碉楼》，第42页。

五、文化展现的选题和布局

作为具有强烈社会功能的社区公共建筑，祠堂装饰需要承载丰富的文化功能，以激发族人的自豪感和责任感。在这方面，虽然由于家族经济实力不同，装饰的多样、用材的档次、体量的恢宏有差别，但是基本价值取向和文化题材却是相当一致的。

（一）神道设教

神仙或神兽，寓意护佑祠堂免遭火厄，家族老少平安，子嗣绵绵，福禄寿全。这方面，灰塑及木雕、砖雕、石雕多有格式化的图案或纹饰，也有用壁画表现的。其题材如：双龙戏珠、八仙图（或暗八仙图案）、福禄寿三星、和合二仙、麒麟送子、教子朝天。

（二）尊老景贤

历史的著名人物故事，或者动植物的谐音、象征，尊老敬老，光宗耀祖，具有道德警示和励志教育的作用。这方面，以壁画的形式展现较多。例如教子名扬、伏女传经、桃园结义、加官晋爵、太狮少狮、石榴图、汉三杰图、五子登科（五贵图）。这方面的题材，也常常以花鸟静物作为故事性壁画的隔断。

（三）生活审美

主要展现田园生活的美好，渔樵耕读的乐趣。这些士大夫归隐思想的体现，与求仕、求财的励志故事互相呼应，实际形成了完美人生的闭环，暗示"衣锦还乡，叶落归根"的人生终极目标。除了常见的商山四皓、李白醉酒、田园风光、高山流水、周子赏莲等，这方面的主题，也常常在图画之间以诗词书法展现。

由于知识水平的参差，匠人对主题的理解并不一定完整，特别是文字方面，有时会有脱漏或误读。例如，将"伏生授经"故事写成"授生复经"——或许是理解为"教授学生复习经典"。

祠堂的哪些位置应该出现塑绘，这是基本固定的。一般的原则是，灰塑多在外立面的屋脊、飞檐、山墙外侧、墀头等处。[1]在自然光线下，这些部位可以更好地呈现凹凸有致的立体效果。墀头传统上多用砖雕，但由于工艺或经费原因，也多有以灰塑模仿砖雕效果的。壁画一般位于建筑不受日晒雨淋但又是视觉中心的部位，如正门正面和侧墙距顶部一米左右的区域，是最重要的彩绘区。

比较一下祠堂的几种建筑装饰，砖雕、石雕一般是用材料的本色，木雕是涂以褐色、黑色或金漆。砖雕、石雕和灰塑的图形较为抽象化、符号化，文化含义较为隐性。而灰塑与壁画，则可以选择更加鲜艳的色彩。正如前文所说，塑绘对文化

---

[1] 冯江《祖先之翼——明清广州府的开垦、聚族而居与宗族祠堂的衍变》，第198页，中国建筑工业出版社，2010年。

含义的展现和表达也更为显性、直接。

六、施工工艺及传承流变

在潮湿而酷热的岭南，无论是土坯、三合土还是砖瓦建筑，都很难屹立数百年不倒，更遑论附着其上的雕刻塑绘了。但是，塑绘在岭南及周边地区的公共建筑（庙宇、学宫、祠堂）和民居中大量存在，由来已久。而在近代以来，广府地区受西方、南洋建筑工艺的影响，更成为中国南方塑绘工艺革新的发祥地。[1]

开平的大多数祠堂在形制方面基本按照传统礼制的要求（如典型的一路三进）建设，但是20世纪上半叶，中西合璧风格祠堂也很引人瞩目。有意思的是，新式祠堂的灰塑为了整体建筑风格统一，更多地采用西方卷草纹、窝卷纹等装饰图案，也有的边墙壁画加入轮船、碉楼等新元素，但正门门楣的主壁画仍必须使用传统主题题材。近年来重建或修建的祠堂，多是行将塌毁的传统祠堂，总体形制布局均按照传统，但也有少数改建成大礼堂的形式（如蚬岗镇东和里祠堂），而塑绘均回归传统题材。

学者也经常关注到非遗传承中不同时代的塑绘传人的工艺、用材特征的变化。我们的经验和观察是，工序和手法依旧，材料，尤其是颜料有变。塑绘传统上使用的天然矿物质颜

---

[1] 吴麒《三坊七巷古建筑灰塑与彩绘装饰初探》，载《华中建筑》2015年第11期。

料，使用时须由匠人亲手混合石灰水与纸筋灰慢慢搅拌，以掌握颜色的深浅。在灰塑施工上，这样使用的矿物颜料颜色是整体的，不只在表面。加上矿物颜料氧化慢，因而即使灰塑表面风化剥蚀，但颜色不变。传统壁画使用"湿画法"，也是为使矿物颜料能渗入墙上灰泥，以保持长久的色彩效果。[1]有广府民间传说某建筑得到神仙"予新不予旧"的点化，色彩数百年始终艳丽，其实就是这个原因。

　　传统建筑耗时较长，两三年的施工时间是很正常的。岭南地区天气阴晴不定，暴雨时至。很多塑绘施工时需要外加"篷厂"覆盖外，甚至有白天不做而夜晚挑灯工作。这一方面是由于岭南日间温度太高，夜晚气温较低，墙面不会过快风干，匠人工作也不用挥汗如雨；另一方面据说是防止外人偷师，尤其是民居的主人有时希望标新立异，工艺要求较精致，匠人也往往亮出自己的绝活，因此施工过程需要注意工艺的自我保护。现在无论祠堂还是民居，要求的工期较短，业主方也不会有太多标新立异的想法，匠人也较少围蔽进行隐秘施工。

　　现在市面上的天然矿物质颜料已经越来越难找。匠人们更多地使用化学颜料，例如常见的丙烯颜料。丙烯颜料等更加色彩丰富，但只是在表面涂饰，十年八年后，颜色就会慢慢变淡。这或许预示着，未来的祠堂装饰维修将会更加频繁，其工艺的变化迭代可能也会更快。

---

[1] 谭金花《开平碉楼与村落的建筑装饰研究》，第169、208页，中国华侨出版社，2013年。

七、祠堂塑绘的文化表述方式

在宗教建筑中，故事性绘画有重要地位，许多故事以整体、连贯的展示，起到弘法传教的作用。例如，佛教寺窟常见到的本生故事、佛传故事，或天主（基督）教堂中的关于上帝的系列象征图像（符号）或耶稣生平故事。但是作为社区公共空间的祠堂，更注重世俗的功能。文化故事的取材和展现也比较多样、随意、零散和碎片化。即使是陈家祠这样规模宏大、装饰繁复的建筑，其文化旨趣也更多倾向于世俗和生活化的喜庆色彩，与宗教故事给信众造成的庄重感有着差异。

似乎比较少见族中长老系统地为后辈讲解祠堂塑绘与其他装饰中的故事，对于故事及其寓意的了解深度也因人而异。这些装饰性的故事更多只是以愉悦和亲切的方式给社区的人以道德力量的感召，社区认同的自豪，以及美学的乐趣——"那种乐趣是来自于顿悟，将图像套入古老而熟悉的故事所产生的满足，或是在提起某些故事时脑海中便浮现相同画面的共识。在这里，每个人都怀有同样的心理状态。图像教诲的力量是没有偏倚的。"[1]

---

[1] 《发现教堂的艺术》，第6页。

开拓海上丝绸之路文化创新语境

——以广彩人物画艺术为例

刘　明[1]

全球范围的经济深度融合以及畅通高效的贸易体系是当下世界经济的突出特征，包含了民众衣、食、住、行的社会经济和各国间的经济活动都与贸易交流密切相关。云计算、物联网、大数据、智能化，当今的贸易令我们对这些社会热词如此耳熟能详，以至于自身历史中那份曾经存在的，发达的贸易记忆也逐渐消退。事实上，中华文化自古以来与世界各国、各民族文化保持着相互传播、碰撞、融合和创新的历史轨迹，其中贸易活动扮演着极其重要的角色。随着历史的推进，这种发自于民间的贸易意愿逐步演变成官方主导、甚至垄断，贸易规模和范围不断扩大。鼎盛时期中国的贸易足迹遍及欧亚大陆，甚至包括北非和东非。"历史上，这些跨国长途贸易交流并无一

---

[1]　刘明，广东轻工职业技术学院讲师。

个专有名词来描述,直到德国地理学家李希霍芬1877年在《中国:我的旅行成果》一书中将其称为'丝绸之路'。李氏所用'丝绸之路'仅指自中原经河西走廊和塔里木盆地到中亚和地中海的贸易路线。因自汉至唐这条贸易路线上交易的大宗商品是丝绸,故命名为'丝绸之路'。"

伴随商品贸易的频繁和沿线国家民族的文化交流,丝绸之路形成了灿烂的文明,这一本身自带"空间限制"和"商品特指"的名词也得到了广泛的认可和拓展应用。其中,自宋、元开始的海上贸易路线,则被称为"海上丝绸之路",它是通向五洲四海,连接各大文化圈的海上大动脉。原本以丝绸为主的商品,在不同历史时期也扩展至瓷器、茶叶、香料等不同品类,"海上丝绸之路"的具体线路和空间走向随着地理环境变化、经济发展状态以及政治和宗教演变而不断发生变化。可见,与"丝绸之路"一样,"海上丝绸之路"语意上并非具有固定线路的空间现象,其已从一个古代贸易的代名词"脱胎"为中国与欧亚大陆各国文化交流的"符号"。"海上丝绸之路"存在于和平时期,通过商品和文化的交流带来了世界的共同繁荣,这一文化符号向世界传递了一种理念——"和平、合作、发展、共赢"。

2015年3月27日在海南博鳌亚洲论坛上,中国国家发展改革委、外交部和商务部联合发布了《推动共建丝绸之路经济带和21世纪海上丝绸之路的愿景与行动》。这标志着对中国发展将产生历史性影响的"一带一路"倡议进入全面推进建设阶段。回望改革开放前30年,中国以"引进来"的方式积极深入参与了经济全球化的进程。现今,共建"一带一路"框架则是中国通过与以外完全不同的理念,以"走出去"的鲜明特征标志全球化新阶段的到来。它包含"和平合作、开放包容、互学互鉴、互利共赢"的理念,强调"共商、共建、共享"的原则,是世界经济格局变化和经济全球化深入发展的必然结果。

翻阅过往文献,笔者发现对于"海上丝绸之路"的讨论和关注更多聚焦于史学、文物等领域,而随着近年各地兴起的挖掘"海上丝绸之路"历史和文化遗迹的热潮,以期确立自己在"一带一路"中的地位,其中多少添加了功利色彩,也多少误解了"海上丝绸之路"的内在含义。"借古谋今"的做法本不应否定,但如何理解丝绸之路文化内涵,如何基于此文化开拓其创新的语境?这需要我们对"海上丝绸之路"的文化信息,文化价值深入研究,发掘其当代意义。本文试就此问题,以广彩人物画艺术的为例,做一点粗浅的探讨,希望对"海上丝绸之路"文化(以下简称"海丝文化")走向世界,走向现代化的中国有所裨益。

一、海丝文化与广彩人物画

中国陶瓷自古就是承载人文价值与艺术美学的媒介。在18世纪,欧洲大陆兴起一股东方文化的热潮,对于来自东方世界的各种神奇事物,整个西方社会均产生狂热的追逐,瓷器作为集精神与物质文化于一身,极具装饰价值与审美意义的艺术媒体,成了中西文化艺术交流碰撞的桥梁。广彩是广州釉上彩瓷艺术的简称，其艺术创作向来以恢诡奇丽，柔靡雕饰的艺术特征展现于世人，各式花纹图案细腻丰满，视觉美感纤巧灵变，加以玉白瓷胎为创作载体、织金描绘为提炼点缀，成为物质化升华的完美体现。广彩匠人为适应西方市场的需求，在彩瓷纹饰方面起初是按照国外市场要求定制的，到清中期开始形成自己独特的风格，既保留了中国陶瓷艺术的传统，又融入了西方的绘画技法和审美情趣，因此其纹样题材能鲜明地感受到西方市场的审美倾向与艺术追求，成为"海丝文化"发展历史中具有典型意义的文化现象。

早期广彩人物画出于广彩瓷中的人物纹样。由于从题材和内容的选择上没有固定图式，且正值欧洲绘画的辉煌时期，因此广彩人物纹饰创作随之受到影响，表现内容多为外国故事，如西方宗教故事、神话传说、反映中西人物东方宴会和享乐的世俗生活等。这些早期人物画形象刻画大胆，其中涌现的东方人物形象颇受西方市场欢迎，在一定程度上满足了西方世界对神秘中国的想象，是"海丝文化"在中西交流和沟通中的必然产物。

二、海丝文化背景下广彩人物画艺术特征

由于广州处于海上丝路的特殊地位，广彩在人物画纹饰的创造上吸取本民族地域资源及外来文化、兼工带写、突破创新。在继承中国传统技法的同时，广彩匠人借鉴西方绘画技法、注重写生，博取众家之长，以创新精神和强烈的时代责任

感发扬并改造人物绘画，形成了广彩特有的"长行人物""折色人物"等独创画法。不难发现，海上丝绸之路的文化特质在广彩人物画中可见一斑。

题材方面，如上所述，广彩人物纹饰丰富多彩、题材多样，除有迎合西方社会的题材外，道光时期后的广彩更多描绘传统民间人物形象，展现故事情节场面，人物纹样也大量取用自民间小说、戏剧故事。同时也陆续出现关于百姓现实生活的内容，如广东渔民的水上生活、游乐，以及表现民间生活习俗的题材，如端午赛龙舟、农历新春等，内容突破创新，体现一定时效性。

构图方面，广彩人物画构图紧密热烈，结合花鸟草虫纹、船舶纹等纹饰排布于瓷胎，繁而有序、层次分明，富有装饰性，带有浓郁的西方审美意向。人物创作根据器型不同，运用不同的布局，其中包括图案式构图、中国画式构图，以及两者的结合，完美体现了传统文化吸取西方审美样式的创新思维。例如"长行人物"的构图既体现了当时西方追求华丽热烈、温暖活泼的审美趣味，也与"疏可跑马、密不透风"的中国画论一脉相承。

色彩方面，早期广彩的彩绘颜料多为矿物颜料，耐磨度和耐酸碱性好，但品种不多。后来经过广州本土的自制研发，改配出许多新的色料，包括牙白、大红、西红、粉红、鹤春、粉绿、麻色、粉青、水青、双黄、大绿、赭石、黛赤、茄色、海碧、亮黑、瓷黑等17种常用釉色以及草青、背绿、尾绿、浓黄、格红、金鱼茄、古晶茄、古黄、水绿等多种非常用釉色，故而赋予了人物创作丰富的色调。例如，在广彩"折色人物"艺术特色里，头部、手部轮廓用干大红以线勾描，眉眼用瓷黑色，着重眼部神态。人物服装衣纹方面一般以牙白做底，利用油釉料覆盖其上洗染，衣服的起伏效果十分亮丽。黑色部分渲染具层次感，隐隐透出底色以便与其他部分相呼应。这些色彩的运用充分发挥出了广彩艺术的视觉识别特性和材质工艺特点，呈现出极佳的艺术效果，打破了传统广彩风格的窠白。

技法方面，广彩人物创作与画面情感表现和整体氛围的渲染巧妙结合，复色搭配的釉色效果和广彩特有的斑斓、浑厚特质交相辉映、共同营造出独特的画面意蕴。一般而言，轮廓线或衣纹用色直接表现，运用笔墨轻重浓淡渲染衣服纹理和明暗体积，在厚彩的部位用深色线条加重，突出衣纹。如绘人物六角花盆，色上写衣纹则通过粗细、疏密、长短、转折等方法体现人物结构的变化，也更好地表现了光色和质感。与此同时，广彩特色——"织金"手法的运用迎合大众审美预期，画面夹线部分映射的金色融合白瓷器皿，"以笔为针、以彩做线，将金丝勾勒缝织于白玉素胎"，也编织出人与自然交融的金色梦想。

三、海丝文化背景下广彩人物画艺术语言创新

中华人民共和国成立后，广彩在"文革"的冲击、改革开放的实施、市场经济的确立等多次重大变革的历程中无不受到影响，其如一叶轻舟伴随时代变迁的巨轮，在海丝之路的巨浪

中颠簸。20世纪80年代以后，受西方现代思潮的影响，广彩中以表现主观思想的人物画创作题材纷纷涌现，同时又因为人们的欣赏习惯所致，过往的传统题材也重新焕发新的生命力。当下的广彩人物创作多以现代绘画模式进行，如人物主题的碟盘一般是碟沿外围绘花鸟、八宝等图案，碟心绘传统人物故事，有牛郎织女、嫦娥奔月、吹箫引凤、天女散花等。广东民间工艺博物馆收藏的传统题材人物绘画相关作品比较齐全，其中宗教人物类有赵国垣的"绘十八罗汉碟"、许恩福的"绘八仙祝寿灯"等；仕女人物类有司徒占的"锦地四季美人象耳瓶"；婴戏图有李善发的"绘百子图瓶"；历史人物类有任赋强的"绘昭君出塞皮灯"、胡方方的"绘潘妃图碟"；民间故事类有张玉球的"绘吹箫引凤六角耳瓶"、王兆章的"绘七姐思凡图碟"、司徒洪的"绘十二花神图碟"等；戏曲小说人物类有翟惠玲的"绘洛神图碟"、毕树珍的"绘西游记图碟"、谭广辉的"绘红楼梦人物大瓶""绘三国演义人物大碗"等。

  当代广彩人物画一方面继承传统，另一方面广泛吸收现代人物画的艺术精华，融汇成广彩人物绘画的新语境——即在以传统人物故事为题材，把中西绘画技巧相融合，以图案形式感与绘画构图相结合。近年来，新一代的广彩艺人深受现代中国人物画的影响，希望通过中国画与广彩图式相结合的思路探寻广彩人物画新的发展方向。固守传统，意味着裹足不前，摒弃传统，则又失去自己的本色。在"海丝文化"的推动下，广彩艺术以及广彩人物画如何实现新的突破？笔者拟结合自身所见、所感做以下的简单分析。

（一）传承中创造，对观念创新的再认识

虽然近年广彩人物画得到一定的发展，但这并不意味广彩人物绘画的问题已经解决，目前许多广彩作品还是片面地以传统技艺和西方现代艺术观念在内容和形式上"伪释"广彩创新语境。"所谓现代性，其基础是一整套价值理念。"究竟广彩人物画的"现代性"如何体现现代艺术审美标准？或者回到最基本的问题，什么样的创新语境才适合广彩在现代艺术的发展？是如过往一般，对釉色的舍弃或再造？还是对传统技艺的挖掘和仿制？既然祖辈留给我们的材料和工艺已是宝贵的财富，那么单纯停留于以上二者的"创新"又怎能成为现代人交流思想感情的语言呢？广彩人物画的创新核心显然不是技艺、材料，甚至图式。发展广彩人物画的根本还是取决于对人物绘画的灵魂——现代绘画观念的理解。

（二）观念突破，创新语境的深层次挖掘

我们对广彩人物画创作的本源追溯，并非只为恢复处于遥远时空中与现代文明遥遥相望的传统魅力，我们对创新的期待是借观念的创新而持续生成广彩艺术的现代价值。

目前部分广彩作品出现盲目对其他工艺美术门类的"转译"和"追随"，最后呈现的作品缺乏内涵，缺乏热情，缺乏让观者为之感动的东西，也反映了当下广彩艺术与现实生活存在一定的脱节。在吸收、融合传统文化的基础上不断创新，是文化发展的内在动因。例如，汉代文化之所以达到如此辉煌

的成就，是因为它懂得学习先人，同时又不拘泥于先人成就规则，不断地在先人的基础上创新、发展。汉文化在其形成之初就表现出了广收博纳的开放性，广泛地吸收不同文化的营养，经过不断的融合、创新而具有了新的汉文化的特征，从而形成了自己的风貌。这种建立在自省的基础上的广泛融合和创新，正是中华民族优秀传统文化几千年来流传不断的内在动因。

广彩人物画应该怎样去寻找反映新时代风貌的题材？创新所选择的传统元素似乎应侧重精神范畴，既提取广彩文化元素的精、气、神，而不是一直围绕元素的"形状"本身，这样才有助于改善过往传统工艺在今天所显现的"不适应"。只沉溺于技法的炫耀、忽视心灵意象的营造、缺乏灵感激情的宣泄、没有人生哲理的演绎、即使工艺制作再细再精也是徒劳的。同时，以一种开放式的心态对现代艺术中有价值的，符合艺术发展规律的成分合理的吸收，借取符合当今价值取向的符号作有选择的替换，以实现对广彩人物画的创新性演绎，创造出符合时代审美需求的广彩作品。

四、总结

"一带一路"视野下的文化建设有助于夯实对外交流的民意基础。海上丝绸之路贯穿亚、非、欧众多国家，海上商业贸易路线已作为主要渠道促进东西方经济、政治、文化方面的交流。"海丝文化"主张国家、民族之间"政治互信、经济融合和文化包容"，而"了解彼此"则是"文化包容"的前提条件。通过本文对广彩人物画创作的评析，我们可感受到广彩的作者与观者对异国文化过往与当下认知的渴望，其最终结果是使文化的异同回归至"人"的问题上来，从而取得共鸣与认同。通过评析广彩人物画创作，我们能感受到"人"是国家之间，在文化艺术表达中一个重要的、具有通用性的语言符号。当观者面对广彩瓷中人时，会超越国界，思考人与人、人与社会、人与自然的问题。通过评析广彩人物画创作，我们能感受到艺术与文化的终极目标是对"人"的理解和关怀。

当今时代的美术研究需要宏观的世界视野。过往我们对国内人物画创作的关注多限于国画、油画、版画、雕塑等造型美术领域，他们甚至习惯性地取替了我们对于宏大叙事的表现图式与手段。但艺术的世界是需要百家争鸣的，正如广彩人物画一般，那些被艺术主流忽视的画种与门类也有着异彩纷呈的独特语境和人文理念，真正的世界视野必须把所有美术领域纳入其中。对于问题的困惑，"一带一路"虽然为我们指出了具体的方向，但视野转向更重要的意义是新视野的开启，在研究广彩人物画时我们也需要以开放的姿态，客观地看待广彩与"海上丝路"的内外联系，将艺术特征与文化属性跨越境域放入广阔的环境中，以研究其实际的运动轨迹，还原其历史与行业状况的真实性，这对于广彩艺术理论研究具有重要的意义。近年不少学者关注广彩与国际艺术文化交流中的相关问题，如今在国内外聚焦"海丝文化"交流的大背景下，广彩艺术或许会发生更多有意义的进展和突破，广彩人正在当下的世界维度中再次认识自己与外界，探寻彼此往来于世界图景中的意义。

"织金积玉六十年"

——从广州织金彩瓷看新中国工艺美术延承与发展

王　宁[1]

一、广州织金彩瓷的背景与过往

"广州织金彩瓷"又称"广彩",是一种由五彩和粉彩发展而来,采用织金及低温釉上彩装饰技法,产自广州地区的传统特色釉上彩瓷手工艺。因其仿照中国缎锦纹样用金色在瓷器上作瓷器装饰,也被形象地比喻为"织金积玉"。2008年广州织金彩瓷被列入我国第二批国家级非物质文化遗产名录。

"广彩"是清代雍正、乾隆时期根据外贸市场的需要,在我国当时唯一的通商口岸广州,发展起来的一种传统外销用瓷。其产品品类以盘、碗等日用瓷为主,陈设瓷次之,用途以大宗出口为主。"广彩"自清雍正年间开始,由艺人们从景德

---

[1]　王宁,广东省外语艺术职业学院副教授。

镇买来白瓷素胎，以"借胎画彩"的形式在广州迅速发展，成为清中期的瓷器新品种，同时也成长为当时中国主要的外销瓷器之一。据民国时期刘子芬在《竹园陶说》中所记："海通之初，西商之来中国者，先至澳门，后则径趋广州。清代中叶，海舶云集，商务繁盛。欧土重华瓷，我国商人投其所好，乃于景德镇烧造白瓷，运至粤垣。另雇工匠，仿照西洋画法，加以彩绘，珠江南岸之河南，开炉烘染，制成彩瓷，然后售之西商。"[1]

为适应欧洲外销瓷市场的需要，广彩艺术风格以"构图紧密、色彩浓艳、金碧辉煌"著称。伴随着中外海上陶瓷贸易交往的不断扩大，广彩得洋风之先，不断引进、吸收和融合了西方的绘画技法和绘瓷色料，极大地促进了广州彩瓷生产的繁荣与创新。在清乾隆戊戌年间，广彩成立了行会组织，称为"灵思堂"。[2]到了辛亥革命前，岭南画派高剑父、陈树人等画家在广州河南宝岗附近，建立广东博物商会，也参与过相当数量的彩瓷生产。[3]至20世纪30年代，广彩已经成为珠江三角洲地区泛区域性产业，澳门和香港都建有广彩厂。1947年因金融动荡，广州的彩瓷厂全部迁往澳门和香港。

---

[1] 袁胜根，钟学军《论清代广彩瓷与中西文化交流的关系》，载《中国陶瓷》第40卷第6期。
[2] 赵国垣《广彩史话〈赵国垣广彩论稿〉》，第19页，岭南美术出版社，2008年。
[3] 刘菲菲《浅析20世纪广州织金彩瓷装饰艺术的传承和发展》，载《艺术评论》2017年7月。

二、广州织金彩瓷"织金积玉六十年"的延承与发展

（一）20世纪70年代之前

1949年后，以港澳的41名广彩艺人为核心，经过与广州陶瓷出口公司商谈达成协议，于1956年8月重新组建广彩加工场，在天成路96号正式开启了新中国广彩事业的发端。1957年8月，广彩加工场转由市工艺美术专业联社接管，改建为广州市织金彩瓷工艺厂。建厂后，通过吸收艺徒，举办专题展览，逐步扩大了社会宣传。1958年，工厂址迁到大德路160号。到1965年全厂人数增至350多人，并成立技术委员会，使广彩厂成为兼顾了生产与培训的业务综合体。厂内后备力量培养、产品设计生产都有计划地进行。之后由于受"文革"冲击与破四旧等运动影响，广彩生产曾一度陷于停滞状态，甚至到了20世纪60年代末，为了响应国家大力扶植电子应用技术的号召，彩瓷厂也曾有过短暂转产电子收音机的经历。

这一时期的广州织金彩瓷与中国大多数的工艺美术企业一样，都在经历着从无到有、从小到大的发展；同时也因政策环境影响，体会了从成长到停滞的阶段。此时的广彩产品以统销的方式面向海外市场，其生产与国内市场基本隔绝，在民间市场影响力几乎不见，甚至到了普通广州本地市民对其都未有所耳闻的状态。此时的工厂销售由广东陶瓷进出口公司统一经营，这一时期的广彩从原先传统欧美市场转向以"易货贸易"方式销售的苏联和东欧地区。广彩在为解决中华人民共和国成

立后的原始财富积累贡献着积极的力量。

（二）20世纪70年代至80年代中

20世纪70年代初，由于国家经济建设的需要，在周恩来总理对于"传统工艺美术凡不反动、不黄色、不丑恶的，不可以阻止生产与出口"指示的带动下，中国工业美术行业的大规模发展迎来了春天。广州织金彩瓷厂开始恢复广彩的生产，从那时开始至20世纪80年代初，广彩厂开始大规模招工，生产经营与人才储备进入了双向增长的黄金发展期。1976年广彩厂迁往芳村大道97号，厂房面积近两万平方米，至1980年工厂职工已近千人。这一时期广彩发展迅速，外销市场旺盛，新品大量推出。由改革开放所带来的"中国热"出现，大批国外旅游团入境，广彩厂获准成为对外开放单位，作为外国游客观光购物的接待点。此时的广彩产品经营模式由统销转为自销，不但外销欧美，为国家创汇，还在广州市内设有门市部，尝试开拓国内市场。20世纪80年代初的广彩厂，由于出口创汇超过100万美元/年，因而成为当时外汇管理局"百万美元俱乐部"成员。并且因为有了外汇津贴和外汇"留成"额度，工厂开展各方面业务活动的资源和能力，以及工人的工资、福利待遇都有了很大的改善与提高，广彩生产形势一派大好。也是在这一时期，广彩品牌意识加强，于1980年改用"花篮"图案商标，并配"中国广彩"文字以中英文命名。1985年在广东省博物馆举办的"广州织金彩瓷三百年名瓷展览"，使广州织金彩瓷工艺厂的品牌效应获得了社会的认可。

在这快速发展的十余年中，像广彩厂这样的国家（集体）所有制高技术性、劳动密集型工艺美术企业，在分担城镇就业压力的同时，也承担了为国家赚取外汇的重任，对于经济的考量是该时期工艺美术行业发展的共同特点，较低的人员支出，配合国家的退税优惠政策，使工艺美术企业在外销市场上竞争优势明显。这一时期中国的工艺美术企业社会地位较高，从业人员待遇好、前景光明，行业整体进入了中华人民共和国成立后最辉煌的发展黄金期。但也是由于这一时期，在供销两旺的表象下，传统工艺美术企业对企业自身管理、新工艺、新技术研究的相对滞后，薄弱而相对单一的市场渠道拓展不足，都为下一阶段发展的波动埋下了伏笔。

（三）20世纪80年代中至90年代后

至20世纪80年代中期后，以实用器具为主的外销型广彩产品，由于颜料铅含量超标的问题，而使得欧美客户逐渐消失，外贸市场出现停滞。经调整后广彩厂发展曾短时间转为以陈设品配合实用品的内销为主，此时的营销不畅加重着工厂的经营困难。直到中东外销市场出现后，广彩厂生产才又回到之前习惯的，以外销为主的经营模式。到20世纪90年代后，全厂生产工人数量接近860多人。随着对外贸易政策的放宽，国内企业已经具备直接与客商签订供货合同的权限。因为中东市场对广彩瓷需求的不断扩大，广彩厂有部分技术员工或离厂创业，或与他人合作经营，广州地区逐渐出现了大小十多家生产广彩瓷的民营厂家和工坊，高峰时各厂从业人员也达到了500余人。面对同一个市场，同质化的产品，使得各广彩生产企业之间展开了残酷的价格竞争。而中东市场所需求的大出货量，对广彩品质的低要求以及对低成本生产的高渴望，又不断地加剧了批量化广彩产品的低品质化。在规模与效率面前，广彩行业之前赖以生存的传统评价标准被抛之一边，秉承着品质意识的广彩艺人们只能将自己局限在大规模生产外的精品创作当中。随后由于1991年和2003年两次海湾战争对中东社会经济所造成的破坏，加之广彩业逐渐加剧的低价竞争行为，使广彩市场一泻千里、辉煌不再。

这十余年中的广彩企业与大多数传统外贸型工艺美术企业一样，随着市场经济的引入，民营企业大量出现，沉浸在浮躁与急功近利之中。期间虽有转向内销市场的道路可以选择，但外贸批量的诱惑使得工艺美术生产单位将企业生存寄托在人力成本与退税优势政策之上，而进一步转变为单一的外贸依赖型企业。随着外销供应渠道的多元化开拓，外贸型工艺美术普遍进入到低门槛、低质量、低利润、无品牌、无产权意识、无核心优势的混乱状态。为了争夺订单，各企业之间通过低价格与没有节制的产能扩张，来满足外贸批量化的需求。最终单一性外贸经济在国际经济波动影响过大、国内逐渐加速的通货膨胀以及高起的人工成本的内外交困中，逐渐走向经营之路的尽头。并由此导致工艺美术企业解散、核心技术力量逐渐消亡，技术传承后继乏人的窘况，工艺美术普遍步入低迷之境。

（四）20世纪90年代后至21世纪初

到了2000年前后，大部分广彩民营厂家已相继另谋出路。而广州织金彩瓷厂也再无力更新出口品种，只是被动应对已经基本没有利润的中东市场，广彩传统大宗商品对外贸易的模式已然崩塌。而对于同时期的国内市场，由于社会消费层次的改变，消费者对产品的要求发生了重大的变化，普通广彩产品因创新不足而缺乏竞争力；加之受国际金融风暴的影响，高档广彩陈设精品又因价格高昂为内销市场难以接受，广彩行业发展整体处于滞销状态。2001年广彩厂改制后经营业务逐渐转为厂房租赁，广彩规模化生产进一步陷入萎缩，三百年历史的广州织金彩瓷业已经走到了崩溃的边缘。值得庆幸的是，这一时间，由国内经济增长所推动的收藏市场，为广彩行业保存核心传承力量提供了有力支撑。从这时起，广彩的延续重新回到了在老艺人的个人工作室中形式进行的"师徒传承"模式。销售渠道也多以面向收藏的陈设精品为主，以小规模的礼品生产为辅的形式进行。而在文化领域，进入21世纪后，广州织金彩瓷成了广府地区传统工艺美术"三雕一彩一绣"的代表性项目，被作为优秀传统文化典型再次发掘，并在政府层面大力宣传推动下，为之后再次的发展带来了新的机遇。

这一阶段应该是近六十年中国传统工艺美术最难熬的"寒冬期"。在社会经济发展至上的思维模式影响下，随着工艺美术在外贸市场的没落，工艺美术产品被迫重新转向内需，规模化效益的萎缩，使工艺美术行业社会地位下降趋势明显。规模型企业主营业务经营困难，大量由独立艺人经营的工艺美术小微企业开始涌现。随着高端订制与收藏市场逐渐成形，工艺美术主力从批量向高端精品模式转换，逐渐形成围绕高端精品，并兼顾小批量低端礼品、用品的经营体系。但与此同时，工艺美术行业审美与社会诉求脱节加速，行业观念与社会观念对接不畅，社会认同度下降，技艺传承问题凸显，工艺美术呈现青黄不接现象。值得庆幸的是，这一时期在文化领域，尤其是借助2001年昆曲入选世界非遗的影响辐射，在国家的宏观层面，开始以文化视角重新审视工艺美术的社会价值，由此也为工艺美术行业的新世纪振兴注入了新的希望。

（五）2005年至今

自2005年国家有组织的非遗普查开始，到2011年国家非遗法颁布，再到近年来国家所提倡的"工匠精神"，以及2017年初的传统工艺振兴计划，与近期的"大国工匠""一带一路"……国家已经有意识地从大国文化崛起、东方传统价值观输出的战略角度，对工艺美术赋予了崭新的历史使命。这一时期的广彩在文化领域相继迎来了自己崭新的发展机遇，2008年广州织金彩瓷被列入国家级非物质文化遗产名录，同年以广州织金彩瓷厂为核心，集中了当前主要广彩艺人的民间非营利性组织"广州织金彩瓷研究所"成立。2016年研究所经拓展，扩充和吸纳了以广州为中心，包含港澳地区的广彩收藏家、专业学生等社会力量，成立了"广州市广彩发展研究会"，同时健全了"国、省、市"级的工艺美术大师和非遗传承体系。近些年的广彩艺人们除了将精力放在陈设精品创作以巩固现有收藏市场、拓展艺术品投资领域之外，也将相当一部分的精力投入到了广彩宣传的社会活动中去。随着各种级别非遗进社会、非遗进校园等活动的增多，广彩在扩大社会广泛认知的同时，也通过与设计机构及高校院所的合作，以非遗衍生品与非遗跨级融合的形式进行设计创新。并通过技术培育合作的形式将非遗技艺重新带入艺术设计专业教学领域，以提高年青一代对广彩技艺的认可度与亲和力。随着政府机构、广彩艺人、社会力量共同的努力，广州织金彩瓷正在重新得到社会的广泛关注与认同。

在文化凸起的新形势下，目前的工艺美术不但在精品消费方面逐渐凸显艺术与金融属性。同时也加强着与社会大众消费市场对接的尝试。通过教育与社会力量的介入努力获取年轻一代的认同。工艺美术产品也以衍生品与文创产品的形式，从单一走向多元，从实体跨界虚拟，并努力以文化创意、媒体互动等多种媒介引发年轻人与文化市场的共鸣，从文化领域丰富着中国现代社会的精神诉求。

三、总结与展望

广东作为中国工艺美术大省，独特的地理优势与深厚的历史传承，使得广东工美行业产值占全国总量三分之一强，年出口总额占全国总量的一半以上。由于历史的原因，1949年后的中国工艺美术行业在相当长的一段时间，承担了国家外汇原始积累的主要支撑力量。借助地域优势与广东务实的粤商精神，广东工美在建国早期的对外贸易与改革开放初期更是承担这一力量的翘楚。其中广州织金彩瓷作为清中期以来传统的外贸用瓷，借助良好的商贸积淀，在广东工美的诸多外贸品类中始终是作为代表性的存在。甚至在20世纪80年代早期凭借优异的年对外贸易成绩，一度进入到广州外汇管理局的"百万美元俱乐部"当中。之后随着时代变迁，广彩与其他工艺美术门类一样逐渐卸下支撑经济的历史使命。在21世纪初，伴随着工艺美术经济光环消失与文化属性的回归，广州织金彩瓷又作为广州代表性非遗技艺，进入国家第二批非物质文化遗产名录。因此广彩产业的兴衰起伏可以说浓缩了近六十年来广东工美行业，甚至是中国外贸型工艺美术延承的缩影。

  在这60年的风雨历程当中，我们可以明显地看到两根曲线的变化，其一是经济指标曲线，从1956年开始经历成长、停滞、上升、繁荣、衰落、延续的全过程；其二是文化指标曲线，从21世纪初特别是从广州市提出"三雕一彩一绣"的文化品类开始，经过逐步的蓄势成长，到2008年进入国家级非物质文化遗产名录之后，逐步进入到快速上升的时期。可以预见，未来的广彩乃至整个工艺美术行业，从国家宏观层面对其经济的倚重将逐步降低，文化的倚重将逐步加强。随着目前"一带一路""振兴中国优秀传统文化"等国策的提出，未来的工艺美术在对外交流中将从经济主力变为文化使者。相信以广州织金彩瓷为代表的中国传统工艺美术的主战场将转移到体现中国软实力的文化领域，将围绕着年轻人与文化市场的共鸣，继续为丰富中国现代社会的精神诉求发挥着积极作用。

广东客家节俗元素在儿童玩具设计中的意义及应用

彭琬琰[1]

一、广东客家节俗引入儿童玩具设计中的意义

广东客家文化，是客家人在迁徙定居的漫长历史过程中融合了中原文化、客家迁徙文化、广东本土文化而形成的独特传统地域性文化，其与中原汉文化既有很多共通之处，又在迁徙、斗争、融合中有了极富魅力的地域特色。设计者在前期的文化调研中，不仅仅需要了解广东客家文化的来源与当下地域特点，还要能够通过对客家人迁徙及斗争历史的了解，比较广东客家文化与中原汉文化的同与不同，广府文化与客家文化的区别，并对部分广东客家独特民俗现象的地理成因或历史成因有初步的认识。

---

[1] 彭琬琰，广东财经大学艺术学院产品设计系讲师。

而在对广东客家文化有了宏观了解后中，在其诸多民俗文化元素中，选取节俗文化作为玩具创新的突破口进行元素提炼与转化有其独特的意义。"岁时节日，主要是指与天时、物候的周期性转换相适应，在人们的社会活中约定俗成的，具有某种风俗活动的特定时日。"客家节俗，即客家的节庆民俗，经历了漫长的发展演变，不仅记载着客家先民对自然运动规律的认识与把握，同时也综合反映出了客家文化的历史渊源与地域特征，选取节俗文化作为玩具设计的创意元素，一方面从内容上，节俗事件往往能够集中呈现自然、仪式、建筑、器物、音乐、语言、食宿、宗亲关系等多重地域要素。节俗转化创新的相关玩具能够以点及面，儿童在玩耍时建构对广东客家节俗的认识同时，希望对产生这些节俗的自然、人文、历史环境能展开进一步的认知和探索；其二，无论针对旅游市场、还是礼品市场，节庆消费都具有一定的消费需求。

同时将广东节俗元素融入儿童玩具设计，对本土儿童认知文化传统也有重要意义。

（一）有利于建构儿童对广东客家地方性知识的认知

节俗文化，作为一种凝聚的民俗文化，与地域环境有极强的共生关系，气候、地理、物产等自然环境，族群迁徙、生存的历史环境，或者劳作、交通、艺术等人文环境，使节俗文化具有鲜明的地域特色。玩具作为游戏的现实载体，所承载的并非一般功能性产品的使用价值，而是儿童在游戏过程中的体验价值。儿童在游戏里探索世界，认识世界，玩耍过程能够有效地促进其生理发育、认知发展及建构初步的社会化意识。以节俗文化为创作元素开发的玩具，可以为儿童提供极具本土文化意义的地域性文化体验。这种体验不仅仅有利于当地儿童对于本土文化的习得，养成文化主体的自豪感，对于非本地的儿童也是一种独特的异域文化体验过程。

以广东节俗文化作为文化元素进行玩具创新设计，玩具只是一个儿童对地域文化学习的切入点，由于地域民俗文化与地域环境必然联系，儿童通过玩具体验习得的不仅仅是当地民俗文化，以点及面，他们同时也对当地的自然、历史、人文等地方性知识展开初步的认知。

（二）有利于广东客家传统节俗文化的传承

在传统社会中，传统节俗文化在地域空间与人群中有着教化民众的教育价值及凝聚社群的社会价值。当今全球化的大环境下，传统节俗文化不可避免地受到了现代文明的冲击，节俗文化传承需要所涵盖的知识与文明在地域中代代传递的动力，年轻一代失去对本土文化的兴趣与自豪感，传承、推广或发展都无从谈起，节俗文化在本地社群中所起的独特教育价值与社会价值就更无从发挥作用。在传统节俗文化的价值逐步被认识和重视的当下，要想其得到保护与发扬，不能缺少年轻一代的接纳。而儿童阶段的文化熏陶与教育，则是活化民俗文化产生传承动力最为有效的途径之一。

玩具于儿童有着对现实世界的学习功能，其作为节俗文化熏陶的载体有着不可替代的天然优势，在玩具设计中的玩法体验、结构原理、审美造型上多方面导入地方性节俗文化的元素作为创新来源，能够让节俗文化的教育功能在儿童的玩耍过程中得以发挥，同时，儿童也通过玩具这一载体对节俗文化产生亲近感，让他们有进一步的动力了解节俗文化，推动地方节俗文化的传承、推广与发展。

二、广东客家节俗元素在儿童玩具设计中的应用

让客家节俗元素在儿童玩具中得到合理应用，首先必须分析客家节俗本身的特点，其后结合儿童玩具的设计规律进行有效的应用设计。

（一）客家节俗的特点分析

应时性："我国的传统节日，是农业文明的伴生物。节气选择本身，便是农业社会生产、生活规律的一种特殊表现形式。"客家节俗文化继承传统中原文化，其节俗特点在应时性上相通，节日根据农业生产的周期性转换进行合理安排，从汉文化共有的春节，立春劝农，二月二、端午、中元节、中秋、重阳冬至，到有客家特色的"六月初六"晒霉日，"翢秋"之俗，可谓"四时节庆，纷至沓来"。

应地性：客家作为迁徙民系，虽各地客家所过节日大抵相通，但节日内容又由于地理特点、族群融合等原因有所不同，节庆所处空间环境、节庆所用物料各地均与地域条件，历史环境，本地物产相关联。

以农为本：汉族本有重农的传统，客家人作为迁徙民系，聚居之地本就山多地少，对土地的崇拜和农业的重视更甚，客家的许多岁时节日的起源或传说，都与土地、五谷甚至是影响作物收成的四时之神有关：如二月二，北方地区很多为"龙抬头"，客家人乡俗却是祭"田头伯公生日"，更有客家特色的四月初八牛生日这种祈丰收酬耕牛的节俗，无不反映了客家人的重农心态。

丰富食俗：客家先人一路逃避战火南迁来到闽赣粤交界处，所居环境大多为农事艰难之处，同时又要与本地的土著居民争夺有限的生产生活资源，械斗频发，求生不易，"寻食"成了客家人的头等大事。客家人日常生活朴素，却在节日集中了所有对口腹之欲的追求，很多节日都有极富特点的食俗习惯，食俗内容之丰富，重视程度之高，正对应客家"胁年胁节"之说，即穷一年之力过年过节。

对广东客家节俗特性展开了解后，下一步将要将其节日特性与玩具设计有效结合。

（二）客家节元素在认知玩具中的设计应用

1.广东客家节俗应时的认知玩具

由于传统的农耕社会的一切生产生活都依赖于自然更迭，"应时制宜"的智慧是客家节俗文化里核心价值取向。工业文明和信息文明改变了我们的生活方式，依赖科技我们可以在恒温的环境下，使反季节的食物大行其道，其结果是大量能源资源的消耗与浪费。在强调绿色生活可持续发展的今天，客家节俗中自然节律意识以及"应时制宜"的观念，需要更多的挖掘和提升。

对儿童以寓教于乐的方式展开自然节律的教育，节俗玩具无疑是重要的突破口，玩具的开发，可以从什么节气的认知游戏，深化到这个节气自然赋予我们什么？这种气候适合吃什么食物，生活上要注意什么等等多元体验。通过剖析传统节俗活动中的自然元素，开发出集合传统性与趣味性的认知玩具。

广东客家有"晒霉日"的民俗，民谣有唱"六月六，晒红绿，不怕虫咬不怕蛀"。农历六月六正是伏天，暴雨过后空气潮湿，衣物容易霉烂，客家人在这一天家家户户将衣物、书籍、鞋帽拿到太阳下翻晒，可以有效地防生霉虫蛀。将这一原理与玩具设计相结合，客家围屋造型的圆盒里洒满黑色内置铁芯的毛绒质"霉球"，手持内置吸铁石的太阳装饰，通过吸力"太阳"将"霉球"一个个从屋子内"晒"出，以游戏的方式折射六月六"晒霉日"传统节俗中的自然要素。

自然的教育"应时"而行，通过不同的节俗，儿童获得不同的玩具体验，潜移默化地养成儿童的节律习惯，让他们了解生活与自然规律之间的关系。

2.广东客家节俗地域风格玩具

客家迁徙到广东后，受本地气候、地理、物产及土著文化的影响，在节俗内容和风格上有其独特的地域特点，在玩具设计中也应当体现，如汉族年节舞狮，各地舞狮的形制不尽相同，猫头狮便是广东河源市和平县客家特有的南方狮之一，其狮造型似猫，造型工艺以泥胎脱模而成，与广府地区南派舞狮的纸扎工艺截然不同。这种造型风格上的区域性特征可直接提炼运用于玩具的设计与制作中，让儿童在接触玩具的过程对地域文化有一种形象上的感性认知（参见图1、2）。

图1　广东河源市和平县猫头狮

图2　猫头狮形象衍生玩具

设计：章伊凡、吴梓豪、王晓薇、叶凤倩、周莹

3.广东客家节俗活动的模拟玩具

节俗活动是节俗文化最为重要的内容，传统节庆的价值与文化内涵往往是靠节庆的风俗烘托展现出来。有些节令玩具可以作为儿童参与节俗的媒介，但并不是所有的传统节俗儿童都具备参与的资格，部分节俗在生活中还具有参与性，如端午赛龙舟，年节舞狮子等。儿童可以通过观察模仿成人的节俗行为认知这些传统节俗。但部分节俗已经在现代生活中被淡化甚至被遗忘，儿童可以借助玩具以游戏的方式模拟参与节俗活动，从而构建其对传统节庆概念及风俗的认知。

儿童参与到节俗活动的创造工作中，更能直观的理解节俗活动的意义，也因为在玩具活动中，儿童成了节俗活动的主体，很大程度地增强了他们的自我认同，这有益于让他们对传统节俗文化产生归属感，从而在传统节俗文化的传承中更具有"主人翁"的自觉。

在每年农历十月初一，是广东客家人的传统节日"牛生日"，牛主人拿糯米粉做的"水煮圆"五个，象征五谷丰登，分别用青菜包着灌给牛吃，并在牛的额头，腰背上各贴一块糯米粄。牛生日这一节俗玩具将传统节俗与儿童早教的串珠、扮家家等游戏有机结合。各色积木象征"五谷"，通过串珠方式串联，包进代表青菜的不织布中，将包好的菜包放入卡通牛造型的小盒"牛肚"以示"喂牛"。设计提炼了"牛生日"这一节俗的礼仪主体、礼仪流程等元素构成，用符合儿童审美的设计语言进行新的诠释。儿童在玩具的游戏中体验节俗流程，同时进行手部精细运动的训练，达到文化养成与肢体发展的双重目的。

4.广东客家节日食俗认知玩具

食俗是节庆中重要的一环，但从食品的操作安全和操作难度考虑，都不宜儿童的直接参与。因此推广节俗中食物制作流程，以扮家家的方式更为可行。客家人清明时节打米粄的节庆食俗传统，通过轻泥翻模让这一节俗过程，更具手工操作趣味，轻泥翻模和扮家家结合的玩法，让这一食俗通过玩具的方式得以部分还原，从而让儿童在游戏体验中了解节俗的流程及要素（参见图3、4、5）。

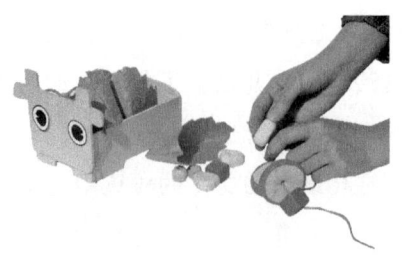 

图 3　"牛生日"玩具套装
设计：何晓文，仇侃君，李静紫

图 4　清明.打米粄 玩具套装
设计：何晓文，仇侃君，李静紫

节令玩具在设计策略中一方面强调节令的象征意义，但更多的是从儿童的参与意识出发，应更为强调玩具的体验过程与游戏内容，通过儿童参与游戏，潜移默化地达到对传统节令文化的感性认知和文化认同。

图5　客家节日美食之旅
设计：王燕新、梁绮琪、陈丰、麦斯斯

5.地方性知识的拓展玩具

儿童创新玩具在多方面引入广东客家节俗元素的同时，以点及面，导出广东客家地方性知识，以客家节日食俗为例，以制作食物为游戏目的，展开桌面游戏的玩具设计，通过任务执行过程中相关关卡的设计对广东客家聚居地居住环境、地理、物产、人文等与食俗相关联的地方性知识认知，让儿童通过寓教于乐可以更为多元立体的认知和理解区域民俗文化。

带有广东客家节俗特征的儿童玩具在新的市场环境下应时推广，一方面可以让儿童通过自身的参与，潜移默化地认知地方节俗的形式及内涵，从而达到传统节俗文化传承的目的；另一方面，儿童的父母在儿童产品的消费中，接触到传统地域节俗的相关概念，在节令玩具的亲子互动体验中参与到故事引导、知识传播、DIY制作，展示表演等玩法中，既增进亲子关系，也是传统文化渗透与传承的重要手段。

广州传统建筑壁画中的人物画

——晚清到民国时期

李慕君[1]

中国壁画起源很早,据文献记载,最迟在周代就已出现。壁画所表现的山川、风物、神话传说、历史故事及人物肖像,具有鲜明的主题思想和创作意图。壁画在隋唐时期达到鼎盛,宋以后,由于卷轴画成为主流,壁画盛况不再,元、明、清以降,与前朝相比,画家不再参与壁画创作。中国大部分地区的寺庙、道观、祠堂、社坛、会馆等建筑都有壁画存在,这些壁画大多由画塑行的工匠绘制。在广州各个区、镇、村众多的祠堂、书室、古庙里,就保存了内容丰富、画面精美且数量可观的晚清到民国时期的壁画。

本文以广州及其周边地区现存广府古建筑中最具代表性的实例为对象,通过对大量图本资料的收集分类和比对,对其中

---

[1] 李慕君,广东财经大学艺术与设计学院讲师。

的晚清到民国的壁画艺术进行研究，对其分布的特点及规律，进行归类分析、总结和比较，发现当时壁画背后真实的社会功能和学术价值。

一、晚清到民国的广州传统建筑壁画的现状

广州市八个区现存最多的建筑壁画大多在祠堂，原因是明清时期，发达的经济为南方祠堂的营建提供了可靠的物质保证，因此，南方祠堂的建造规模和豪华程度都要远胜于北方。作为建筑物的附属部分，壁画灰塑、精雕细琢的木刻、砖雕石雕作品，都具有浓厚的历史价值、高度的艺术价值、深刻的文化价值。

（一）壁画的断代

在现存的壁画中，根据题款等可以断定较早有道光年间的，此后咸丰、同治年间均有，以光绪年间居多，至于宣统以及民国时期的多为祠堂建筑重修后补绘或重绘。这些作品大多来自民间艺人之手，部分有落款题名。

（二）壁画的题材

中国传统壁画艺术虽然到清代已衰落，但源远流长的壁画艺术传统在岭南民间土地上深深地扎根下来，成为民间最为大众喜爱的艺术形式。这些壁画几乎囊括了传统的民间装饰题材，山水、人物、花鸟以及名人诗句、名家书法等，既有中原

文化的特点又有浓郁的岭南地域特色。水墨、白描、工笔、写意，兼工带写无不体现岭南能工巧匠的高超技艺。

（三）壁画的内容

清代是一个奉文人画为画坛正宗的时代，作画的题材以山水、花鸟为主，人物为次。但从晚清到民国的广州传统建筑壁画的内容分布来看，最重视的是人物画，通常人物画绘制最为精美，占据最主要、最显眼的位置。

在传统建筑里，一般头门正面以《瑶池宴乐》以及《竹林七贤》《一团和气》《太白醉酒》《松枝益寿》《梅溪六逸》《二仙归洞》《三多吉庆》等传统人物故事画为主，偏爱有吉祥意味的群像。可以看出，头门正面的画是画师最为看重的，也应是雇主的要求。侧壁则随廊檐的倾斜度画有花鸟或山水斜幅画作；门额背面大多为水墨的"教子朝天"图案；其他位置的壁画绘制由立长方、横幅、圆形、扇面等多幅人物、山水、花鸟画面和诗词书法有机组合成的丰富长卷。壁画所折射的晚清到民国的文化情境、民间信仰、社会风俗、大众美学与美术的发展与变化是紧密相连的，结合当时的文化情境去考量这一美术现象，才能客观公正地认识和评价这些建筑壁画的价值所在。

1.重视人物画的社会因素

人物画在中国画各个画科中发展最早是由于它所表现的多是以礼制、教化、纪功、颂德、表行、奉祀等内容为主。明清时期，资本主义商业萌芽较前代有更大的发展，繁华的城镇及富商日渐增多，文人画占主要地位，发展日益成熟，集文学、书法、绘画及篆刻艺术为一体的综合型艺术形式成为新的品评标准，人物画虽不如山水、花鸟之繁盛，但仍继承前代传统有所成就。由于社会因素，明清时期文人画家鲜有参与壁画创作的，唯有民间画工仍不倦地从事着壁画的绘制，因为需求量大，所以整体艺术水平较高。

2.广东画史上的名家辈出为民间画师提供学习艺术的沃土

清初，广东也产生了几位足以和江左、中原画家抗衡的名家，分别是高俨和深度、李果吉、梁楒，他们一起构成了岭南山水画"四家"，在岭南绘画史上具有重要的历史地位。清代嘉庆、道光年间，广东中国人物画在此时期发展迅速并种类繁多。众多艺术家在政治封闭的社会现实中仍是以风花雪月、才子佳人和文人雅士为主的笔墨情趣来曲折地借古喻今，这一时期，还出现了以画家苏六朋为代表的一批具有创新性和个性的人物画家名家，改变了岭南画坛的面貌。

3.广州传统建筑壁画传达了儒家理性主义美学的社会功利观念

人物画是中国画的重要组成部分，它与中国的民俗、宗教信仰、伦理道德以至与经济紧密相连，有着中国文化的丰富内涵。孔子将有"尧舜之容，桀纣之象"的壁画作为国家兴废的鉴戒，张彦远主张的"成教化、助人伦"等，表明了绘画在政治思想、伦理道德方面的教化作用。深受儒家思想影响的广州传统建筑壁画，充分体现儒家理性主义美学的社会功利观念。从壁画中的人物画，更能观察和呈现清代中后期社会主流的文士阶层的社会审美取向，从中解读其中投射的文化内涵和历史价值。

二、广州传统建筑壁画中人物画的题材分类

（一）中国历史上的杰出人物

有标榜文治武功的帝王，及能臣贤相、英雄美人等，他们的故事世代相传，是人们喜爱绘画题材。如《苏武牧羊图》《三顾茅庐》《英雄相会》《雪夜访普图》《风尘三侠》《伯乐相马》《伏生传经》《伏女传经》《文姬归汉》《贵妃醉酒》《将相和》等。

（二）经久不衰的文人高士题材

取材于历史，均为中国历史上著名典故、传说、佳话，这类作品是为了表现对文人情怀的追寻，在表现画中文人审美的同时传达出了时人对这种审美趣味的追求。常见的作品如《西园雅集》《太白醉酒》《太白春宴》《苏武牧羊》《东山报捷》《十八学士图》，还有《兰亭修禊》《东坡赏砚图》《西园雅集图》《商山四皓图》《二十四孝》《竹林七贤》《饮中八仙》《汝阳醉酒》《白乐天和诗》《白鹅换经》《香山九老》《东坡执琴》《渊明赏菊》《相琴图》《吟诗图》《携琴访友图》《观梅图》《饯别图》《五柳归庄》等内容也是当时的画家喜爱的题材。这些画选取了历史中耳熟能详的事件或故事，画家通过巧妙的构思设置的场景，使作品在对历史事件的诠释中产生了具有时代特色的内容。清代程朱理学强势回归，君主专制更是达到了整个封建时代的顶峰，庙堂宗主文化牢牢

控制了朝野士民的精神领域，在这样的时代背景下，处于文人画话语权之下的作品，画中人仍然浸淫于传统文人所追求的逸兴里。衣冠如旧的幻想，反映了文士阶层对安逸享乐生活的追求，仿佛无视于朝代更迭和周遭境遇的改变。

（三）仙佛人物

仙佛人物是老百姓喜闻乐见的题材之一，是传统题材里最为迎合当时绘画市场和人们审美趣味的。道教和佛教在中国流传了两千多年，人们敬仰和膜拜他们的纯洁、善良、见义勇为、驱恶扶正、乐善好施等高尚品德，在形象上把他们塑造成亲切和真实的平民百姓，如《麻姑》《达摩》《三仙图》《观音》《叱石成羊》《烂柯图》《八仙》《钟馗》《刘海》《金丹换蟠桃》《福禄来仪》《寿比南山》等。

（四）风俗画

市民阶层的形成使得表现普罗大众寻常生活的人物画开始受到欢迎，如《渔樵耕读》《琴棋书画》《采菊东篱》《荷锄载月》《问津》《浣纱》《风雨归舟》等，表达了人们对世俗理想中平静富足生活的向往。

（五）带有期望功名的寓意题材

这类题材多源于历史掌故，但画面中的人物布景又都来源于现实生活的素材，用谐音的方法以物托志、追求功利等，像《指日高升》《玉堂富贵》《一气高升》《二甲加官》《三多吉庆》《簪花四相》《福自天来》等。

(六)强调吉祥寓意

寄托着对美好生活向往的《鹿鹤同春》《寿比南山》《紫气东来》《岁寒三友》《福禄寿》《如意百合》《瑶池宴乐》《和合二仙》《书中有金玉》《英雄得鹿》《松枝益寿》《壶里乾坤》《携柑送酒》《金钱满地》《秘授玲珑》《海屋添筹》《锦上添花》《百事如意》《瓜瓞绵绵》等。

三、广州传统建筑壁画中人物画的艺术特色

元、明、清三代画坛繁荣，绘画被充分文人化，文人画家辈出，山水、花鸟画成了主流，人物画退居其后，且多为职业画家所经营。清代的人物画虽然不如山水、花鸟那样兴盛，但是也拥有自己的艺术特点和价值。

(一)重视传统

民间画家绘制的壁画运用的是传统的笔墨，传统的造型，重线条、重写实、重传神。传统的白描画法、工笔重彩画法、写意画法都有，以写意画法为多，这一时期，壁画在流行表现技法上多以小写意之法对人物进行勾勒描绘，也有类似以黄慎、苏六朋为代表的以书法笔法入画的大写意作品。画风有的工丽缜密，有的质朴苍古，有的清雅谨严，有的恣势豪放，有的坚守传统，也有中西融合的。当时的壁画在继承前代题材内容的基础上，虽有甚多属于摹写之作（题跋中往往有仿元人笔意云云），但在笔墨技巧和章法程式的运用上显现出当时画家的新立意、新视角。

（二）推崇模仿文人画

壁画除了主体的人物，还采用大量诗词题跋入画，使诗画一体的综合性艺术特色得到全面的释放，可以看出对于诗意性的要求几乎遍及于各个阶层的日常审美当中。另一个侧面也体现清代人物画十分推崇作品背后体现出来的文化修养。

（三）抒写心底的无奈

工匠的社会地位低下，在清代中后期，真正的职业画家的社会地位普遍不高，可以从题跋里看出，都有抒发胸中意气、言志明理的隐喻倾向，表面上所呈现出来的那种超脱，实则表现的是心底的无奈。

广州传统建筑壁画里人物画是政治伦理思想最佳的载体，晚清到民国的士绅阶层，也充分利用绘画形象的力量维护社会关系和社会伦理秩序，这些饱含时代痕迹的广州传统建筑壁画，虽是民间工匠所绘制，然而其中不乏精品且各具特色，有的柔媚温润，有的简淡清雅，有的旷远幽静，有的古拙朴实，有的刚猛雄浑……相信读者在观赏了这些作品之后，一定会被传统艺术的魅力所深深吸引。

舞动的纸艺

——粤东客家民俗节庆纸扎艺术[*]

梁 嘉[1]

我国民俗文化源远流长，早在《汉书·王吉传》一书中就有"百里不同风，千里不同俗"的记载。民俗即创造于民间、传承于民间的一种文化现象，有着悠久的历史沉淀，我国古代最早称为"风俗"。民俗既是社会意识形态之一，又是一种历史悠久的文化遗产，是民众在长期的生产实践和社会生活中逐渐形成并世代相传、较为稳定的文化事项，系民间流行的生活、生产的风尚和习俗，是深植于人民的行为、语言和心理中的基本力量。《管子·正世》曰："古之欲正世调天下者，必

---

[*] 基金项目：广东省哲学社会科学"十三五"规划学科共建项目《粤东客家民间传统纸艺研究》，项目编号：GD16XYS13，广东高校省级重点平台和重大科研项目子项目青年创新人才项目《区域文化背景下的美术专业特色课程的改革与实践》，项目编号：2015WQNCX139，2015嘉应学院高等教育教学改革项目"多维教学模式在美术专业中的应用探究"，项目编号：JYJG20150216。

[1] 梁嘉，嘉应学院美术学院教师。

先观国政，料事务，察民俗，本治乱之所生，知得失之所在，然后从事。"可见民俗文化在深入了解一个民族的精神品格和核心要素中的重要性。民间艺术与民俗文化密不可分、相辅相成。民间艺术是有形的文化，同时也是一种有形的实体的民俗。M.巴赫金在论某种民间文化游艺形式时说："处在艺术和生活本身的交界处，实质上，这是生活本身，不过被赋予一种特殊的游戏形式……人们不是观看狂欢节，而是生活在其中，而且是所有的人都生活在其中，因为按其观念它是全民的。"民间艺术贯穿于民众丰富多彩的民俗文化事项中，民间艺术是反映民俗文化的物象表态，民间艺术只有还原到原生态的民众生活及民俗活动情境和过程中，才能体现其丰富多样、深沉厚重的文化内涵和艺术感受。

在中华民族民间艺术瑰宝中，纸艺是最贴近百姓生活的工艺之一。纸艺，是以纸为主要媒材，通过剪、刻、撕、拼、叠、揉、编织、压印等手法，融扎制、贴糊、剪纸、形塑、彩绘、装帧等工艺为一体的艺术，其历史悠久、流传不朽、品类丰富，是我国富有民族传统、风格独特的民间工艺。在中国民间节日和民俗活动中，纸艺品经济、实用、美观，是必不可少的物品，承载民众的情感诉求、审美需求、艺术表达、营造民俗氛围的重要功能。

客家，作为中原古老汉族的一个重要分支，经历了千百年的辗转迁移和艰难困苦，其文化风尚仍传承着中原文化主流特征，从其民俗文化反映出了它对传承汉民族传统文化的坚贞与执着。守旧、重礼、崇祖的客家人保留了中原许多民间节庆礼俗和民俗活动，坚守中原传统文化的规矩和礼仪，同时又兼收并采，在民间工艺美术中融合了地方乡土特色，形成了纯朴、稚拙又不失精巧、明快的独特风格，成为弘扬客家地区文化、客家民系精神内核的重要载体，其对于研究农耕文明及客家民风民俗等具有重要的参考价值。山水相连的粤闽两省是客家人最主要的聚集地，是优秀的客家文化发源地。客家民间纸艺因承载着众多客家民俗文化而远近驰名："中国民间艺术之乡"梅州丰顺县埔寨镇的"埔寨火龙"历经两百多年历史于2008年被国务院列为第一批国家级非物质遗产，同样有着两百多年历史、能以假乱真而闻名的"埔寨纸花"被列为省级非物质文化遗产；另外，粤闽客家纸艺中融纸艺和歌舞为一体的游艺类纸艺也令人瞩目，2014年曾登上央视大舞台的梅州省级非遗"大埔鲤鱼灯""平远船灯"，还有"五华竹马舞"；被中国民间文艺家协会评为"中国花灯之乡"的梅州兴宁，其花灯具有很强的艺术性、观赏性和民俗性；福建三明市的国家级非遗"大田板灯龙"、南平市的"浦城剪纸"、长汀"童坊镇彭坊刻纸龙灯"、漳州"诏安彩扎"和"漳浦剪纸""梧塘黄氏纸扎"，都是有着浓郁地方特色的中国纸艺界瑰宝。

一、民俗文化的视像载体

（一）灵动仿生的美学设计

传统的客家人生活以农耕为主，在长期农业生产中形成了以为农业服务和农民自身娱乐为中心的浓厚的农耕文化，与农耕密切相关的自然形象被仰尚农耕文化的客家人赋予文化内涵成为民俗艺术品，渗透着民众造物观中自然天成的和谐思想。传说鲁班受锯齿状植物叶子的启发，创制了锯子。明《幼学琼林·器用》曰："钥同鱼样，取鱼目之常醒。"古代的锁造型形似鱼，灵感取自鱼终日不闭，以示注意的意思。自然界在悠久的工艺传说中阐发着道德理想和图腾崇拜的意义，客家的民俗纸艺舞龙、龙凤灯、舞狮、花灯、船灯、舞春牛、纸马舞、鲤鱼舞、舞虾等，题材通俗寻常，多数源自与百姓生活息息相关并且寓意吉祥的动植物，从远古的图腾崇拜，到具象的纯装饰的模仿，再到抽象、隐形的仿生设计，寄物寓意，借助精巧的纸艺、音乐和舞蹈艺术形象思维的比兴手法，通过拟人化的舞蹈动作和语言，反映人们的思想、感情、愿望和理想，体现了客家人民热爱生活、热爱自然的精神风貌以及客家历史的变迁。

（二）单纯明快的色彩审美

客家民俗纸艺的形态仿生设计不仅限于造型，还包括色彩和纹理。素朴质淳的客家人崇尚简洁，包括生活中对色彩的应用，也遵循古人独有的"五色"色彩观念，以装饰和象征功能为目的。在色彩的应用上，民间美术的色彩首先是用来饰美娱乐。在民间工艺赋彩法则上一般多用鲜艳的原色，少用或不用兼色，点睛之处配以黑、白、金，色调统一不失生动，由此使得整体色彩明亮鲜艳，对比鲜明强烈，概括性强，突出吉祥喜庆红火热闹的气氛。其次是象征意义，所谓"象征"，就是用以代表、体现、表示某种事物的一种物体或符号，客家人用主观的色彩以表达求生、趋利、避害等功利意义，如龙、鲤鱼以红黄为主，辅以黄、橙、蓝、绿等，各色花灯以红、黄为主，象征喜庆吉祥，牛和纸马等以绿、白为主，象征大自然和生命力。结合舞蹈，整体舞动起来场面宏大、气氛活跃。

（三）实用精巧的工艺制作

客家人务实，在民间工艺的制作中同样体现了这一性格特征。客家民俗纸艺属于游艺表演类工艺，这类艺术品通常运用于热闹的民俗活动中的特定场合，包括武术和竞技、庙会和花会表演、游街彩车使用的道具、器械、乐器、装饰品等，其特点是要借助人的参与如张贴、舞动、悬挂、穿戴等才能体现其功能，设计制作须结实不失灵活，美观不失轻巧。例如，广东客家五华县春节期间民间的一种灯会形式——竹马舞，其主要道具是竹马灯（纸马舞），竹马灯的制作讲究，因要套在人身上摆动，所以必须要结构结实、比例合理。采用竹篾扎成马形，分前后两截，表面蒙贴上纸，系在表演者腰的前后。马腹下用用红、绿、黄、白、黑五色色彩鲜艳的布围成裙摆，以遮住表演者的腿脚。马身内燃灯，套在表演者的腰间，形似人骑着马，自由地翻腾跳越。竹马灯道具除竹马外，有舆车、浪伞、鲤灯、鸡灯等与之相配。形态具象，造型憨趣，整体结构扎实，颇具匠心。又如"中国火龙之乡""中国民间艺术之乡"广东梅州丰顺埔寨的火龙制作，始于清乾隆六年（1741

年），历经270多年，堪称中国别具一格的客家民间艺术之花。艺人们用竹篾结扎成龙躯，韧藤纸（棉纱纸）糊裱后用艳色精心描绘，龙眼还装配电珠。"火龙"最多的有15节，全长可达40多米。全龙装配各式各样的现代成品烟花。表演时，不但能自动燃放发射各类烟花，还会张嘴、喷火、吐珠、躬身、摇尾，栩栩如生，精彩纷呈。"平远船灯"的"船"的框架用木、竹制作，长约3.5米、腹宽约1米、舱高1.6米，外表涂以鲜艳色彩，配以花束、彩灯、彩带，"船"底部外围饰以0.6米宽的浅蓝色布条，称"水布"，用以遮挡表演者和操船者的脚。全船重约30公斤，船灯由三人表演，男女演员各一个，男饰渔翁，女饰孙女，分别在船头船尾表演，另一个藏在舱内操船。操船者用一布条系于舱内前后对角处，绊在双肩，双手抓住前后横档另一对角处，表演时"船"的前后左右、停靠划荡摇摆，全由操船者操控。

二、载歌载舞的综合艺术

中华民族乐于用丰富多彩、热闹纷呈的民俗活动表达团圆与亲情、浪漫的爱情、丰收的喜悦、追思的深沉等情感。沿袭了中原传统文化的客家民系的习俗文化大致上包括全国性的传统岁序节俗，地方性崇拜、礼节等，他们把民俗节庆活动视作延续文化血脉、表达情感诉求、增强团结凝聚力、培养文化认同等的神圣仪式。客家民俗纸艺不仅精巧灵动，集绘画、剪纸、书法、对联、诗词、编织等于一体，还融合了欢快的音乐和优美的歌舞等形体艺术，是一项寓意丰富的综合性艺术，为人们所喜闻乐见。例如，广东大埔的鲤鱼灯舞表演主体部分是《鲤跳龙门》，时间约长25分钟，舞步以碎步为主，配乐是当地的著名客家民间音乐——"汉乐"。《鲤跳龙门》分别为"群鲤嬉春""比比交尾"和"鲤跳龙门"三个阶段，又细分为出草、相会、游戏、交尾、冲浪、跳龙门、欢庆七个小节，通过鲤鱼的平、侧、蹁、戏、沉、浮、穿花等拟人化动作，呈现出一群鲤鱼在龙门前"相门""游门""吐门""嫁门""试跃""喜跃龙门"等喜庆而热闹的场面。"群鲤嬉春"赋美于形，金鳞翩翩嬉水中；"比比交尾"富于表情，亲情融融，以情感人；"鲤跳龙门"富于想象，具有浓厚的浪漫主义色彩。又如，福建《连平县志》记载：自明崇祯七年连平建州以来，连平元善镇就已经有舞香火龙的传统艺术。300多年来，香火龙成为连平县元善镇长盛不衰的民间娱乐活动。舞香火龙分为"拜四门""游龙""翻架""抢球""团龙"等五个情节，表演技艺难度较大。舞香火龙除伴以锣鼓、音乐外，还有人领唱"龙歌"。"龙歌"是一些新年的祝福语。舞香火龙时，群众会往舞动的香火龙里扔鞭炮，"龙"低下头，用香火去点燃鞭炮，气氛十分热烈。

三、联结情意的艺术结晶

客家民俗纸艺不仅是客家人智慧的物性表征，也是其情感的艺术结晶，凝聚着客家人千丝万缕的绵长情谊。客家人的家族观念很强。由家族共同举办的年节娱乐活动，是客家地区民间文化生活的主要内容。凡年时节庆、迎神赛会，许多家族都要举行盛大的庆贺活动。如元宵节，自正月十三开始至十六为止，各家族祖庙内，张灯结彩，"士女嬉游达曙，放花烧炮，张罗酒肴相聚为乐"。过去，客家农村之间平时较少人员交往，唯遇节俗或迎神赛会的艺能活动时，邻村的亲友之间有所往来，借艺术观赏促进了邻里情谊，结交新友，共享佳肴，共赏艺术，还可以增强宗族、社区内部的认同感和集体意识。例如：广东丰顺非遗项目"埔寨纸花"的制作、赏花比赛的过程可以说是加强家族意识、团结一致、共娱共乐、增进感情的重要民俗活动。另外，"正月十五闹花灯"，元宵中秋赏花灯，猜灯谜，各色精美的花灯多姿多彩。在古代，含蓄的客家青年男女在元宵节借赏灯、逛花市的名义，"相约灯下、情定终身"，传达情意，故元宵节也素有中国"情人节"的美誉。

四、结语

客家民俗纸艺在文化历史上律动发展至今，是中华民间工艺美术中的一颗璀璨明珠，对其研究也是对非物质文化遗产进行生产性的保护，对这些民间艺术进行活态保护，是在符合保护规律的前提下，通过各种有效途径，使它们能够更好地传承与发展。

对广东传统工艺之大埔新彩瓷的再思考

罗志强[1]

传统工艺历史悠久，特色鲜明，是世界文化的宝库。全球范围内的工业化创造了丰富的物质财富，同时也毁坏了大量前人留下的传统文化、精神遗产。一些优秀的传统工艺产品，已经出现严重的人才断层和失传现象，一些发达国家和地区较早地面临此窘境，因而亦较早地投入对传统工艺文化的保护和发展。20世纪中叶以来，传统工艺在北欧和意大利逐渐与现代工艺结合，已探索出很多相辅相成的成功范例。

各具特色的传统工艺卧虎藏龙于我国的各个角落，其中广东便具有非常丰富的地方传统工艺，且许多地方的传统工艺美术品也成为了有价值的艺术商品。在众多的广东传统工艺中陶瓷艺术是个，发光体，仅广东的重要陶瓷生产地区就有以佛山石湾、潮州枫溪、饶平新丰、梅州大埔等各有特色的老产区。

---

[1] 罗志强，广东财经大学广告师。

著名的"南国陶都""青花瓷之乡""中国瓷都"等桂冠的落户在广东彰显出广东传统工艺陶瓷的特色。[1]与此同时,当下的广东传统工艺之陶瓷同样也遇上了互联网,遇上了创客,需要推陈出新。一些地方传统工艺只是局限于某些局部地区的特色发展,还有许多优秀的传统工艺和优质的原材料未被开发,有的处于停滞发展。[2]如广东传统工艺之大埔新彩瓷在大埔陶瓷发展的历史长河中曾谱写过一段美丽的故事,而如今其工艺技艺就存在停滞发展或是发展相当缓慢的节奏,是什么原因致使广东工艺之大埔新彩似乎被"遗忘"?广东工艺之大埔高陂新彩瓷又该如何迎接新的号角?

一、广东传统工艺之大埔新彩辉煌后的堪忧现象

新彩是我国陶瓷装饰釉上彩艺术的一种重要形式,也是一种富有美学内涵的艺术形式。其手法灵活,形式多样,尤其材料、工艺在陶瓷装饰艺术领域中占有独特的地位。大埔陶瓷历史发展悠久,其高陂的新彩装饰工艺是民国时期大埔陶瓷的技术创新工艺。这一时期,大埔陶瓷有了技术创新研发出了釉上彩瓷工艺,而且画面能明显分出深、浅、浓、淡等层次,花纹丰富多彩。1922年,潮梅陶瓷工艺厂生产的釉上彩瓷器参加了广州工艺品的展览荣获优秀奖,促进了"高陂新彩装饰工

---

[1] 熊青珍、罗志强《水车窑青瓷与客家文化产业创新发展的思考》,载《陶瓷科学与艺术》2014年。
[2] 吴秀梅《民间传统手工艺的传承保护与市场开拓》,载《企业经济》2012年。

艺"的发展，之后，瓷商和窑厂老板在高陂纷纷开设彩瓷厂或彩瓷庄，使高陂新彩装饰工艺风行。曾经的大埔县集体彩瓷二厂，使釉上彩瓷加工艺术也得到空前发展，不仅彩瓷花式丰富多样，画面装饰内容也取材广泛，有历史故事、人物仕女、生产活动、社会习俗、禽兽花果、山水景物和带有宗教色彩的纹饰等，画面明静素雅，笔法朴实粗犷，构图简洁舒展，充满了生活气息。目前大埔陶瓷共有日用陶瓷等相关配套企业1000多家，拥有一大批工艺成熟、性能稳定并大量出口亚洲、欧洲市场的陶瓷产品，但综观所有的大埔陶瓷产品品种，主要以日用釉下瓷为主，从艺术陶瓷到日用陶瓷都得到了较充分的开发，而新彩装饰工艺瓷却很少，出现了创作思维僵化、从业人员稀缺等问题，真正从事新彩装饰工艺瓷的只有少得可怜的两家工厂，产量稀疏、技师缺乏，一些艺人散失，技艺失传的现象也很普遍。

二、借文化的东风和教育的优势再现客家文化

大埔新彩瓷再发展需要借文化的东风和教育的优势。设计需要人才，有了优秀的设计人才，才能化腐朽为神奇。目前高校美术教育的内容主要有设计、摄影、艺术欣赏等，而工艺美术教育的课程设置在高校美术教育中占的比重很少。20世纪初，一些装饰图案类课程的设置可以说是工艺美术课程类型中的启蒙课程，之后陆续开设的陶瓷、印染织工艺、壁画、漆画等逐步完善着工艺课程。大埔新彩瓷发展应密切与地方高校

开设的相应工艺课程结合，把工艺制作的基础知识与课程设置结合起来，开设趣味工艺美术课堂。大埔拥有客家的"香格里拉"美称，因客家迁徙文化的历史而拥有众多的客家文化资源优势，依托这些丰富的文化遗产资源，吸取、挖掘独特的、可行的民俗文化作为大埔新彩瓷的艺术素材，注重新彩瓷独特的客家文化创意产品，能在激烈的市场竞争中找到并占有一席之地。如借客家美食、客家人文地理等文化元素进行新彩瓷创作，借助客家民俗的多元化、趣味故事从而制作工艺小品，加强新彩工艺的趣味性。如客家方言是情感的先行者，是有趣味的语言故事意义，借方言《夹兜来食》《吾好食》《得闲来食茶》等一句句客家人普通的"阿爸阿妈夹兜来食""得闲来食茶"等客家话语来点缀画面，既体现客家子女对长辈的孝敬、对客人的好客，也可以从图文并茂的作品中看到、了解到客家故事、客家方言的亲切，同时，一件件小而有生活趣味、工艺趣味的新彩瓷又注入了地方文化的调味剂，它不仅仅是日用品，而是艺术品，又是具有文化品位的纪念品。近几年，客家风光吸引着大批游客的热情，陶瓷礼品已成为现代家庭、商务礼品的一个重要的门类蓬勃发展，抓住这些机会，也是大埔新彩瓷可发展的途径之一。[1]

---

[1] 谢良才《中国传统手工艺文化重建的路径分析》，载《理论与现代化》2015年。

三、创新大埔新彩瓷的装饰风格

大埔新彩瓷在造型上的陈旧,并不是说那些旧题材下的造型现今就不再有市场和艺术生命力,关键是实现产品创新。融合当下的设计创作,展现大埔新彩工艺美术与现代产业的互动互补,新彩的发展要追求别具一格的创新美,创新新彩风格中仿国画、板画、水彩、油画等装饰效果的技法,根据不同的造型进行创作画面,不拘小节,用现代意识去诠释传统的新彩观念并将其运用到基础造型中,在传承老题材、旧工艺的同时,设计创造出一些鲜活的现代生活场景的、具有现代感的形式造型,将描写客家人物、民俗生活的故事合理构图,配以适当的边饰,追求以新彩瓷为载体的创新艺术形式并形成个性特点。同时,市场也需要视觉形象的引导,将产品从技术导向转入文化创意为主,将文化理念融进在产品包装设计中,再辅以其他旅游文化,形成特色明显、内容丰富的旅游系列品。[1][有特色、高品位的具有客家文化地方特色的陶瓷旅游纪念品可在陶瓷的实用价值之外提高文化品位,而陶瓷的意蕴,竞争力、生命力也同样可以在文化的背景之中得到升华。只有做到既保持文化底蕴,整合利用地方客家文化,从造型到装饰、内容与形式等全方位加强自主研发与创新,才能在激烈的市场竞争中占有一席之地,提升大埔新彩传统文化的学术意义和产品价值,大埔陶瓷才会有更大的上升空间,创造演绎更辉煌的陶瓷历

---

[1] 李砚祖《传统工艺美术的当代性与地域性——再谈传统工艺美术的保护与发展》,载《南京艺术学院学报》2008年。

史。

　　大埔新彩瓷在传统工艺的基础上发展，并借助地域文化优势，做到既保持文化底蕴，整合利用地方文化资源，从造型到装饰、内容与形式等全方位加强自主研发与地域文化并举，迎合新的消费趋势发展以环保为主题，满足人们追求休闲、情调、富有人情味及文化品位的新的消费亮点。这也是一条能充分调动其发展潜能的新兴发展之路。

现代适老产品设计导向下的传统工艺活化路径研究[*]

——以醴陵釉下五彩老年文创产品为例

宋 琦[1]

一、老龄经济的发展背景

我国老龄化社会程度不断加剧，对经济增速带来冲击，在此背景下政府一直支持和发展老龄经济。另一方面，自2005年我国提高退休人员养老金以来，养老金实现13连涨。[2]近几年

---

[*] 基金项目：广东省社科"十三五"学科共建项目《城市社区公用设施适老化配置研究》（GD16XYS17）；广东高校省级重点平台和重大科研项目《广东"社区创新居家养老平台"产品研发机制探索》（2015GXJK042）；广东财经大学校级专项任务项目《从康体文娱产品开发的角度研究社区老年人日间服务中心建设》（14ZXRE76001）。

[1] 宋琦，广东财经大学艺术与设计学院教师。

[2] 以2005年到2015年间的数据为例，除2006年增幅为23.7%以外，企业退休人员养老金每年以10%左右的幅度递增。

的《中国老龄事业发展报告》指出老年群体对饮食、服饰、文娱、旅游等方面的需求在不断改善，老年人越来越重视生活社交和文艺休闲，老龄经济市场对适老产品的需求量呈现出高增长态势。

二、传统工艺的活化需求

2017年3月12日国务院公开转发文化部、工信部和财政部联合发布的《中国传统工艺振兴计划》（下简称计划），这既是落实党的十八届五中全会关于"构建中华优秀传统文化传承体系，加强文化遗产保护，振兴传统工艺"和《中华人民共和国国民经济和社会发展第十三个五年规划纲要》关于"制定实施中国传统工艺振兴计划"的要求，也是实现国家"一带一路"倡议中"文化自信"愿景的重要措施。《计划》中提出了"激发创造活力、坚持绿色发展"等原则以及"改进设计，改善材料，改良制作，拓宽传统工艺产品的推介、展示、销售渠道"等具体任务，传统工艺的活化和推广迎来了重要的政策红利期。

传统工艺对我国经济和文化的发展意义十分重大，但在现实情况中，传统工艺自身的生存和发展却存在几大"不适应"的问题：

第一，产品生态与现代市场经济存在矛盾。现代物质生活诉求的改变与经济供求关系的冲击，导致传统工艺难以进入到大众消费市场，这使传统工艺的发展进入非常严峻的时期。

第二，从业群体整体文化素质不高。从事民间传统工艺的老一辈多已离世或失去作业能力,掌握一定技能的熟练技师纷纷转行,年轻人缺乏认识不愿入行,严重的人才断层现象使传统工艺面临失传的危险。

第三,资源管理和运营方式落后。知识产权管理的混乱现象和坐等订单的原始运营方式对传统工艺的发展破坏非常严重,与高度商业化和现代化的社会格格不入。

总体来看,传统工艺振兴需求已成为国家意志,但发展陷入僵局,急需找到活化的创新突破点,在此笔者提出将老龄经济发展的市场需求作为传统工艺活化的有力抓手,对接校企共建科研平台,在现代产品设计理念和商业模式的导向下对创新型老年文创产品进行研究。

三、釉下五彩老年文创产品设计路径与方法要点

醴陵釉下五彩是我国最具代表性的传统工艺之一,其制作技艺始于光绪三十二年(1906年),1915年在美国旧金山举行的"巴拿马万国博览会"上夺得赛会金奖,被誉为东方陶瓷艺术高峰,2008年6月7日"釉下五彩"经国务院批准列入第二批国家级非物质文化遗产名录,2013年,醴陵瓷器在全国300个最具价值量的地理标志产品排名中高居第二。[1]然而如本文上章所述,醴陵瓷器的釉下五彩工艺同样也面临传统固化和推广无

---

[1] 2013年北京中郡世纪地理标志研究所发布中国地理标志发展报告显示,湖南醴陵瓷器以综合价值相对指数93.00上榜。在优选出来的20大加工品地理标志排名前五的依次为:茅台酒、醴陵瓷器、景德镇瓷器、五粮液酒和浏阳花炮。

力的瓶颈，在现代社会中的发展举步维艰。在此笔者以现代产品设计理念为指导，从对传统工艺最有生活共鸣的老年群体为起点构建用户情境，提出创新型"釉下五彩老年文创产品"的概念，将传统工艺活化作为目标，导入IP[1]概念和心理共鸣建设内容，同时结合旅游经济与数字化社群运营等商业元素，以多线程立体化模式来梳理传统工艺活化路径，并通过功能和题材的推新来延续产品线生命周期。

相较于传统釉下五彩陶瓷和日常文创用品，釉下五彩老年文创产品在用户定位、目标导向、产品内容和商业模式等方面要求更高。笔者基于十余年的产品设计教学和实践经验[2]，再综合整理国内外不同类型的相关理论，构建了"五向三阶十项"釉下五彩老年文创产品导向路径，其中"五向"是对产品用户的年龄阶段、职业构成、性别比例、收入水平和文化背景这五个属性定向进行研究；"三阶"是对产品设计的功能情境、形制导向和商业模式这三个阶段进行研究，"十项"是对三阶中的各项要素进行研究，具体结构图如下（图1）：

---

[1] IP（intellectual property），即知识产权。原意为"知识（财产）所有权"或者"智慧（财产）所有权"，依靠"个人心智创造"的价值所有权。广义上指那些被广泛受众所熟知的、可开发潜力巨大的文学和艺术作品。

[2] 2011~2016年间，笔者带领广东财经大学艺术学院师生团队与浙江大森林工艺品有限公司合作研发基于地方美食的老幼互动型系列产品线，在此研究方法和技术模型的指导下产出成果20余款，据企业财报显示，正式上市后热销约5万套，市场价值约10,000,000元。

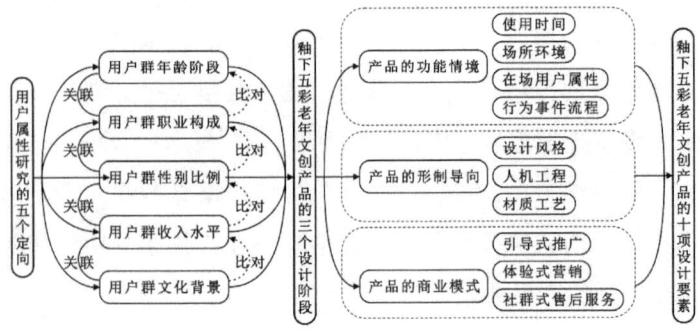

图1　釉下五彩老年文创产品导向路径（宋琦 绘制）

在上述路径导向下，结合质性和量化调研得出的用户需求，考虑以现代产品设计理念来活化传统工艺，同时融入地方文化特征和商业经济模式，在设计方法上有如下几个要点：

（一）充分考虑用户诉求

老年文创产品消费者群体的特殊性在于用户年龄构成具有双重属性，除了对传统工艺有生活共鸣的老年群体外，也有相当一部分年轻群体在旅游纪念品消费和家庭礼品消费等场景中以子女的身份出现，其多为此类产品的直接购买者但非直接使用者，对产品价格的敏感度一般，更关注产品设计风格和材质工艺等方面；而老年群体作为此类产品研发的重要用户源点，常在结伴旅游消费和走亲访友消费等场景中以直接购买者和最终用户二合一的身份出现，其对产品的敏感点按优先级从高到低排列分别为价格、心理共鸣元素、功能设置、人机工程设计、设计风格和售后服务。从下图（图2）可以看出，整个复合型的用户群体在设计风格、材质工艺、营销和售后几个方面的敏感度较为一致，而在价格、功能、人机工程、心理共鸣等几个方面敏感度相异性较大。因此研发产品时需要在形制风格、用料、销售等方面注意平衡老年群体和年轻群体的口味，而在价格、功能、易用性、心理共鸣等方面更注重老年用户的感受和喜好。

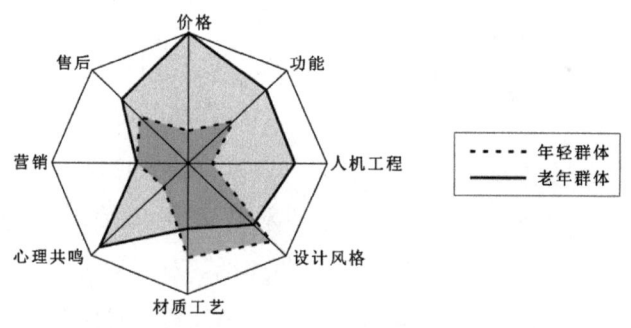

图2 "用户敏感诉求"雷达图（宋琦 绘制）

（二）构建IP化的立体产品线

传统工艺的产品线结构往往呈单一和扁平状，不利于延展和推广，因此需要规划和构建基于IP化理念的立体产品线。以醴陵釉下五彩为例，可将其在大众印象中的笼统认知解析为具体元素，包括经典器型、历史荣誉、质感、用色、笔法、烧制工艺等，将纯粹的传统民间工艺推向现代老年文创产品复合IP化路径进行活化。如以获巴拿马万国博览会金奖的"扁豆双禽图凤尾瓶（图3）"为原型可构建"金榜"系列产品线：源于此瓶的凤尾器型来研发笔筒、书挡、平板电脑置放架等；源

图3 扁豆双禽图凤尾瓶

于此瓶的饰面纹样来研发记账本、鼠标垫、杯垫等；源于此瓶的历史荣誉来研发手机壳、首饰收纳盒等。也可基于釉下五彩"白如玉、明如镜、薄如纸、声如磬"的特质构建"质感"系列产品线：以"白如玉"对应老年服装饰品如毛衣链、吊坠、念珠手串等；以"明如镜"对应老年旅游纪念品如随身镜、药油瓶、纪念章等；以"薄如纸"对应老年工艺品和家居用品如瓷板相框、瓷罩灯等；以"声如磬"对应老年桌面创意用品如手机扩音座、药盒闹钟等。还可基于釉下五彩的健康环保[1]和持久等特性来构建"长生"系列产品线，包括日常餐具、茶饮杯壶、香插等。

（三）建设心理共鸣内容

从时间和历史的角度来观察，传统工艺一般都有较长的生命周期和发展历程，因此在认知上更被一部分老年群体所

---

[1] 釉下五彩工艺的健康无毒，原因是其不需像釉上色料那样采用含铅很高的熔剂辅助发色和降低焙烧温度，而是用金属氧化物或它们的盐类为着色剂，与一定量的硅酸盐原料配制成本身不含铅毒的基础色料，在1350~1400℃的高温下烧炼发色，并使色料中的熔融物与熔融状态的坯釉互相粘合。同时，烧成后覆盖的釉层能抵抗自然酸碱的侵蚀，保护釉下饰面不被磨损。

熟悉。再现这种基于漫长时间的生活交融情境,实现用户在"天—地—人"心理结构上的共鸣效应,亦是活化的一个重要方向。从天时历程来看,醴陵釉下五彩刚一诞生就被选为清廷的皇家御用瓷,新中国成立以后又专门为国家领导人毛泽东特制生活用瓷,并屡屡成为国家陈设瓷、国家宴会瓷、国宾礼品瓷,一个多世纪以来在每个重要的时代节点都有产品面市,但由于政治定位和定价因素较少能流入大众市场,将这些历史中的时间烙印与现代日用瓷品结合,能造成强大的心理共鸣效应,实现大众范围的消费行为和推广效果(图4)。从地理风土来看,醴陵以丘陵地貌为主,著名景点和标志性建筑有渌江桥、状元洲、渌江书院、陈明仁故居、耿传公祠、陶瓷艺术城等,从中可提取出灵秀、文脉、革命精神和领袖气质等在老年群体中具有高度认同感的元素,用于产品理念和形制展示的建

图4　国色天香餐具

图5、图6　醴陵釉下五彩"双勾分水填色"作业现场情境

设,在用户心理和精神层面达到良好共鸣。从人物投影来看,醴陵釉下五彩在制作工艺中采用"双勾分水填色"的独特技法,手工技师是其中的重要角色,其作业画面(图5、图6)极富年代感,也是当下匠人精神和劳动气质复兴的体现,能引起用户心中的时代共鸣感,可在产品展示和售后服务平台中以故事营销和微视频等方式加以强化建设。

(四)拓展材质工艺

传统工艺作坊式手工制作和现代产品工业化大批量生产一直被看作一对矛盾,但在现代产品设计和推广理念中,可以将两者进行有机结合。以醴陵釉下五彩为例,可尝试将高岭土、矿物颜料和釉料这些传统产品用料与现代3D打印技术进行结合,以及将纸板、泡沫塑料等传统包装用料向无纺布、再生纸等新型环保材质进行拓展。

（五）充分运营衍生价值

要使传统工艺的活化价值和推广效果最大化，就要看到产品作为社群入口的重要性。以醴陵釉下五彩为例，在运营活化产品的同时构建消费者群体平台，将用户置于文化创意再造氛围和老年互动社交流程中培育，进而和文创经济、旅游经济和社群经济相互关联，在立体布局下进行推广和盈利运营，使文创、经济、环境三大发动机持续维持良性运转。

四、结语

本文基于传统工艺振兴和老龄经济发展的社会背景，以现代产品设计理念为视角导向，提出用老年文创产品概念为抓手来活化传统工艺。并以具代表性的醴陵釉下五彩陶瓷工艺为例，从研究用户诉求出发，在IP化立体产品线构建、心理共鸣内容建设、材质工艺拓展、衍生价值运营等方面探讨了活化路径和设计要点，经总结归纳形成了一定的理论成果。老年文创产品包含理念推广、内容植入、设计研发和运营维护等丰富的内容，本文主要是从产品设计研究的角度进行探索，后续可从更多切入点和更全面的角度继续进行研究和实践，助力传统工艺振兴和老龄经济发展。

"一带一路"背景下废弃陶瓷再利用在日用品设计中的机遇

李全恒[1]

"一带一路"的互联互通项目将推动沿线各国发展战略的对接与耦合,发掘区域内市场的潜力,促进投资和消费,创造需求和就业,增进沿线各国人民的人文交流与文明互鉴,让各国人民相逢相知、互信互敬,共享和谐、安宁、富裕的生活。近几年来,随着全球化的迅速发展,环境污染日趋严重,"一带一路"基于这样的背景,推动绿色发展是成为当前的一种发展趋势,绿色发展的生活方式成为当前人们追求的一种生活方式。近年来,我国一直积极推动形成绿色发展方式和生活方式,提倡绿色设计、绿色生活、保护环境、节约资源、优化生态,期望通过大家共同的努力,真正形成绿色的发展方式和生活方式,真正优化我们身边的生活环境,真正让生态环境平衡

---

[1] 李全恒,广东轻工职业技术学院高级工艺美术师。

得到一种保障。在这一契机下，我们也从行业产业发展模式出发，寻求一种绿色环保的生产模式，废弃陶瓷再利用转型为日用品成为我们重点探索实验得方向。

一、废弃陶瓷再利用的日用设计范围

陶瓷大规模工业化生产的同时也产生了大量的废弃陶瓷，废弃陶瓷已经经过高温烧制，很难在自然条件下得到降解，这对环境有较大的污染。假如这些废弃的陶瓷得到再利用，那对环境、对绿色发展都有很大的促进作用。设计师们将废弃的陶瓷再利用，转换成日用工业产品，满足消费者的需求；同时，让这些日用工业产品更实用、舒适、美观。对于废弃陶瓷在日用品的设计范围研究中可行性可分为以下几种（见表1）。

表1 废弃陶瓷可行性设计范围

序号	类别	主要涉及范围
1	创意摆件类	花器、茶器、相框、创意钟表、水族、香器、工艺摆挂、小型雕塑、小家具等
2	创意灯饰类	装饰落地灯、台灯、节日灯、吊灯等
3	创意杂货类	时尚玩具、创意文具、个性工具等
4	创意蜡艺类	烛台、蜡烛架、烛插等
5	创意服饰品类	创意首饰品、首饰盒、时尚品等
6	餐具类	杯子容器、餐具、筷子、刀叉、食物容量器皿、点心架、水果盘、杯垫、酒具等
7	卫浴日用品类	毛巾架、牙刷架、塞子、衣钩等
8	电子产品类	播放器、照相机、概念数码等小家电
9	绘画类	装饰画、金属画、漆画等
10	书房类	文房四宝等

总的来说，废弃陶瓷设计在日用定位中，主要涉及的日用品的范围为我们当代生活常用的工业产品和艺术品。在这个范围中，没有大小之分，而强调的是废弃材料再利用的环保用材，还有设计创意的好与坏。重点将废弃陶瓷合适的、巧妙地运用在日用品、文化创意产品、艺术品设计中，体现循环再利用的设计理念，推动绿色发展。

二、废弃陶瓷转型为日用品的机遇分析

将废弃陶瓷再利用于日用品设计中，是一个全新的设计创意思路。通过SWOT的分析法，对废弃陶瓷再利用于日用品进行机会分析，从中找出对其有利的和值得发展的要素，回避其不利要素，再将其进行有机整合。为废弃陶瓷转型为日用品制定更有序和有效的方向和方法。

（一）优势分析

第一，是政策上的优势。我们国家出台了很多针对废弃物回收再利用、资源循环使用的政策，有《中华人民共和国节约能源法》《中华人民共和国循环经济促进法》《再生资源回收管理办法》《中国资源综合利用技术政策大纲》等规范化产业政策。同时，在教育上也大力宣传绿色设计、环保等概念。另外，政府已经开始大力整治环境污染问题，如江苏、天津、福建等省份已经出台了全省范围内针对河长制的环境治理政策；辽宁、山西等省份也在政策上对部分县市制定治理河长制的政

策。以上这些相关政策，将带给废弃资源再利用全新的渠道，也将带给废弃陶瓷再利用于日用品更多的机会。

第二，是科技上的优势。基于"一带一路"的交往平台建设的完善、随着经济迅速发展和工业化的大规模发展，人们对资源循环再利用、废弃资源的有机整合都成为各大院校的研究课题、各个企业技术探索的方向、社会各界关注的焦点。目前，废弃资源再利用已经有一批研究转化为成果。

（二）劣势分析

工业化时代产生大量废弃物，使得全球环境恶化。我国随着经济迅速发展和大规模工业化生产，导致大量的废弃物的产生，对生态环境造成了破坏。目前，改善生产模式、保护生态环境已经成为一种社会共识。工业余料、边角余料、二手部件材料等废弃材料是目前造成环境污染的来源之一，废弃陶瓷也位列其中。废弃陶瓷本身已经是经过高温烧制后的产品，其可塑性低，对废弃陶瓷进行粉碎再塑造的制作工艺页不成熟。这都给废弃陶瓷再利用转型为日用品的技术，提出了更高的要求和难度。

废弃资源材料如果转换整合得好，是一大笔的再生资源材料，将其系统整合和合理的规划运用，给以废弃资源一个全新的再利用途径，是我们目前需要探索的重点。但国内专门针对废弃资源回收、分类和再循环的企业很少，针对废弃陶瓷再利用的企业更是少之又少。在国家层面应该形成一种循环经济产业链，将生产型企业、回收废弃物行业、循环再生科研机构和相关行业进行系统整合和规划。这样的产业链才能将废弃资源进行更合理的集中分类和资源优化处理，提高废弃资源的合理利用率。目前暂时没能达到大规模的产业链，但已经有一些企业开始朝这种方向运作，是一个很好的开端。

（三）机会分析

全球经济都朝低碳经济化转型、朝绿色设计发展，这是一种趋势也是一个机遇。我国近年来大力提倡发展低碳经济，废弃陶瓷再利用转型为日用品与低碳经济发展的趋势是相同的，因此，从产业发展来看，这是一个在未来有很大发展的产业方向。

另外，当前消费者的消费观念和意识都有所改观。随着人们保护生态环境的意识越来越强，绿色设计、生态设计、废弃物再利用等可持续化发展的理念备受关注，消费者对低碳、环保的产品备受重视，尤其是年轻一代对可持续发展这种理念更为关注。还有，近些年来出现了废弃资源循环再利用的国际设计潮流、低碳生活全民化、推动形成绿色发展方式和生活方式等发展趋势。所以，在消费者的消费理念转变下、废弃资源循环再利用的发展环境下，废弃陶瓷再利用在将来应该有一席之地。

（四）威胁分析

废弃陶瓷再利用的工艺改造技术不成熟和现有研究的层面不够深入，对我们来说是一种挑战。作为已烧制成型的废弃陶瓷材料将其在日用产品上的运用是需要对这种材料的文化、特性等，进行分析和了解的。同时，还要保留废弃陶瓷的废弃痕迹、文化符号，所以在技术上是有一定的难度。这种只针对废弃陶瓷材料运用的技术上如果不成熟，会导致运用成本较高、运用范围不广等投资风险。另外，权威的行业标准未出台。废弃资源的循环利用需要大规模的、有序的发展，需要行业的具体标准作为指导和规范。但目前，在国内还没有系统的、统一的废弃资源循环利用的行业标准出台，这也影响着废弃陶瓷转型为日用品发展技术的开展。虽然，近几年都有着一些废弃物再利用的出现，但大多都存在着随机性、偶然性和盲目性，缺少行业的具体标准来指导和规范。

（五）总体分析

"一带一路"背景下废弃陶瓷再利用在日用品设计中的机遇，通过SWOT的综合分析结果，得到了以下结论（见表2）。

表2 SWOT分析表

优　势	劣　势
"一带一路"交往平台 国家的支持政策 全球的绿色环保发展趋势 广大人民的环保意识 有一定的科学技术和研究成果	人们对这类产品的接受需要时间 制作工艺的成熟度不够 缺乏系统的整合和合理的规划
机　会	威　胁
走向可持续、创新型驱动发展模式 购买普遍，导致消费者对个性化产品的追求 通过设计大师去开发产品 国际技术转让、"一带一路"国际产能合作	烧制成型的废弃陶瓷再利用技术不成熟 行业未出台具体标准

从上面的数据可以看得出废弃陶瓷再利用在日用品设计上应用是一个很好的机会点。通过SWOT的全面分析，虽然存在

部分劣势和威胁，但明显看到优势与机会大于劣势与威胁。在我们后期的设计中充分运用"一带一路"的发展平台、"一带一路"构筑的全球联系网络、政策的支持、走向可持续、创新型驱动发展模式、结合国内外的技术与合作、注意并避免其劣势和威胁因素，发挥其长处并抓好机会，推进废弃陶瓷再利用在日用品设计上的应用，推动绿色发展。

三、废弃陶瓷转型为日用品的可持续化

首先，从整料实验开始构思可持续转化。将废弃陶瓷整料和各种制作工艺的最终效果进行比较，延续较为理想的设计效果进行可持续转化。在这个过程中可能出现一些偶然性或者随意性，都不关紧要，要想办法有计划地将这种偶然性的效果可持续的转化出来。充分运用整片大面积的优势进行重新组合、有序排列，构造废弃陶瓷整体视觉效果。

其次，废弃材料的试验实践。碎片有着不规则性，也就是这种不规则性让这些碎片有着斑驳错落的效果。在设计实践中可以将废弃陶瓷碎片的正面与横切面组合，在工艺改造上可以将碎片的裂纹进行有规划的保留等。

最后，进行粉碎颗粒再利用，提高其可塑性，加强其变化，创作出与众不同的日用品。废弃陶瓷的再利用到可持续化发展，从增加附加价值开始构思可持续转化。烧制成型的废弃陶瓷是一种废弃材料，让人们感觉是没价值的东西。设计师发挥创造力将废弃材料进行材料生命周期的延续，或让废弃材料

诞生新的生命，创造出废弃陶瓷全新的价值，并将其可持续转化，推动绿色发展。

表3 废弃陶瓷的可持续转化指标体系

投入指标	过程指标	产出指标
人力投入	创新设计、功能用途	废弃整料的转化
技术投入	调结构、走向可持续	废弃碎料的转化
工艺改造投入	创新型驱动发展模式	商业化产出（提升附加价值）

四、结语

在推动绿色发展方式、形成绿色生活方式的今天。废弃陶瓷再利用在日用品设计上的应用是一种可持续发展的设计理念、是一种绿色再设计理念、是一种正能量设计理念，比起其他设计理念虽然起步比较晚，甚至还有处于起步阶段，但这种趋势是势在必行，是符合现代市场发展需求，符合可持续发展型社会需要的。它在未来的日用品设计领域中，可以加速日用品设计更新换代，推动社会经济发展，优化环境，并有着广阔的发展前景和新的发展方向。

总的来说，基于"一带一路"的发展平台、基于"一带一路"构筑的全球联系网络、基于走向可持续、基于创新型驱动发展模式、基于推动形成绿色发展的趋势、基于全民环保意识加强，废弃陶瓷再利用在日用品设计中的应用是可行的、是一次难逢的机会、是一个新的起点、是一个全新的机遇。

麒麟舞的前世今生

麒麟舞：对杰出人才的呼唤与祈求

谭运长[1]

麒麟是不是一种真实存在的动物？对此似乎至今难有明确的结论。可以肯定的是，麒麟已经不仅是一种动物了，而且是一种文化。就是说，它远远超出了某种纯粹的、自然意义上的动物的含义，而被寄托了众多的人类情感与想象。所以，不管大自然中是否真正存在过麒麟，今天人们心目中的麒麟已是一种文化动物。文化动物的概念包括两个方面的含义，一是以动物寄托人的情感与想象，在自然的动物身上打上人类的印记，文化就是人化。而另一方面，文化就是风化，所谓风而化之，就是以动物来感动、来教育人，《诗经》里的名篇《关雎》，就是这种风化的作品。文化动物，就是以人来化动物，同时又以动物来化人，就是人化与风化。

---

[1] 谭运长，广东省当代文艺研究所研究员。

一、麒麟文化的核心价值

文化动物,必定具备某种文化的内核,就是人们赋予动物以及利用动物来教化人的某种具备核心价值的品性。几千年来,人们认为麒麟的品性有很多,比如说它狼蹄肉角,设武备而不用,是一种仁兽。说它含仁怀义,音中钟吕,行步中规,不履生虫,不折生草,等等。而麒麟文化的核心价值究竟是什么?

人们以往提到麒麟,立刻就会想到这是一种祥瑞的动物,麒麟似乎天生就与太平盛世联系在一起,以至于到今天,我们这里麒麟舞重新活跃起来,也有人就说"盛世舞麒麟"。"麒麟至,圣王出。"这一点是否可以看作麒麟的文化内核呢?

汉孔鲋《孔业子》载:"子曰:天子布德,将至太平,则麟凤龟龙,先为之祥。"

清钟文丞《谷梁补注》载:"麟者,太平嘉应,帝王之极瑞,故以王德言之。——大抵麒麟凤凰龙图龟书,于物为灵,于圣人为瑞。"

历史上将麒麟视为祥瑞,认为这是太平盛世与圣明天子出现的好兆头,是很普遍的。不过,麒麟的这种品性,并不是麒麟所特有的。麟凤龟龙,这"四灵"都具备这种性质,而史上的典籍,在谈论麒麟的祥瑞时,也都是将其作为"四灵"之一,并列而谈的。可见祥瑞云云者,并非麒麟所特有,不是麒麟文化的核心价值。

那么究竟麒麟文化的核心价值是什么呢?

现今能够见到有关麒麟的最早的典籍,有两处记载:
《诗经·周南》:

> 麟之趾,振振公子,于嗟麟兮。
> 麟之定,振振公姓,于嗟麟兮。
> 麟之角,振振公族,于嗟麟兮。

《春秋》:

> 哀公十有四年春西狩获麟。

现在把这两处史料稍做解释。《诗经·周南》吟麒麟,先吟麟之趾,再吟麟之额,三吟麟之角,一唱而三叹之。古人解释说这是以麒麟赞美周室公子的,即如《关雎》赞美君子风化之德,一个意思。

宋人严粲《诗辑》说:"有足者宜踢,唯麟之足,可以踢而不踢,是其仁也。有额者宜抵,唯麟之额,可以抵而不抵,公室子孙,其传弥远而信厚不替也。有角者宜触,唯麟之角,可以触而不触。"

圣人作诗,言有尽而意无穷,所以需要历代经学家加以阐发。我们可以知道的是,从周代那时,人们已经赋予麒麟以仁兽的性质,而且以此比喻周室公子,再以周公子的楷模,风化天下。这,正是诗经吟麒麟、吟关雎的常用手法,也是文化动物的要义所在。

这里最关键的是,周公子,正是当时一位最为杰出的青年人才,所谓凤毛麟角,殊为难得者也。这里说他仁而信厚,以麒麟为比。说文解释麒麟二字，麒者从其，信也；麟麚者从吝，吝惜，厚也。所谓公子，公室子孙，传之弥远而信厚。我们一般人的子孙，是我们自己的子孙，私子。而周室子孙，那是公室的，是天下的，是公子。《诗经》借麟而吟周公子，充满爱惜与期待之情，一唱三叹，余音绕梁。可以得出一个结论：麒麟，是杰出人才的象征，在周代就已经是如此了。

《春秋》关于西狩获麟的记载，出现在这本书的最后。我们现在已经看不到孔子所作《春秋》经的原文了，可以看到的是人们为《春秋》经所做的阐发、解释，就是"传"，左氏传、公羊传、谷梁传。因为孔子作《春秋》，微言大义，文辞十分简略，人们很难读得懂，也不知道孔子为什么这样写，所以人们便为之传释，使史实更加详细、明了，也使孔子的"创作意图"更加彰显。传说《春秋》经最后的记载就是西狩获麟的故事，也因为长期以来人们认为麒麟的出现对于《春秋》这本书而言具有特别重要的意义，所以《春秋》有一个别名，就叫"麟经"。

《公羊传》，就是齐人公羊高为《春秋》所做的传，而《左传》，就是左丘明所做的《春秋》传了。《公羊传》对于西狩获麟的故事做了如下传释：

十有四年春，西狩获麟。何以书？记异也。何异尔？非常之兽也。然则孰狩之？薪采者也。薪采者则微也，曷为以狩言之？大之也。曷为之大？为获麟大之也。曷为为获麟大之？麟者，仁兽也，有王者则至，无王者则不至。

有以告者曰：有麕而角者。孔子曰："孰为来哉？孰为来哉？反袂拭面，涕沾袍。"颜渊死，子曰："噫，天丧予。子路死，子曰：吾道穷矣。"

这段文字详细说明了西狩获麟故事发生的背景，并把孔子记载这则故事的意图与手法也做出了解释。概括地说，因为麒麟是非常之兽，是仁兽，因此孔子特别重视麒麟的出现，在惜墨如金的《春秋》经中特别加以记载。人们不解的是，既然说，麒麟"有王者则至，无王者则不至"，说麒麟是太平之世的象征，那么，众所周知，孔子作《春秋》的时代，恰恰是周礼崩坏，一个大大的乱世，麒麟为什么出现呢？这正是孔子的疑问：孰为来哉？孰为来哉？连问两遍，痛哭流涕。原来孔子得到的是一只死麒麟，生逢乱世，麟出而死，故痛心疾首。

奇怪的是，《公羊传》写到孔子哭麒麟之死，同时也写到孔子哭颜渊之死，哭子路之死。解释西狩获麟，为何突然将颜渊、子路拿来说事呢？后人解释说，这是因为孔子因麒麟之死想到自己"吾道穷矣"，而颜渊、子路是孔子之道的重要辅佐。这解释似乎颇为牵强。

我认为，这里的关键，在于表达了麒麟文化的核心价值，即：它是杰出人才的象征。颜渊与子路，都是孔子学生之中的佼佼者，都是杰出的青年人才。所以，麒麟死，自然就想到颜渊、子路之死了。哭麒麟与哭颜渊、子路，就是哭人才之丧失。

以上分析有关麒麟的两则史料。《诗经·周南》以麒麟比喻周室公子，《春秋》由麒麟死而哭颜渊、子路，均可得出结论：麒麟是杰出人才的象征。总而言之，麒麟既是太平盛世的象征，也是杰出人才的象征，而杰出人才的文化含义是麒麟文化的本质与核心。

二、 传统麒麟舞：宗法制度下的多子多福观念

中国传统的社会结构，是以宗族观念与宗法体制为单位构成的。麒麟作为儒家文化观念的载体，在民间即意味着宗族观念与宗法体制的某种体现。由于麒麟象征着杰出人才，人们就在有关麒麟的文化活动中，寄托对宗法体制下的人才的呼唤与祈求。民间有关麒麟送子的传说如此，而传统的麒麟舞也是如此。

传统麒麟舞是以宗族、姓氏为主体进行的，而祠堂是麒麟舞活动的基本场所。人们在麒麟舞中寄托的基本观念，就是多子多福，希望本族本姓与本祠堂名下，多生子，多出现杰出的人才。每年新年伊始，各宗族举办麒麟舞，以此"拜祠堂"。而平常有新生儿出生的时候，祠堂就会举行盛大的麒麟舞活动，为之庆祝。必须看到，传统宗法社会对于人才的渴望是一种非常突出的观念，有的祠堂设有专门的基金，称为"义仓"，用以资助祠堂名下青年学子的学业。儒家文化特别重视血缘，认为人的生命可以超越个人的肉体存在传诸后世，方法就是通过后代子孙的繁衍。正因为如此，象征着杰出人才的麒麟具有特别重要的文化价值。

宗法社会希望宗族名下子孙繁衍茂盛,继承香火,即所谓多子多福。另一方面,不仅希望多子,而且还寄希望于新出的后代子孙都是"麟子",就是杰出的人才。人们在麒麟舞中,就是表达这样一种呼唤与祈求。传统宗法体制在客家人之中保存得最为完整,而我们这里的麒麟舞,正是从客家文化传统中继承下来的。

值得一提的是,传统宗法体制下的多子多福观念,应该如何评价?传统社会是一种农业社会,人是社会结构之中最最重要的资源,所谓人多力量大,所谓打虎亲兄弟、上阵父子兵,就是这么个意思。到了现代,社会由农业向工商业转变,农村城市化,多子多福观念当然就有所变化了,现在甚至需要用计划生育的手段来控制人口。然而,人力资源依然是一种重要资源,中国经济近几十年的飞速发展,所依靠的就是人口红利或劳动力资源。在最近的三十年中,中国的人口红利达到高峰,而在以后的年月里,当计划生育时代出生的中国人成为社会主体,而目前的这些人逐渐老化、退休的时候,中国的经济发展就可能面临问题了。所以,传统社会多子多福的观念,并不能够简单地斥之为过时。

三、现代麒麟舞改革创新面临的若干问题

传统麒麟舞所包含的多子多福观念,并不能简单认为是过时的,但是其行为的主体与文化背景,在于传统农业社会的宗法体制,而这个宗法体制无疑是已经过时了。在社会现代

化、农业工业化、农村城市化的今天，宗法体制与祠堂文化，这一传统麒麟舞存在的基本土壤，正在丧失。正因为如此，传统麒麟舞活动的许多细节，都已经显得过时。如严格以姓氏为单位进行的做法，如只能有男子不能有女人参与的做法，还有其他的种种禁忌，等等。传统麒麟舞寄托的多子多福观念，这个"子"却只能是男子；麒麟象征的杰出人才也只能是男子人才，女人不是人才；这些观念在现在看来，当然是过时的，荒谬的。而传统麒麟舞活动开展的最大障碍，就在于此。传统宗法文化的社会环境根本改变了，人们参与的热情大不如前，而在人群中的受欢迎程度也同样大不如前。很清楚，传统麒麟舞要在现代社会传承发展，必须要改革创新。

我们这里麒麟舞现代创新的一个标志性事件，就是广东省民间文艺家协会罗学光主席发掘整理麒麟舞。这个事件的本质，在于将麒麟舞由一种民间文化活动，变成了一种艺术表演。黄阁麒麟舞在全国广场艺术表演中得了山花奖，这大大鼓舞了民间麒麟舞活动的热情，使广东各地区的麒麟舞表演更加活跃起来。

事实上，麒麟舞的艺术表演化，依然存在着改革创新的诸多问题。为此人们提出了许多创新的方案。例如，将单个麒麟变成众多麒麟表演，一个变成两个、三个，甚至七八个，舞台上的麒麟越来越多；改变女子不参与表演的状况；改革伴奏乐器等。但是我想说的是，就算出现一个伟大的艺术家，将麒麟舞搬到舞台上，甚至以交响乐来伴奏，又怎样呢？麒麟舞已不再是老百姓生活之中的麒麟舞了。无论怎样花样百出的创新，麒麟舞依然是死的麒麟舞，而不是活的麒麟舞。

人们的问题是：那么麒麟舞的现代创新，究竟应该如何进行呢？而问题的关键在于：对于麒麟舞的所谓"活的保护"，是否可能？

毫无疑问，许多非物质文化遗产，活的土壤完全丧失，真正的活的保护是不可能的，人们只能让它存在于博物馆里。但是我认为麒麟舞并非如此，因为麒麟文化的核心价值，依然具有现代的生命力。

前面说过，麒麟文化的核心价值，在于它是一种对于杰出人才的呼唤与祈求，这一点根本不存在过时的问题。事实上，现代社会的人才问题，以及人们对于人才的希望与渴求，甚至比传统社会更加强烈。前些日子在全社会引起重大反响的所谓"钱学森之问"——中国为什么培养不出杰出的人才——就反映出社会对于杰出人才缺乏的强烈的焦虑感与紧迫感。

既然麒麟舞的核心价值没有过时，为什么传统麒麟舞并不能够很好地生存与发展呢？这是因为传统的宗法体制与祠堂文化已经过时。过去的社会是以宗族为单位的结构，对于人才的希求与渴望，宗族、姓氏是最为强烈的，所以民间的麒麟舞以祠堂为场所，以姓氏为单位，能够自发地、活跃地开展起来。现代社会对于人才的希求与渴望，是社会整体的诉求，不存在宗族这样较小的单位，所以民间麒麟舞的活动缺乏以往那样的自发性。

但是现代社会对于杰出人才的渴求，同样存在较小的单位性的土壤，那就是学校。学校就是以培养人才为目的的。

因此，对麒麟舞的"活的保护"，这里提出的方案是：搬到学校去举行。目前许多学校都要举办众多的文体活动以及进行校园文化建设，为什么不在学校开展麒麟舞活动呢？请民间艺人做指导，由学生会、团总支组织，学生经过一段时间的训练，定期开展活动。设想一下，在每个学期的开学典礼以及学校有重大活动的时候，进行麒麟舞，寄托学校对杰出人才的呼唤与祈求，并以这种核心价值鼓舞与教化学生，还有比这更好更合适的校园文化吗？

传统麒麟舞中许多与宗法体制及祠堂文化相关的细节，如以姓氏为单位、不允许女子参与等，自然需要改革，因为这与学校的校园文化是相冲突的。而传统麒麟舞的程式，如寻青、采青、吃青、醉青、游花园、吐玉书等，则可以完整地保留下来。这些程式可以象征学生对于知识的寻求与学习过程。麒麟代表学生，"青"则代表知识，学生寻求知识、搜集知识、学习知识、在知识中陶醉，这对于学生的身份认同与自豪感，具有何等的意义啊！

符号价值视野下的南粤麒麟
——麒麟舞进入高校课堂的思考

王 虹[1] 曾 瑶[2] 裴若然[3]

"无论是舞蹈的本身，还是古代与现代各种形式、内容的舞蹈，都可表现出一定程度的文化意蕴与时代精神"[4]麒麟作为民俗文化，它是南粤人民长期生产和实践中所形成的风俗习惯、行为准则等，在其独特的发展历史中所积淀而形成的一种民俗文化现象。麒麟是储存着大量信息的物，承载着丰富的历史信息，它是南粤民族的标记和符号，蕴藏着丰富的文化内涵，能勾起人们对民族的记忆、对历史的记忆，从各方面反映了当时的生产方式、文化意识以及科技水平。

---

[1] 王虹，华南师范大学音乐学院教授。
[2] 曾瑶，华南师范大学音乐学院硕士研究生。
[3] 裴若然，美国宾夕法尼亚大学硕士研究生。
[4] 叶春生，罗学光主编《黄阁麒麟文化》，广东高等教育出版社，2002年。

一、麒麟的民俗文化内涵

符号是某种事物或表达某种意义的标记或记号。符号学的创始人之一索绪尔指出"符号由能指与所指构成,能指即物质构成,是其表达面;所指即表达的概念,是其意义面。"[1] 从符号学的角度来看,文化遗产是最具代表性的文化符号,麒麟的符号意义是其能指与所指的统一,是民间艺术形式与其内在民俗文化价值的统一。这极具独特性的地方特色蕴含了丰富的文化内涵,深深扎根于人们的生活和观念中。

麒麟的能指体现在现当代消费社会,它是一种工艺美术的物品,是南粤喜庆节日用来助兴与娱乐的民俗活动形式。麒麟舞是集舞蹈、杂技、音乐、工艺美术为一体的民间艺术,麒麟道具的传统扎制是使用竹木做好骨架,用纸糊和笔来绘制鳞甲。后来又通过民间艺人用彩色丝绸和镭射纸做鳞甲,不仅色彩艳丽、形象逼真且耐用,呈现出其民间工艺的精良。麒麟的所指在于其文化价值的体现,它的存在使南粤有别于其他地方,南粤人民以此来构建自己独特的区域文化特色和历史认同。麒麟的造型是由龙头、牛尾、狮身、鹿角、羊蹄所构成的灵兽形象,麒麟道具这一独特"四不像"造型,不仅体现了龙文化,更载承着人们对安定、幸福生活的追求。

---

[1] 赵蓉晖《洛特曼及其文化符号学理论》,载《国外社会科学》2006年第1期。

二、麒麟的符号价值

舞麒麟从宫廷到民间，从北方到南方，千百年来蕴藏着丰富的历史印记。明末清初，时势动乱，客家先祖在颠沛流离中辗转寻觅栖身住所，南迁途中将麒麟带入岭南带入广东，一直传承至今。麒麟承载着他们的情感，以舞麒麟来表达其向往美好生活、祈求风调雨顺以及国泰民安的美好愿望。在这一过程中"麒麟"作为一种民俗文化体现了其重要的符号价值。

（一）在民间工艺方面

佛山是麒麟舞的道具生产集中地，制作工艺历史悠久，当代艺人为了更好的发挥舞麒麟动作，在生产扎制中做了八大改良。麒麟制作非常烦琐复杂，绘有龙、凤、八卦图以及各种吉祥物，这些祥瑞标志无不体现了人民的精神寄托。

（二）在文化功能方面

黄阁麒麟舞的发展历程中，在国家一级编导杨明敬以及国家一级演奏家陈葆坤等学者的研究下，深入挖掘和发展了麒麟舞，对当地传统的麒麟舞作了改造与创新。在参赛的基础上获得了质的突破，麒麟舞成了黄阁的文化财富，增强了黄阁的民众凝聚力及群众的审美情操，更提高了黄阁的城镇文化知名度，使麒麟舞符号价值所指的意义面呈现了出来。

(三)在区域文化特色方面

清溪客家麒麟舞流传两百多年,客家人有"麒麟吉祥""麒麟送子"之说。传说,孔子出生当天,麒麟口含玉书,送至床前。孔子得此玉书,勤学苦读,终成学富五车之圣人,并教化子民。由此可见从客家先祖开始就非常重视教育,崇尚文化,在客家精神里,麒麟作为布播文明的圣物,有其深厚的艺术底蕴。清溪非常注重麒麟舞文化遗产的保护、传承与创新,实现了从民间到全国再到国际舞台上的飞跃。清溪在麒麟舞的创新发展上也成绩显著,先后被命名为"中国民间文化艺术之乡""全国麒麟舞传承基地",2016年广东省麒麟文化节永久落户于东莞清溪,有力地向全国展示了南粤人民的时代精神与风貌,构建了客家麒麟舞自身的区域文化特色。

在新的时代,麒麟不再是简单的一件精美艺术品,麒麟舞也不再是仪式化的民俗形式,而是作为一种文化符号,成为南粤民族时代的象征,有了作为文化符号的价值和作用。麒麟舞随着当今社会的快速发展和经济生活水平的提高,也有所变化。随着经济与文化的频繁交流,麒麟舞染上了时代色彩,象征着群体行为的麒麟舞在组织、练习、表演过程中,增强了集体意识,提高了民众素质,更加强了社会交流,有利于社会的稳定与和谐发展。麒麟舞的发展不仅满足了人民群众日益增长的物质文化需求,也良好的继承与发扬了民族文化传统,继而体现了人们团结奋斗、不断进步、对美好生活追求的文化精神内涵。

麒麟这一文化遗产是中华民族文明的历史符号，它与其他中华优秀文化遗产共同构成了中华民族强大凝聚力的文化基础，使中华民族生生不息、代代相传。只有对麒麟文化遗产的价值有了一定了解后，我们才能正确地对待这一珍贵的历史文化符号，才能更好地继承与发展好麒麟舞这一优秀民间舞蹈艺术。年轻的新生代们，应该义无反顾地承担起这一重任。

三、麒麟舞进入高校专业舞蹈课堂的可行性

"任何一种艺术形式都是不断发展、提高的，是随着时代的推移和人民新的要求去创新的，艺术工作者的任务就是用自己的艺术劳动去加速它的发展"。[1] 麒麟舞具有教化传承价值，以及娱乐性与可舞性价值，麒麟舞进入高校舞蹈课堂，不仅能挖掘其所包含的文化内涵，还能树立高校文化建设的区域特色。

（一）麒麟舞具有教化传承价值

麒麟舞具有教育功能。麒麟舞作为历史文化的一种载体和民间艺术形式，是我国独有的，它是古代民间信仰文化的"活化石"，是一笔宝贵的文化遗产。在高校课堂开展麒麟舞教学，除了学习其基本动作、丰富课堂教学内容外，还能促进学生了解麒麟舞与南粤文化，具有深远的历史教育意义。

---

[1] 叶春生，罗学光主编《黄阁麒麟文化》，广东高等教育出版社，2002年。

麒麟舞有着传承价值。从近年来麒麟的发展看,其表演内容及其形式都有新的变化。现代麒麟舞表演中仪式弱化、将采青与武术融合一起,具有较强的技巧性与观赏性,麒麟舞已从传统的强身健体与娱乐性质转化成更具观赏性的舞台表演。逢年过节大规模性的麒麟舞表演,呈现出了其凝聚民心的功能。基于麒麟舞较强的表演性和凝聚民心的文化内涵,将麒麟舞引进高校课堂,不仅仅是丰富课堂内容,还能将麒麟舞千百年来所承载的物质文化与精神文化传承与发展下去。

（二）麒麟舞具有娱乐性与可舞性价值

麒麟舞具有较强的娱乐性。在南粤民间重大节日和喜庆日子里,常常会根据人们集体娱乐的需要,以欢快、风趣的麒麟舞助兴。麒麟艺术造型奇特,舞蹈阵容恢宏热闹,音乐具有浓烈的岭南音乐特色。麒麟舞是集音乐、舞蹈、打击乐、纸扎工艺以及绘画工艺等,将表演和造型艺术、工艺美术融于一体的民间艺术,具有高度的可观赏性。若将麒麟舞引进课堂,对于喜欢"高雅快"、富有韵律、节奏感强的大学生来说是一种很好的选择,不仅可以娱乐身心,更重要的是可丰富文化生活、提高个人艺术修养,符合当代大学生的身心发展。

麒麟舞具有较强的可舞性。比如樟木头客家的麒麟舞,传说凡麒麟脚趾踩过的地方,就会为那里的人们带来好运。麒麟舞活动通常以晒谷场空地为表演场地,随着打击乐器的轻、重、缓、急,麒麟舞动时,忽而狂欢戏耍,忽而凌空翻腾,表现采青、舐脚、滚动等动作。又如黄阁麒麟舞队对传统的麒麟舞进行了整理与发展创新，表演艺术套路有"麒麟出洞、绕头、耍尾、寻青、探青、踢青、醉青、吐青、打沙、吐玉书、游花园"[1]等。这些可舞性强且逼真的动物形态与神态，直接来源于现实生活，但又不是单纯地模拟、再现，而是经过美化、加工，表现了一定的文化内涵，寄托了人们向往美好生活的愿望。麒麟采青又与南派武术"打长棍"相结合，舞蹈的技艺难度增加，观赏性增强，对于专业舞蹈学生有较高的训练价值。

四、麒麟舞进入高校课堂的思考

根据目前高校舞蹈情况而言，舞蹈专业学生对麒麟舞没有实质性的接触，甚至多数没有观赏过。主要是因为麒麟舞作为民间传统舞蹈，普及度还不够，未进入大学舞蹈课堂教学中，以麒麟舞为素材的舞蹈创作几乎空白，只是一些地方性代表民间团队进行表演与参赛活动。在高校开展麒麟舞的教学活动，目的是经过艺术教育工作者的努力挖掘、整理研究，通过高校载体将麒麟舞这一文化遗产以更好的途径传承发展下去。

（一）麒麟舞的走出去与请进来

"走出去"——田野采风学习。麒麟舞源自于民间，扎根于民间，是人们创造与审美的智慧结晶。对于民间舞蹈的运

---

[1] 刘昊，王定宣，刘中强《麒麟舞研究》，载《体育文化导刊》第6期。

动规律与文化内涵，高校师生需要实地考察才能体会到民间舞蹈文化最真实的情感内涵，才能收集获得最准确生动的舞蹈素材。南粤麒麟舞要进入到高校课堂并得到推广，艺术教育工作者必须组织采风学习，去民间获取创作素材，为麒麟舞教材建设、学术研究汲取第一手资料。

"请进来"——传承人示范教学。舞蹈的传习载体是人，民俗民间舞蹈的传承主要都是以人为载体，一代一代传承下去的，通过拜师学艺、口传身教来延续这一文化。聘请麒麟舞民间老艺人和特长专业人员进校对舞蹈教师和学生们进行教学，这也是一个必要手段。通过对舞蹈教师的培训，并运用麒麟舞蹈的步伐与基本动作结合民族民间舞蹈课堂的教学方法，形成具有地方民族特色的麒麟舞课堂教学内容和形式，拓宽学生的学习接触面。

（二）麒麟舞的教材化与现代教学技术的运用

1.麒麟舞教材化

在高校舞蹈教材中，关于民俗民间传统舞蹈方面的教材甚少，因此，麒麟舞能否走入大学舞蹈课堂，教材的编写整理尤为重要。有了麒麟舞教学教材，舞蹈老师才能更加便利地学习它的基本知识，才能有效地促进舞蹈专业学生认识麒麟舞，达到舞蹈艺术素养与理论知识的融合，使优秀的民间麒麟舞更快地走进高校课堂。

从麒麟舞的地域特色与表演形式中提炼具有典型特征的基本动作。如中山麒麟舞的基本步式有虚步、独立步、丁字步、半弓步、骑龙步、弹跳等，展现出麒麟神采威武，轻巧伶俐的形态。首先教材建设可以根据这些表演套路中的典型性动作，进行提炼、加工成舞蹈元素，规范成基本动作收入教材；其次是抓住麒麟舞的表演形式与特点，将完整的表演艺术套路归纳整理进教材，使传统的民间艺术形式得以保留；最后美化、加工麒麟舞，增强麒麟形象的艺术性，提炼编创更具表演性的舞蹈组合及作品进入教材。

从成熟的民间舞教材中借鉴循序渐进的组合整理模式。"所谓循序渐进就是从简单到复杂，从单一到多样，从教室到舞台"[1]，整理出具有系统性、规范性、训练性的教材，这才有利于麒麟舞的教学实施。比如，从单一的元素训练组合，然后再到简单步伐的训练组合，最后到综合性的表演组合，让学生们打牢基础，真正掌握麒麟舞这一舞蹈风格。只有集教学、创作、表演、研究为一体的教学体系，才能正确地并真正地将麒麟舞引进高校课堂。

2. 运用现代教育技术

大量收集麒麟舞民俗活动的图片与舞蹈视频，用现代教学技术制作成课件，让学生们观看录像等现代技术课件，更直观性地认识麒麟舞。麒麟舞以载歌载舞的形式在重大节日和喜庆日子里表演，如南阁麒麟舞的舞蹈场面恢宏热闹，有八头麒麟同时起舞，其中两头大麒麟为领舞，六头小麒麟为群舞，八

---

[1] 吕艺生《舞蹈教育学》，上海音乐出版社，2000年。

头麒麟大小各异，相互呼应的表演和配合，表现出了既憨厚活泼又庄严威武的神态。麒麟舞的服装具有浓烈的地方特色，其道具麒麟的艺术造型非常独特。通过欣赏麒麟舞节庆活动的场景，形象地展示麒麟舞的风俗风貌，并结合其舞蹈服装和道具，充分满足学生对民族民间传统舞蹈的好奇心理，激发学生的学习兴趣，从而调动学生学习中国传统民族文化的积极性。

（三）麒麟舞文化符号对高校专业舞蹈课堂的价值体现

1.对高校课堂的价值体现

突出舞蹈课堂地域特点。高校培养舞蹈人才目标，主要是中小学舞蹈师资以及文化工作者，应面向社会舞台，适应社会市场的广泛性、多样性、复合性的需求。高校民族民间舞蹈课堂应适应地区差异、学生差异与学校的特点，为学生提供更宽泛的选择。南粤麒麟舞有着深厚的文化底蕴、独特的地域性特点，我们应该把目光投向身边的民间舞蹈，将麒麟舞素材提炼、加工，编成适合高校舞蹈课堂的地方性民间舞蹈教材，推广进入岭南高校舞蹈课堂内，使广大青年们认识麒麟文化，对保护与发展麒麟文化、推动麒麟文化的传承与发展有着重要意义。

优化舞蹈课堂教学内容。虽然传统民间舞蹈越来越受到重视，但在高校中开展的具有地方特色的民间舞蹈课程仍不够丰富，高校的民间舞蹈课堂多是遵循北京舞蹈学院民间舞系教材，八大区、五大民间舞蹈（汉、藏、蒙、维、朝）为主体教材。大多数舞蹈学生在进入大学之前，尤其是艺校生，对于原有的民间舞蹈系列教材都有过接触与学习，然而进入高校后，仍未接触新事物，导致学习兴趣退减。将当地民间舞蹈融入高校课堂，能使学生潜移默化接受民间舞蹈的浸润，感受到民间舞蹈文化艺术基因与其生命力，自觉肩负起保护与发展传统文化的使命。麒麟舞进入高校舞蹈课堂，不仅能填补地方民间舞蹈课堂素材的空白，丰富高校舞蹈课程内容，更能将这些富有地方特色且丰富多彩的民间舞蹈更好的传承与发展下去。

2.文化符号在课堂上的价值呈现

"保护民俗文化，最重要的是要认识民俗文化的符号，了解到它的价值所在。"[1]麒麟舞的文化意义是多重性的，是动态性的。它作为历史文化的一种形式和载体，是我国独有的而且是民间信仰文化的"活化石"，其承载的历史信息是一笔宝贵的文化遗产，它所体现的精神风貌是值得我们继承与发扬的。如果艺术教育工作者能将其文化底蕴加以分析和研究，并将舞蹈形式与动作进行整理、提炼及加工，将麒麟舞带入课堂，不失为一条更好的保存、发展之路。教学实践过程中，学生不仅能学习麒麟舞，同时还能体会到其中的教化作用，如此不仅丰富了学生的文化生活，加强学生的爱国主义精神，同时还提高了其对传统文化的热爱。在学生们积极的探索下，真正了解它的文化意蕴，从而认识历史、了解历史，达到传承与发展历史文化的目的。

---

[1] 李昕《论非物质文化遗产保护产业化运作的可能性——从非物质文化遗产的符号价值谈起》，载《贵州民族研究》2008年第2期。

五、结语

麒麟具有鲜明的中华民族文化特征，麒麟舞作为岭南舞蹈文化的宝贵遗产与极具特色的区域文化符号，是一项极具特色的民间艺术活动，与中华民族优秀传统文化一脉相承，更与人们生活息息相关。要保护好这一文化遗产，必须重视与发展好这一传统民间艺术。21世纪的今天，高校是传承与发展民俗文化的重要场所，传统民俗舞蹈文化的传承需要高校的平台，需要不断培育新的人材将其开枝散叶、代代传扬。麒麟舞引进高校课堂，作为民族民间舞蹈课堂教学特色的实施，不仅可以丰富高校舞蹈课堂的资源与教学内容，同时还能让学生自觉肩负起保护和传承传统文化的使命，从而使麒麟舞得到大幅度的发展和普及，将麒麟舞蹈文化以正确可行的方式传承与发展下去。对麒麟舞的保护、发展是一项长期而艰巨的任务，需要全社会的支持与共同努力。

独具一格的"南江麒麟舞"

罗荣南[1]

"寿星戏麒麟"是流行于广东南江流域云浮市郁南县连滩镇的一个地方的民间古麒麟舞,取材于本土的民间故事,表现老寿星与麒麟间和谐共生的关系,运用人与麒麟之间的肢体动作语言来表达麒麟内心的喜、怒、哀、乐,寿星老顽童般的诙谐形象。该舞曾在2011年广东省第三届麒麟舞大赛上获银奖。近十年来,曾获得"中国民间艺术之乡"称号的连滩镇每年农历正月二十日上午举行的"连滩民间艺术节(张公庙会)",都少不了麒麟舞的展演及巡游,让周边及两广附近的十多万群众大饱眼福。

一、"南江麒麟舞"的起源

关于南江麒麟舞的起源,在当地的说法不一。一种说法是

---

[1] 罗荣南,云浮市郁南县文联。

元朝初期从中原地区由外来人口的迁入，引入了麒麟舞；另一种说法是元末明初时期，从珠江三角洲地区引入；还有一种说法是集外地麒麟舞之精华，独创出具有本地特色的麒麟舞。据笔者总结了各地的麒麟舞艺术造型、服装、舞姿及道具等特点的，认为属于第三种。因为，从连滩的地理位置来看，属于南江流域腹地，而南江流域从先秦时期起，南江流域、鉴江流域及雷州半岛就受楚文化的影响，南江流域的罗定、郁南与鉴江流域的信宜、高州同属苍梧，此时的苍梧成为中原学术文化与外来学术文化交融和传播的重心，是当时岭南与岭北的交通枢纽。由连滩溯江西行，可经柳江、邕江、左江到龙洲，进入今越南境内；西行不远，从今广西藤县溯北流江而至北流市，过鬼门关，再顺南流江到合浦，直接进入北部湾海域；东南行不远，从今南江口溯罗定至船步、太平、罗镜、加益等镇，越过分水岭到信宜，再沿鉴江顺流而下，可到高州，并至湛江、吴川之间出海，向东可经西江前往汉代大都会番禺（今广州）。因此，南江麒麟舞是集各地麒麟舞之精华。

麒麟舞在南江流域的最兴盛时期，可追溯到明万历十年（1582年）左右。那时候，南江流域和平安定，人们可通过南江水道进行对外贸易，当地人民丰衣足食，视麒麟为压邪避害的吉祥物，麒麟舞等民间艺术应运而生。据当地史料记载，鼎盛时，南江麒麟舞是民间最受欢迎的节庆活动之一，如有人新居进宅、婚庆、子女满月等，都少不了请"麒麟舞"前来助兴，在连滩地域的某些大村庄都有一两支"麒麟舞"队伍。清朝时期，南江麒麟舞经常在省港澳地区进行艺术交流活动，享有较高的知名度。

到20世纪50年代，南江麒麟舞仍然十分活跃，南江流域连滩及周边地区大村几乎都有麒麟舞队伍。到70年代中期，由于种种原因，麒麟舞被当成了封建迷信的东西，大部分道具、服饰被烧毁，禁跳了。渐渐地，麒麟舞在南江流域一带几乎被人们遗忘了。

直到20世纪90年代中期，连滩镇民间老艺人、中国非物质文化遗产"禾楼舞"传承人傅志坤等，联合一些儿时学过或见过麒麟舞的老人，把麒麟舞挖掘复原了出来，组建的"南江麒麟队"在1998年的"连滩民间艺术节"上登台演出，受到广大群众的一致好评。之后，"南江麒麟队"常常活跃在南江流域地区。

二、"南江麒麟舞"的艺术特色

"南江麒麟舞"集各地麒麟舞之长，突出自己独特特色。据史料记述，历史上南江流域从元朝至民国初期都是多民族（16个）的聚居地，明朝之前以瑶族居多。因此，无论从舞蹈艺术、服饰、音乐等方面，都带有瑶族等少数民族的元素。

舞蹈艺术方面：重点突出人与动物（麒麟）的和谐共处，即人与麒麟共舞，跳舞的形式多种多样，有嬉戏、有关爱、有共欢等。人与麒麟的数量，有单人单麒麟、有多人多麒麟，也有男女老少与多麒麟共舞，较大场面的还有龙、狮等等共舞同欢。舞姿方面，既有亲切和谐，温柔体贴，又有粗犷豪放。表演时，有的只演不唱，有的边演边唱。最为特别的是，"南江麒麟舞"到目前仍然采用原生态的古乐器现场伴奏。

服饰方面：因为我国以红色、黄色为吉祥喜庆的颜色，所以"南江麒麟舞"以红色、黄色为主色，配以少数绿、白、黑等颜色作衬托装饰，使人们一看到麒麟舞场面，就有一种吉祥喜庆、心情愉悦的感觉。

道具方面：有锣鼓、唢呐、二胡、大笛子等，联合伴奏的场面十分震撼。据传，伴奏用的这种唢呐，与其他正统的唢呐相比有所不同，带有瑶族人民古时候"打猎吹"的那种号子风格。当然，在表演的时候，不一定所有道具及乐器都同时上阵，而是根据表演的场面决定，即由表演的阵势确定道具、乐器的多少。

麒麟的制作方面：表演时使用的麒麟，一般都是用竹篾编织扎成，外衣采用各色彩布做成。分成头、尾两截，中间穿孔，舞者站在穿孔处将麒麟系在身上。分雌雄两种，外表颜色各异。对于麒麟的制作，据史料记述，从明朝中期开始，连滩一带已有民间艺人独立制作，自制自用。到了清朝，在连滩镇街已有制作、销售麒麟、狮头等的商铺。如今，还有十多位当地民间老艺人懂得制作麒麟、狮子头等。

三、"南江麒麟舞"在南江流域的影响力

历史悠久的"南江麒麟舞"，到20世纪70年代虽然曾经衰落过，到90年代中期再度恢复至今只有20多年时间，当地党

委、政府以及宣传文化部门十分重视，民间艺人积极工作，在编排、演出方面还推陈出新，既有传统的麒麟舞，又有创新的麒麟舞，表演人员从最初的20多人，增加到如今的250多人。这20多年来，麒麟舞队除了参加云浮市当地的公益活动演出外，还经常应邀到周边地区的肇庆、广西的苍梧等地表演，深受人们的欢迎和好评。本地的庙会、节庆、村民们办喜事等，都少不了麒麟舞队的助兴。

试论英德大湾舞"火麒麟"的地域文化特色

范桂典[1]

大湾镇位于清远市英德市（县）西北部，距市区60千米。其建制于明洪武二年（1369年）。近代以来，大湾镇孕育了丰富的民俗文化活动，如舞狮、元宵闹花灯等，还有金山祖庙农历三月三的"北帝诞"，群众的抢"花炮"活动，非常热闹。而大湾镇元宵夜舞"火麒麟"的活动，更是盛况空前，由于极具地方文化特色，每年都吸引了大批市内群众甚至外地的爱好者、研究者前往观看。

舞"火麒麟"是大湾镇传统特色民俗风情，同时也是大湾丰富民俗文化的缩影。该活动相传由南海商人传入，有将近300年的历史，在每年的元宵夜举行。2007年，舞"火麒麟"项目列入清远市首批非物质文化遗产名录。

---

[1] 范桂典，广东省民协会员，清远市民协副主席。

一、舞"火麒麟"是广府文化与客家文化融合的结晶

中国很早就有"麒麟献瑞"的传说,客家人则视麒麟为图腾和压邪避灾的吉祥物,通过舞麒麟寄托对和平安定的祈求对美好生活的向往。

舞"火麒麟"与"广府文化"的珠江三角洲地区有着密切的联系。广东主要分为三大族系,即广府族、客家族和潮汕族,因而其文化也主要由三大族系文化构成。英德境内现有人口110多万,以汉族为主,客家人占85%以上,其中大湾有八万余人。大湾区位优势明显,北江支流连江、波罗河汇流于此,连江横贯全境,上航通阳山、连州,下航达广州、佛山等地;英(德)阳(山)公路贯穿全境,因此历史上与广府文化关系密切。尤其是在民俗文化上,有许多方面与广府文化发生过千丝万缕的联系。

(一)特色明显的舞狮

大湾的舞狮活动在英德辖区内是较早开展的民俗,1954年,以《狮子游赤壁》参加韶关地区专署第一届民间艺术节获好评。后还到深圳等地献艺。据说,该镇的舞狮由南海官窑传入,大概在30年代初成立了两个民间武术团体,东约福新堂国术研究社(简称福新堂)和上约英义堂健身国术团(简称英义堂)。通过业余社团,农闲时集中训练,节日里大显身手,经常到英德各镇交流,切磋技艺,共同提高。1936年,南海官窑犁岗村的黄三九到大湾做生意,由于他略通武术,通过他请

到官窑老鸦岗村的肖宝渠教授舞狮、打锣鼓。大湾舞狮很有特色，一是狮队一般有三个狮头，分别按《三国演义》的著名人物命名，又根据其特点派上不同的用场，黄色狮面的称刘备面，温驯可人，多用来拜门、庆贺，红色狮面的称关公面，热火朝天，用来庆贺、采青，黑色的狮面则是张飞面，多用以采青，给人一种威猛的感觉。舞狮者再穿上与之适宜的虎爪鞋，夜行衣，场景非常热烈。二是活动形式多样，舞狮名堂花样繁多，难度较高的有"八卦阵""铁网罩英雄""金猫抓池鱼""龙门阵"等，难度较低又形象活泼的有"美女梳妆""姜公钓鱼""斜坡望月""桃园结义""八仙醉酒""双龙争珠""猛虎下山""双喜临门"等，伴以铿锵有力的锣鼓钹，高潮迭起。三是鼓点有所发展，从南海传入后，经过当地创造性的改造，有了自己的特色，原来一般的锣鼓点有三星、五星、七星，而经过发展，大湾的鼓点多了一星和九星。

（二）"广味"民俗元宵花灯

英德主要是客家人居住地，年初九至正月十二日是传统的上灯日，谁家在上一年内添了男丁，就必须购买花灯挂在祠堂或附近庙堂里（客家话"灯"与"丁"同，上灯即表示添丁之意），并置办酒席，宴请参加上灯的叔伯兄弟。大湾元宵夜也举办灯会，但有所不同，以前由一些有钱人家做东，集中花灯，组织文人墨客到场品评，经过筛选评出最好的花灯称之为元宵灯，然后敲锣打鼓，奖给银屏，送到元宵灯制作者家里。大湾元宵灯会已有近三百年历史，据说是由南海老鸦岗一个苏姓的商人到大湾做生意传来的。为庆贺朋友添丁，年初十开灯，他造了一个花灯悬挂在厅堂，筵席上议论，很多人要他从南海带灯来大湾在正月十五元宵节搞"提灯会"，从此大湾才有了提灯游行闹元宵的活动。

（三）自娱自乐的"私伙局"

粤曲爱好者三五成组，会集乐器自弹自唱娱乐一番，称之为"私伙局"。此一形式在珠江三角洲一带颇为盛行，由于大湾街有从珠江三角洲一带迁来的移民，文化习俗受其影响，尤其是老一辈者，早就有了"锣鼓柜"的组织，逢年过节抬着上街演唱，平日里则在家聚集消闲，加上大湾的八音班遍布镇内，粤曲粤剧爱好有广泛的基础。"私伙局"是民间自发组织，他们自筹资金，增置扬琴、二胡、三弦，大笛、横箫、锣鼓钹等，晚上聚会，先响起开场锣鼓，然后伴唱粤曲，或合奏乐器，或自弹自唱等等，互教互学，乐在其中。

（四）文物古迹中的广府文化

大湾历史文化古迹众多，其中有些古建筑与广府地区有联系。坐落在镇区连江和波罗河汇合处的大庙山（又称金山）山顶台地的金山祖庙，坐南向北，二进式一厅二厢房建筑，建于明世宗嘉靖年间（1522~1566年），距今400多年。造型宏伟，古朴庄严，工艺精湛，与广东境内的佛山祖庙、三水芦苞祖庙、肇庆祖庙一起并称为"广东四大祖庙"。《英德县续志》载："可与南海（佛山）祖庙比隆焉。"1994年重修，是英德市文物保护单位，也是该市保存最完整、建筑最有特色、石雕工艺最精湛的庙宇，其建筑艺术与其他三大祖庙有一定的渊源。

（五）具有广府地区特点的饮食

广州地区有"饮早茶"的习惯。大湾街道居民中不少是从珠江三角洲的番禺、南海、三水等一带客迁而来，广州人的"叹茶"之风也随之传到了大湾。以前大湾街道的"德心馆""湛记""刘明记""天香"等都是颇具规模的茶楼，其创办者也是广州人。

（六）浓厚的商业气息

大湾的商业发展受到了外来文化的影响。晚清以来，大湾街分上下街，上街部分是居民住宅区，下街为商业区，一条横贯东西的直街，分为"中约""上约"，中间纵贯一条南北走向的大道，称为"十字街"。到民国时期，店铺仍然是鳞次栉比，当铺、杂货铺、药店、烟铺、饼铺等接近二百余间。而因为来自珠江三角洲地区的商人多了，大湾街还曾经设有"广州会馆"，为清朝时期所建，是当时广州珠江三角洲地区来大湾经商的商家们的聚会场所。

综上所述，大湾有许多珠江三角洲的移民，因此带来了当地的广府文化，此文化与大湾本身的客家文化日久年深间相互影响，相互渗透，走向融合，便形成了独特的舞"火麒麟"民俗。

二、舞"火麒麟"具有丰富的民俗性和地方性

麒麟舞具有岭南民间崇尚喜庆的民俗特征，对研究当地客家民风民俗具有重要的历史价值和艺术价值。大湾舞"火麒麟"能够得到传承和发展，与其丰富的民俗性和地方性是分不开的。其具有广泛的群众基础，在重大节日和庆典活动中表演，对增强传统节俗文化内涵，拓展旅游事业，发展经济都具有一定的作用。

（一）寓意丰富的民俗性

麒麟是民间传说中的神兽，早在周代就与龙、凤、龟并称"四灵"，且列"四灵"之首，是太平、吉祥的象征。传说中的麒麟"独角、鹿身、牛尾"，被赋予了十分优秀的品质。

民间传说，以前大湾出现了一种怪兽，因为这种怪兽爱惹鞭炮而形似麒麟，人们就称之为"火麒麟"。传说中，每到过年过节时，火麒麟都出现在大湾镇骚扰人们，大家深受其害，但常常奈何不了它，于是便通过燃放鞭炮来吸引其注意力，从而使它不去做其他坏事。后来，一个来自南海的富商买了很多鞭炮过元宵，其中有一个大到足以开山裂石。这个商人在元宵夜燃放鞭炮时，引来了火麒麟，恰好这个特大的鞭炮把这个怪兽炸死了。从此，大湾的人们又过上了太平的年节。人们很感激这个商人，认为他是了不起的英雄。后来，大湾百姓为了纪念这来之不易的太平日子，鼓励人们勇于驱邪逐恶、匡扶正气，于每年的元宵夜举行隆重的舞"火麒麟"活动。

传说中，舞"火麒麟"能驱邪引福。每到元宵夜，舞"火麒麟"的队伍穿街过巷，家家户户燃放炮竹，伴着铿锵的锣鼓声，气氛热烈。火麒麟从街头舞到街尾，逐家逐户，一家炮竹燃放完了才转到另一家，炮声不绝。当火麒麟被炮竹烧到支离破碎、体无完肤时或火麒麟仓皇离去时，就叫"劏火麒麟"，没了火麒麟后表示社会又回到了太平盛世，人们可以安安稳稳地过年过节了。"劏"火麒麟或驱逐火麒麟的人就成了大家心目中的英雄，一定会身体健康、家庭幸福、万事如意，特别是鞭炮放得多就表示他富有、乐于为大众办事，是人们的大英雄，而那些年轻的英雄小伙子就成了当地姑娘们的爱慕对象，整个活动充满了民俗性。

（二）特色明显的地方性

如果仅仅只是舞麒麟，则不是大湾的特色，广东省内的佛山市南海区，东莞市清溪、樟木头，汕尾东涌，深圳观澜、龙城、黎围，惠州市惠城区以及河南省的开封兰考、商丘睢县等地，均有舞麒麟的民俗活动，并且大部分都已申报非物质文化遗产保护项目。但是，大湾舞"火麒麟"则是在整个广东都是罕见的，地方特色明显。

大湾镇的舞"火麒麟"与省内的佛山、江门等地舞麒麟不同，它最大的一个特点就是突出一个"火"字。元宵夜，舞火麒麟的人往往是迎"火"而上，劏"火麒麟"的人则早早备足了"火"，点"火"围攻，而这个"火"的承载体就是炮竹。最后到了"火"气冲天的时候，热闹的情景就出来了，全镇的居民们都不知不觉地加入到了狂欢的行列。

元宵夜舞"火麒麟"热闹非常，随后为丰富活动内容，当地再加入了花灯和飘色游行，而飘色承传于番禺沙湾镇。舞"火麒麟"前进行花灯飘色巡游。花灯，既有生动的动物造型，又有精致的人物组合造型，如赵子龙单骑救主、逼上梁山、八仙过海、岳飞报国、木兰巡营以及江姐等，形象逼真，栩栩如生。飘色，由青少年化妆扮成各色人物形象，再现某个故事情景，如牛郎会织女、武松打虎、桃园三结义、昭君出塞等。扮演者脸谱多样，表演传神，情景逼真。巡游时，飘色跟随着花灯，"火麒麟"在后，伴随着锣鼓，管弦丝琴，有声有色。火麒麟等制作需要熟练的制作工艺，非经验丰富者不能为之，体现了当地人们的手工技艺；在舞"火麒麟"的过程中，舞者腾挪闪躲、手舞足蹈，都体现了这一民俗活动的艺术价值和地方特色。

三、与时俱进的传承发展模式

舞"火麒麟"已成为大湾镇居民生活的一部分，也是大湾民间传统民俗的一个重要载体。舞"火麒麟"具有丰富的民俗、艺术、文化价值。一是其产生于民间传说之中，具有深厚的历史文化底蕴；二是其虽然自南海传入，但经过几百年的演变，大湾人民利用自己的智慧，在不改变其本来面貌的前提下，对这一民间习俗进行了与时俱进、因地制宜的改造，已经形成了自己的特色，是当地民间文化的缩影。三是其与其他民俗活动相融相促。大湾在举办舞"火麒麟"的同时，也进行各种颇富时代特色的民俗娱乐活动，如2006年的元宵节，除了"飘色""金犬贺岁""莲花仙女""水漫金山""鹊桥会"之类的民间传统题材外，还有"神舟六号"航天飞船不停地围绕着地球遨游太空的现代科技题材。而2007年的元宵节，则出现了奥运的吉祥物"福娃"等题材的花灯。2010年元宵节则又体现了"喜迎亚运"的特点，2012年元宵节在舞龙队的带领下，"龙王献宝""龙云亨通""金龙贺岁"等惟妙惟肖的花灯相继出场，传递着大湾民众对美好生活的祝福和向往。这些活动与舞"火麒麟"相映成趣，相得益彰。

近年来，火麒麟的眼睛安装上直流电灯，舞起来火麒麟更是炯炯有神，虽然作了改进，难能可贵的是这一传统的民俗活动既没改变其本真，又注入了新的时代元素，使这一非物质文化遗产得到了很好的保护和传承。

增城荔城陈桥头舞麒麟

陈 克[1]

麒麟，是民间信仰中的"四灵"神兽（龙、凤、麒麟、貔貅）之一，其外表形象是综合多种动物的特征而成：龙头、鹿角、狮身、牛尾、羊蹄，寄喻了百姓期盼太平、风调雨顺、福禄、长寿与好运的美好愿望。

麒麟舞，这一古老民间舞蹈艺术相传已在增城流传400多年，几百年来一直大受群众欢迎，但在"文化大革命"期间，麒麟舞与狮龙舞等民间舞蹈艺术都被停止演出。因相隔时间太长，故改革开放后亦未能全面恢复。目前全市有登记、有活动的只有荔城的棠村和陈桥头两支麒麟队，两队自20世纪80年代恢复以来，每年均在各大传统节日里有表演，亦参加了全国"六运会"增城地方表演、省第二届麒麟舞大赛、增城广场民间艺术展演等活动，无论在哪表演都很受群众欢迎。

---

[1] 陈克，增城市政协文史学习法制委员会。

增城本地人舞麒麟，有一种传统是先"拜四门"——东西南北四个方位，舞法上有"乌龙缠柱""金玉满堂"等，在前面拿"拜盒"的，不但要会舞，一般还要会吟诗和说些吉祥话，拜完一处则将书有"祥麟叩贺"和麒麟队名称的帖留下。欣赏麒麟舞，主要欣赏麒麟颜色、服饰、造型、队形、采青、配合、步型、步法、鼓乐、神态、难度、编排程序、出入礼仪等。

过去增城新春期间，多有麒麟队到各村演艺。麒麟队的组成，由村中青壮年人发起报名参加，数十人或百人不等，聘请有本领的教头到村传授武技。农闲时每晚饭后皆练习达三四小时，学技随个人身手所爱好。教头则要精通拳、棒、刀、枪、剑、戟诸般武艺，才可胜任。学艺先要习拳脚和扎马步，功夫相当熟练后，各就其所择之技，由教头分类施教，经过一两年的苦练，教头逐一观察其演艺技能，衡量其成就程度，技艺熟练了，才可舞麒麟出门演艺。

新学成武艺的麒麟队，由教头持刀一柄率领出郊外行采青仪式。采青分地青、高青、水青、阵地青等，负责舞麒麟者光作起、承、转、合的采青状，然后教头持刀行近擒拿、执麒麟耳拖着而归。此时舞麟者要作驯服状，俯首而行，切勿昂首，及抵武馆才告完成。此因古老相传麒麟性善，故教头到来擒拿时，要俯首驯服，不可昂首对抗。采青告毕，偕回武馆，举行开光仪式，舞起祥麒麟，锣鼓喧天先行叩拜各祖祠，然后到各户叩拜，各家燃炮竹叩谢，随赠红包。

到新春择吉后才开始到各邻宗亲戚等处。舞麒麟演艺由近及远，每到一村，先送拜帖为礼，麒麟随后而至，主人闻锣鼓响即出迎，接引进村。麒麟队进村后，先叩拜其村祖祠，礼毕，然后舞麒麟演艺。舞麒麟毕，先演拳脚工夫，继演棍、棒、刀、枪、剑、戟等。其时，锣鼓声阵阵，而演技精彩者观众齐声喝彩，不断燃放鞭炮助兴。最后，由教头表演首本武技谢众，才告收场。这时，主客之间感情非深厚者，主人只对麒麟队赠红包锦标酬谢；感情深厚者，例留一宿两餐，翌晨后舞谢盘。耆老们多不欲其过于劳顿，故会前来力请中止罢演。倘若推辞不了，才息锣鼓，收捡武具进餐。既毕，集队告辞，还受赠红色锦标为酬。如麒麟队中有人与该村私人有戚属关系者，其家先行奉送饼食年品，具陈桌上，以享群侪，并赠红色锦标之仪，受礼毕，再三叩谢，鼓舞而去。

若两麒麟相遇抢途时，彼此须以礼让，俯首后退。甲方教头即到乙方托起麟头合起舞，请其前进；乙方教头亦到甲方作为是礼，彼此互叩而过，以示和平相待之礼。凡舞麒麟多在年底练成开光，新春出门，舞至元宵过后才还乡。所得锦标，除私人亲友所赠归私人所有外，各村公家所赠，一律公开投标。过去麒麟头多不保存，因出麒麟一次，须隔五年或十年，难以保存，故任儿童玩弄。唯麟衣亦作投标，村民视为吉祥物，多竞投之以制童服。武具等物则由公家保管，备下届之用。诸事既毕，当晚设宴邀请耄耋老人聚饮，尽欢而散，农民经岁劳碌，利用新春佳日，舞麟叩拜乡邻，借以联络感情，亦乐事也。

南江麒麟舞简述

傅志坤[1]

"南江麒麟"又名"南麟"起源于明末清初,也就是"古南江丝绸之路"发展的鼎盛时期。是由广州湛江一带传入。当时的麒麟乃是航船的护船吉祥物,大多商船都立有此物像,香烛供奉,祈求平安、辟邪,因为民间有这传说"麟乃无重之长,虎乃兽中之王"的说法。商家都崇拜麒麟并用来镇店、镇宅。官家多以虎为镇邪,如"白虎堂"是庄严威武之所。

民间以麒麟为吉祥物,打造饰物,给男孩子佩戴,希望别人尊重他,百邪不侵,快点长大。

所以,从前称孩子为"麟儿"。女孩子不佩戴此饰物,女孩多以"凤"为饰物。"凤"代表美丽端庄。"凤冠霞帔"则象征女性的一种高尚仪容。

随着社会的进步,民众对文化生活的需要,各种民族的

---

[1] 傅志坤,云浮市云安县文联。

"图腾"由供奉的神台上走下来。为增进各民族的凝聚力，人们纷纷把龙、狮、虎、牛、麒麟、貔貅等图腾用竹木制作成原始的动物象形。用人工加以舞动、仿生。这样舞龙、舞狮、舞牛头、舞麒麟等相继出现。并在民间的节庆和特定日表演。由于观赏性强，逐步流行，并成为广大民众喜闻乐见的节庆节目。

"南麟"的诞生，就是从这个时候开始。据传，当时广东才子伦文叙赴京考试，取道西江，经梧州入湖广上京，途中逆江而上。到连滩游玩，时值节庆，见南江麒麟舞得十分精彩，留下深刻印象。

游完连滩再经西江上到广信（今封开）游玩，并在广信小憩，而后上京。事因乘船匆忙，在广信留下了几件衣冠，广信民众便将伦文的衣冠妥善保管，盼其有朝一日取回。伦文叙上京后高中状元，后来公务繁忙，将此事遗忘，直到老死也未取回。广信人民便把其衣冠筑成衣冠冢，供后人瞻仰，取名为伦文叙之墓，现在封开县还有此墓存在。

再说伦文叙到京后适遇湖广才子柳先开，他们以诗词对比才气的故事在民间广为流传，其中一段说到伦文叙到广西会馆找柳先开切磋学习诗词的事。就有关于"南麟"的传说。话说当日伦文叙到广西会馆，柳先开见伦文叙其貌不扬想挫挫伦文叙的锐气。首先发难，出上联是："东鸟西飞，遍地凤凰难插足。"意思是你广东人来我广西会馆，我们通通都是拔尖人物人才，你岂能进得来呢？

伦文叙亦被柳先开的才气折服，猛忆起途经连滩时看见的麒麟舞，灵机一动，脱口而出接下联："南麟北走，满山禽兽尽低头。"此联一出，广西会馆像炸翻了锅，估不到伦文叙的口气、才气比他们的更胜一筹，对得工整，无懈可击。意为：我南方广东圣贤上京考试是有备而来的，不容你们不服气，应该敬之、迎之！

由此可见，"南江麒麟"早已扬名京城。此乃民间传说，但连滩的"南江麒麟"确实是有他的特色，其造型精巧、着色鲜艳、短小精干、活泼生动，以原始的图腾为蓝本，加以改进，保持其精华，舞起来栩栩如生。加上新编排的套路、动作，以民间故事为题材的"寿星戏麒麟"更加精彩，通过人与动物的互动体现了和谐的生态文明。"寿星戏麒麟"中的吹打乐，更突出岭南传统的民间特色和地方古乐色彩，使整个节目达到了声、色、艺俱全的效果，是不可多得的视觉艺术享受。

麒麟总的来说，各地的形象不同，其中包含各地的风俗、传统信仰的不同。但不管怎样，都是我们民间艺术的精华，是广大劳动人民在长期的生活实践中创造出来的。政府应该对麒麟舞的开发、保护和传承加大投入，使这古老的传统的民间艺术绽放出更加迷人的色彩。

远古抢婚遗风的德庆麒麟舞
——《麒麟救美》创作谈

仲秋白[1]

在中国传统文化中,麒麟是一种瑞兽。我国最早的诗歌总集《诗经》最早咏之曰:"麟之趾,振振公子,于嗟麟兮。"(《诗经·周南》)《论语》记载着孔子护麟的典故传说。人们对"麒麟"形象的认识,与他们对"龙"形象的认识一样,是一个既抽象又具象的综合体。我国最早的词典《尔雅》:"麟,麇身牛尾一角。"历经几千年的民间信仰流传,麒麟被赋予消灾解厄,如意吉祥的品质内涵,因而它已演化为吉利、祥瑞、性灵的象征。"麟之为灵昭昭也——虽妇人小子皆知其为祥也。"(韩愈《获麟解》)作为非物质文化遗产之一的德庆麒麟舞,就是这一区域人们对麒麟信仰的精神反映和物化表现。

---

[1] 仲秋白,肇庆市德庆县文化馆。

德庆麒麟舞是一种广场道具舞蹈，体现着古代农耕社会人们对动物图腾的崇拜信仰，反映了先民们对自然界"万物有灵"的精神认知。德庆麒麟舞《麒麟救美》通过演绎几个村姑在野外劳作，遇到强盗威胁非礼，万分危急际，忽然出现数只麒麟，威风凛凛，斗志昂扬地勇驱盗贼，村姑化险为夷，感恩膜拜的故事。栩栩如生地刻画了麒麟威武、吉利、灵性、祥瑞的仁兽形象特征，从而寄寓了人们对和谐、幸福的美好社会的憧憬向往。

文献记载，北宋初期，康州（1131年始称德庆）治地还未有城墙。自从广西瑶民首领侬智高、侬智广作乱犯境后，州人才建造城墙。相传，侬氏兄弟进兵康州后，烧杀掳掠，无恶不作。他们侦探到一富户人家将于某日嫁女婚配，于是密谋途中抢娶。这富户人家祖辈来自湖南沅江流域，避乱来到康州。户主幼承家教，多谋略，深谙"傩戏之舞"。他命令在婚庆当日，男女家双方均以三支戴着麒麟道具（花轿也饰以麒麟道具）的队伍从三个方向来迎娶、送往。结果，贼人侬氏兄弟见迎亲队伍人多势众，早有防备，加之判断不了哪支是真正的迎亲队伍，终于放弃了血腥掠夺的罪恶行为。从此，每逢喜庆节日，康州各地都有舞麒麟的习俗用以驱邪、消灾、解厄，祈求创造和谐、平安的理想生活环境。

因此，德庆麒麟舞在内涵上具有远古抢婚遗风。从社会学、民俗学上来看，"抢婚"或者"劫婚"，是人类社会发展初期阶段的必然产物，是人类由野蛮走向文明的血泪所镌刻的历史烙印。在远古，掠女为婚，是野蛮人习以为常的事情。

《易》："匪寇昏媾。"然而，"婚礼"在黄昏时进行的原因，并不是经学家、汉儒郑玄所云"取阳往阴来之义"，其初意实质就是以便于劫掠（吕思勉《中国制度史·婚姻》）。

随着社会的进化，"劫掠"婚姻也逐渐减少，但并没有消灭。《左传·昭公元年》："徐吾犯之妹美，公孙楚聘之贞，公子黑又使强委禽焉。"当然，掠夺之初，本质上是掠夺，但到了后来，往往就仅存形式而意义实质完全改变了。"村俗有以婚姻议财不谐，而纠众劫女成婚者，谓之掠亲。"（《陔余丛考·劫婚》）"昂兄干求博陵崔圣念女为婚。崔不许。昂与兄往劫之。置女村外。谓兄曰：'何不行礼？'于是野合而归。是劫婚之事，古亦有之。然今俗劫婚者，皆已经许字者，昂所劫未字，固不同也。"（《北史·高昂传》）。

由于历史的原因，曾经广泛流传的德庆麒麟舞久已消失于各喜庆节日舞台上，因此今天呈献给大家的并非原汁原味的原生态德庆麒麟舞，而是文化部门深入基层采访、挖掘、整理的改良版，融进了时代审美元素。多年来，我们在党的文艺"双百"方针指导下和非物质文化遗产保护工作的要求下，经过挖掘、整理、研究、改编、提高，从而演绎成为今天的德庆麒麟舞。自2001年参加广东省首届"黄阁杯"麒麟大赛以来，连续两届荣获银奖。在剧目名称上，不管是《麒麟吐火》《麒麟驱贼》，还是《麒麟救美》，但它们都在主题上传承、演绎了千百年来人们对麒麟幸福、吉祥、和谐、如意，禳灾、降福的传统审美形象和对生活寄寓的美好理想。这种主题意义的连续性，也体现了非物质文化遗产的基本特征之一——传承性。

总之，千百年来，麒麟在人们心中是一种性灵的瑞兽，是幸福、吉祥、和谐的象征。而德庆麒麟舞《麒麟救美》则具有远古抢婚遗风，它是非物质文化遗产传承性特征的体现。

民俗文化　民族情结

——道滘民俗舞蹈《麒麟引凤》初读

吕智锦[1]

千字文开头是，"天地玄黄，宇宙洪荒，日月盈昃，辰宿列张，寒来暑往，秋收冬藏……"把人与大自然的关系，和大自然的变化规律，就交代得清清楚楚。在五千多年的农耕社会里，我们的祖先通过与大自然的长期交往，渐渐摸清了大自然进展周期的规律，如一年四季的变化，创造了适用于农作的二十四个节令。沿海人也摸清了潮汐涨落的规律，创作了潮汐涨落计算的口诀等。为了建立人与大自然的沟通与对话，以达到人与大自然的和谐共存，心灵上的安慰，精神上的满足，约定俗成地制定了一些民俗节日、礼仪、供品等，千百年来薪火相传地延续了下来。今天，这些民俗节庆文化，已成为了该地域的传统文化，作为他们的精神寄托、乡情纽带、维系群体间

---

[1] 吕智锦，东莞道滘文化广电服务中心。

情感交融、团结友爱的节日。

一、民俗文化，源远流长

（一）广泛的群众基础

东莞道滘的民俗舞蹈《麒麟引凤》，在水乡一带已流传了两百多年，现在全镇仍有十多支表演队。根据该镇卫屋村民间艺人丁学玲介绍，他的伯父丁宗，解放前自小就跟本村的麒麟师傅学习《麒麟引凤》舞。而在他学舞麒麟时，村里很早以前就有民俗舞蹈《麒麟引凤》的流传。后来传到了丁学玲本人，及丁学玲的女儿和孙女，已是第四代了。还有蔡白律涌村村民吴苏，现年已80多岁了，他自小就是该村舞麒麟的高手，而《麒麟引凤》在当地也流传了100多年。相传道滘因为河涌众多，每条河都有自己的河福〔龙〕。所以道滘人敬龙、畏龙，而不敢舞龙。而麒麟是仅次于龙的神兽，它勇敢、善良、刚毅、正直、压邪、属火。为了使众多的龙相安而居，以保地方太平，所以就以火克水，只舞麒麟不舞龙。并且传说中的麒麟能送子及吐玉书，所以通过舞麒麟来表达祈盼人丁兴旺，传播文化，提高素养的良好愿望。因此，在每年正月，道滘大地就响遍了《麒麟引凤》的鼓乐声。

（二）悠久的历史

麒麟是中国民间信仰中的"四灵"之首，具有十分优秀的品质，它性温善，不覆生虫，不折生草，头上有角，角上有肉，设武备而不用，因而被称为"仁兽"。

我国古籍《诗经·周南》中的第十一篇（最后一篇）"麟之趾"。该篇虽小，共三章，章三句，宋人严粲在所撰的《诗辑》中，称其"辞寂寥，简短三叹而有余音也"。全篇内容如下：

麟之趾，振振公子，于嗟麟兮。
麟之定，振振公姓，于嗟麟兮。
麟之角，振振公族，于嗟麟兮。

在清朝，麒麟被作为朝廷一品武官的补服图案，它仅次于龙，在狮、豹、虎之上。传说中的麒麟是瑞兽，独角、鹿身、牛尾，因而民间艺人就按此传说的造型，创造了今日所见的形象。

凤凰是百鸟之王，凤是殷民族的图腾，也称玄鸟。据《说文》所载："凤，神鸟也，天老曰，凤之象也。它蛇颈鱼尾，颧颊鸳思，龙文龟背，燕颔鸡啄，五色备举，出于东方君子之国……"因此它也是吉祥的象征。玄鸟亦表示文彩，凤鸣之音是和平美好的征兆，在封建帝制时代，凤也是帝后的象征。在民间传说中，把麒麟与凤凰配合在一起，表示阴阳调和麟凤呈祥，祝愿夫妻和睦，家庭幸福，祥瑞太平，五谷丰登。因此，在道滘就把这千年神兽与神鸟配合在一起，表现了"天人合一，人神共乐"的理念，创作、流传了这么一个民俗舞蹈《麒麟引凤》。

（三）丰富多彩的民俗文化

凤舞是一种道具舞，艺人用竹编扎一个凤头，一对凤根。据《东莞文史》第八期介绍：凤舞流行于东莞麻涌、中堂、道滘、高埗、石碣和洪梅等一些水乡地区。翅，一条凤尾，并用纸（或用布）糊好，再画上彩毛即成。舞时穿上一身绣有凤毛的服装，把凤头套在肩上，凤尾绑在腰际，两手架着双翅，舞起来就活像一个真凤。

凤舞多为粤剧中的排场戏结合在舞台上演出，因此，有人称之为"唱凤"。有的地方用一只凤出场演出的叫"丹凤朝阳"，有的地方用一个麒麟与一只凤出场演出的叫"麒麟引凤"，借意麒麟代表男性，凤代表女性，说有男才有女才好话头。凤和麒麟被群众誉为吉祥之物，因此凤舞多在每年春节期间演出。有的业余剧团在演出过程中加插上一些诸如"恭喜发财"之类的好话头，以增加节日的色彩，也为群众所接受。

凤舞的由来有一个古老的传说，相传唐太宗李世民即位后，国泰民安。有一日，唐太宗和一班文武大臣出游连环山，狩猎时飞出一只彩鸟，弓箭手准备张弓发箭，唐太宗觉得此鸟类冠群禽，世间罕见，是盛世之兆，忙叫住手，并将此鸟封为鸟中之王，命名为凤凰，同时把连环山也改名为凤凰山。这双彩鸟受封后，欢喜若狂，当即飞到唐太宗面前进行朝拜谢恩。此后，凤凰鸟世世代代得到人们的保护。

聪明的艺人根据这个传说的内容，模仿凤凰鸟叩头、摆尾、展翅、理身、跳跃等动作，编成一个表演节目。初时比较简单，经过世代艺人的不断加工发展，运用粤剧中的锣鼓，音乐和一些排场戏，逐步成为一个富有浓厚的民族特色的、群众喜闻乐见的传统节目，并一直流传到今天。

道滘的"麒麟引凤"分为文场及武场两大类。文场者，麒麟先舞，然后凤凰出，麟凤对舞。舞完后，由粤剧曲艺演员演唱一些粤剧中流行小曲。武场者，麒麟先舞，然后凤凰出，麟凤对舞，舞完后由武术队员表演武术。有蔡家拳、洪拳、南拳及器械。如道滘律涌村的蔡文希先生，善打蔡家拳及耍大刀、斧等器械，村民吴尤金的耙、盾双人对打更为出色。蔡屋村民吴苏今年已80多岁，他从小就学舞麒麟及武术。小河村卢正今年已80岁，从小学舞麒麟及打洪拳。卢淦光现年60多岁，20岁时学武，现在仍在麒麟舞中耍大刀，还有已故老艺人赖伯仲、杜友泉都是早年的"麒麟引凤"师父。

道滘的群众将麒麟或凤请（买）回来后，第一步先拜土地，因为麒麟是神兽，来到本土就首先要叩见土地爷，以达到相安相承，然后由领队或村里的长者为之点睛，点睛后，要紧闭嘴，猛然跃起，冲向青（树叶），其含义为有生气，找到食，然后开嘴，将青含在嘴里，至时才响锣鼓，表示有了新生命，从天上来到人间。

道滘的套路尽管各队有各队的舞蹈法，所谓各师各法，但大同小异，归纳如下：

1.开场时，麒麟伏在地上，先眨左眼，后眨右眼，双眼眨过数次后，慢慢起来，半蹲，然后轮流伸前腿，表示刚刚醒来，伸展晨运。

  2.走"四门头"（即走圆场），四围找食。

  3.看到青，扑向青，将青含在嘴里食青、玩青。食完后，把余下部分抛丢，切忌不能食完，以示连年有余。

  4.掌尾，先后向左后、右后，用嘴咬自己的尾巴。

  5.掌脚，先后用嘴咬自己的前、后脚。

  6.饱食后，精神抖擞，全身上上下下，前前后后舞弄一番，然后再躺下休息。

至时，文场表演为：

  1.凤出，走一个小圆场。

  2.掌翅，用嘴叮左、右翅，然后双脚轮流吸脚、伸脚。

  3.慢慢以"吸点步"走向麒麟。

  4.左右观察麒麟。

  5.先用嘴叮麒麟的头、尾部，见麒麟不醒，叮其双眼。

  6.麒麟猛然跳起，双双追逐。

  7.双双欢快起舞。

  8.一同向四面观众叩头谢礼，结束。然后由曲艺演员登场演唱粤剧小曲。如武场者，则由武术队员表演武术。

  在20世纪30年代前，每年元宵节为"麒麟引凤"拜灯头的盛会。届时，每支"麒麟引凤"表演队事先要在即将表演的地方的村口或表演场地上先插好一支高约三米的贺标，上面书写上某某"麒麟引凤"队的队名作为广告，向村民预告即将在此进行表演。

"麒麟引凤"在水乡已流传100多年了，深受广大群众欢迎，它是地方民俗精神文明建设中一个重要项目，颇具神话色彩及地方色彩。在地方民俗文化中最活跃、最广泛、最容易被群众所接受，它能使各类文化，如纸扎、彩塑、舞蹈、音乐、曲艺、杂技、武术等融为一体，带动各项文化同时发展。村民中无论男女老少都可以参加，从而加强了群体内部的凝聚力，形成了一种新的共同价值观念，及共同的爱乡土、爱民族、爱祖国的心理。"麒麟引凤"不是由某一人单独来表演的，他必须通过一个群体，群策群力来共同进行，通过其演绎的形式及现场效果，表达群体的精神、经济面貌。对加强沟通，取得社会理解，走向社会，起着桥梁的作用。同时"麒麟引凤"是一门综合性的社会文化群众活动，健康向上，积极进取，增强群体意识构建和谐社会等有着不可估量的作用。因此，我们认为，进一步弘扬中华民族优秀民间文化，促进麒麟艺术活动的开展，是历史赋予我们的一项光荣而艰巨的使命，我们将一如既往地把麒麟引凤艺术在水乡发扬光大。

创新是最有效的保护

——推进樟木头麒麟文化的发展

陈海清　赖业伟[1]

樟木头的麒麟舞闪耀灿烂，这一民间艺术之花在这片肥沃的土地上已经绽出绚丽多姿的花朵。麒麟舞艺术不仅从贺岁庆灯的传统活动中得到升华，而且作为文化活动中的一项品牌，逐渐从小天地走上了大舞台，成为文艺演出的强档节目而为人们喜闻乐见。改革开放以来，樟木头客家麒麟有更加广阔的表演空间，其表演艺术已经成为当地文化活动的"重头戏"。小到乡间田会，大到国内外舞台，都曾有过麒麟艺术的风采。近几年，东莞市每年的元宵佳节大巡游和重大的文体赛事开幕式，樟木头的麒麟舞一直引领"头彩"。

据初步统计，近十年麒麟舞上演1000多场。2001年10月，樟木头麒麟舞队获得广东省首届"黄阁杯"麒麟舞大赛金奖。

---

[1] 陈海清、赖业伟，广东省东莞市樟木头镇文化站。

2002年又应邀前往加拿大进行民间艺术交流活动，当地华人华侨赞不绝口，新闻媒体好评如潮。2003年10月，该镇两支麒麟舞队双双荣获中国首届麒麟舞（东莞、樟木头）大赛金奖。2004年4月，该镇又逢麒麟盛事，被命名为"中国民间艺术——麒麟之乡"，并建立了麒麟艺术培训基地。2004年9月，樟木头樟罗小学麒麟队排演的节目《麒麟欢腾闹金秋》赴杭州参加全国第十三届"群星奖"广场舞展演。2004年10月，该镇麒麟舞队代表广东省精品节目赴北京天坛公园参加庆祝国庆55周年文艺演出，受到广泛好评，还受到省委、省政府的通报表扬。2004年11月，在深圳市举办的第三届全国"四进社区"文艺汇演中，获得银奖。2005年春节，举办"中国民间麒麟艺术之乡"首届麒麟舞大赛，涌现出一批优秀的节目，这些节目融入了武术、舞蹈、杂技等，在编排、内容、形式上都有很大的提高，得到了全场观众的一致好评和专家的认可。2005年8月，樟木头镇举办了第三届全国民间歌舞"山花奖"比赛，这是由中国民间文艺家协会、广东省民间文艺家协会等联合举办的一次大型的民间歌舞比赛。可见樟木头麒麟艺术成果显著。

今天，樟木头已经实现了从麒麟美丽的古老传说到麒麟舞艺术的再次辉煌，麒麟艺术已成为客家人文化之"根"。樟木头麒麟舞辉煌的今朝不是一蹴而就的，也有它漫长的过程。

麒麟舞在历史上叫舞麒麟，场地随意，大多是在门前屋后拜门演出。舞麒麟又称麒麟套，分头套和尾套，表演时由一位男青年舞动麒麟头，一位少年在其后钻在麒麟袍下舞动麒麟尾，二人不连接，随着锣鼓唢呐的轻、重、缓、急节奏进行表演，主要有舔脚、滚动、翻腾、摆头、舞尾等动作，主要表现的是"麟趾呈祥"这一主题，意为凡麒麟踩过之处，均会有祥瑞降临。舞者可以根据场地的大小和所需时间长短即兴随锣鼓表演，随意性较强，有时一跳就是40分钟到一小时，有时是一跳而过，重形式而轻内容。这就造成麒麟舞的观众越来越少，而任何一种艺术要获得生存空间和发展前景，必须要有观众的喝彩与支持，否则它将逐渐地走向消亡。正是因为看"戏"的人少了，观众不断流失，造成演员表演的积极性也渐渐减弱。另外，政府组织和村委会、麒麟队、老艺人联系脱节，管理滞后，麒麟队内部纪律松散，且麒麟舞师傅观念陈旧落后、素质不高、缺乏组织和舞台编排经验，都不同程度地影响着麒麟舞的延续和发展。

随着现代化进程的深入，樟木头镇经济快速发展，樟木头镇人民意识到：麒麟文化是发展先进文化的精神血脉与延续基因，是根和源，离开了丰厚的麒麟文化的积淀和滋润，先进文化的建设就没有根基，没有生命力。如果不抓紧时间去保护和抢救，再过20年，麒麟文化也许会化为乌有。为此，樟木头镇加大保护和抢救的力度和速度，大声疾呼，唤起关注，使大家意识到民间麒麟文化的保护是一项泽被后代、功在千秋的事业。

为了改变有"戏"没人看的衰落景象，并对这一民间自娱自乐的文艺形式推陈出新，樟木头镇政府对麒麟舞进行了改革与创新，首先把麒麟舞纳入"四化"建设。第一，舞台化。因为麒麟舞从乡间小天地走到大舞台，它必须要经过提炼、加工、强化和放大。要知道祠堂、田舍、晒场、空地不是舞台，舞麒麟的动作和道具都很简单，但有舞台就不同了，舞台强调的是观赏性，没有夸张和放大，没有高潮起伏是不行的，所以麒麟舞就根据舞台的条件对原来的麒麟舞进行了加工和提高。第二，现代化。传统的麒麟舞多以自娱性为主，节奏比较慢。而改革后的麒麟舞在力度和速度上都要有所强化，强调的是现代人的现代化、节奏化，你会感觉到整个舞法看下来很连贯，没有拖沓的感觉。第三，商业化。只有百看不厌的麒麟舞才能吸引观众。娱乐就是要让人高兴，即使不参与其间仍然会得到一份快乐。麒麟舞也应该这样，你看过后一定会说"值"，这就是它的商业价值。并加大对麒麟艺术工艺品的研讨、开发、设计和制作，将麒麟工艺品艺术化、商品化。第四，国际化。麒麟文化是优秀的民间传统文化，它包含的精髓是儒家学说，在世界上称为东方学说，在"西学东渐"的世界文化潮流中，它也受到了西方学术界的重视。因此它走向国际市场完全具有可能性，而且现在已得到明证。我想麒麟舞之所以成功是离不开这些因素的。

在"麒麟舞四化"建设的理论指导下，樟木头镇党委、政府把改革麒麟文化艺术作为弘扬民族传统文化，占领农村思想阵地的重要举措来抓，组织专门力量对麒麟艺术进行深化改革，从麒麟造型、服饰、乐队、编排上进行大胆探索和创新。经过几年的努力，该镇的麒麟艺术取得重大突破。在造型上，樟木头的麒麟具有浓郁的地方特色，麒麟头的颜色绚丽夺目，已经不是传统的两只鹿角，而是一只五色的独角独占鳌头；麒麟头角峥嵘，也不是传统的向后的角，而是从脑后崛起弯向前方，显露且突出；在麒麟角的后面，颈椎上镶有一溜凸起的塔型小钉，好像穿山甲的脊翅，但又不是间隔均匀的彩钉，每个钉的色泽完全不同，这寓意麒麟送子，个个强壮；麒麟头顶着一个铜制圆镜代表月亮，在眼眶四周和脑后又绘有星星；麒麟嘴的花边有一串金色的铜线图案组成，寓意"金口"，能"口吐御书"；麒麟的脑门上有的写制作者的徽号，有的写"福""禄""寿"，有的写"风调雨顺"的字样，该麒麟的额头向前突，不是传统的"狼额"，而是"寿星额"；麒麟的耳朵不是"龙耳"，而呈蝴蝶状，麒麟面部还绘有菊花，使人联想到谐音如意吉祥、寿比南山等。经过这些创新后，麒麟的形象有了很大的改变，融入了鲜明的文化特色，更加活泼传神，新奇有趣。在服饰上，改变传统颜色暗淡、单调，主要以红、黄、黑三种颜色为主的手工艺做法，换成颜色多样化、对比强烈且鲜艳漂亮，视觉效果好，更具有生活气息与时代感的精美布料。在乐队上，传统麒麟舞的音乐特色主要是打击乐（锣、鼓、钗）和唢呐伴奏，这不过是麒麟舞的"奴隶"，给表演增加一点气氛而已，它不能像主旋律音乐一样贯穿整个舞蹈，因此必须根据麒麟舞内容、强弱变化、情绪对比、节奏快慢等来创造麒麟音乐，并运用多种乐器（大鼓、小鼓、大锣、小锣、大钗、小钗、木鱼等）编排麒麟舞蹈，尽显麒麟的特点，提高麒麟艺术。在编排上，围绕麒麟舞蹈的内容和主题编排，使情节表达清晰、连贯，改变原来上、下套表演脱节而不连贯、不紧凑的状况，从而缩短了时间（大约10分钟），达到了套路设计恰当、节奏明快、结构紧凑的要求；内容上健康向上，形式上丰富多彩，实现了从1~2只麒麟表演到5~6只甚至十几只麒麟一起表演，从两个人舞一条麒麟到一个人舞一条麒麟的转变；舞法上吸取传统精华，按照现代舞台的结构、场面的调度，采用现代的技巧，并融入武术、杂技、舞蹈等其他艺术门类（如醒狮上高桩），突出独具特色的挠头、耍尾的舞法，丰富了表现麒麟采青、吐青、吐御书、逛花园、嬉戏、玩耍及喜怒哀乐的表演手段，各个情节灵活多变，而且动作技巧性强、难度大、观赏价值高。

这些改革措施，极大地丰富了客家麒麟艺术的表演内涵，充满了生机和活力，改变了过去门庭冷落的局面，麒麟舞为广大群众所喜爱，已成为樟木头的一项凝聚力最强、参与人数最多的健康有益的文化活动，也已成为文化艺术活动中的一个品牌项目和樟木头的"形象大使"。